中国博士后科学基金第 56 批面上项目"经济发展与'三生'系统互洽性研究"（批准号：2014M560141）

国家社会科学基金青年项目"中国农村环境管理中的政府责任和公众参与机制研究"（批准号：15CGL039）

美丽乡村建设：
主体、重点与成效

——农民视角的分析

The Construction of Beautiful Countryside：
Subject, Focus and Effect
——Analysis from the Perspective of Peasants

陈秋红　著

中国社会科学出版社

图书在版编目（CIP）数据

美丽乡村建设：主体、重点与成效：农民视角的分析/陈秋红著.
—北京：中国社会科学出版社，2021.1
ISBN 978 – 7 – 5203 – 7958 – 8

Ⅰ.①美…　Ⅱ.①陈…　Ⅲ.①农村—社会主义建设—研究—中国　Ⅳ.①F320.3

中国版本图书馆 CIP 数据核字（2021）第 032996 号

出 版 人	赵剑英
责任编辑	刘晓红
责任校对	周晓东
责任印制	戴　宽

出　　版	中国社会科学出版社
社　　址	北京鼓楼西大街甲 158 号
邮　　编	100720
网　　址	http：//www.csspw.cn
发 行 部	010 – 84083685
门 市 部	010 – 84029450
经　　销	新华书店及其他书店

印刷装订	北京君升印刷有限公司
版　　次	2021 年 1 月第 1 版
印　　次	2021 年 1 月第 1 次印刷

开　　本	710×1000　1/16
印　　张	14.25
插　　页	2
字　　数	227 千字
定　　价	78.00 元

凡购买中国社会科学出版社图书，如有质量问题请与本社营销中心联系调换
电话：010 – 84083683

美丽乡村形成是一个自然历史过程

（序）

　　陈秋红女士的新书《美丽乡村建设：主体、重点与成效》出版令人高兴。她的书主要从农民视角研究了美丽乡村建设的主体、重点和成效。这是一个很好的研究视角。忽视农民的意愿，就看不清农村建设的方向。陈秋红通过对这个研究主题的挖掘，梳理了中国美丽乡村建设实践的发展、特征及所存在的问题，探讨了农民对村庄建设责任主体、美丽乡村建设各主要内容重要程度、村庄建设主要方面满意程度的认知和评价，并分析了有关影响因素，进而提出了她自己关于完善乡村建设政策的建议。她的工作对我有诸多启示，也引起我思考乡村建设的更一般的问题。在这里将我自己的想法呈现给读者，希望能引起读者对阅读陈秋红著作的更大兴趣。

一

　　美丽乡村的形成是一个自然历史过程。

　　历史上中外乡村的居民基本都是分散居住的。这与农民的生产活动和社会组织形态有关。中国农村家庭一般过五代便另立门户，并可能另觅耕作之地。居民点过大不利于耕作。按"五口百亩之家"的说法来推演，若超过五代还不分家，耕作的效率就会降低。在山区，这种情形会更显突出。所以，中国旧时代的乡村居民点一般都不大。中国北方的乡村居民点规模大于南方，与北方的战争更为频繁有关。欧洲历史上也大抵如此。在这种格局下，乡村景观美丽的元素其实简单，生机盎然的田野加上坚固耐用的农舍，便会使乡村产生美感。

现在给美丽乡村下定义需综合考虑相关政策，相对更加复杂。人是伴随环境变迁而进化的。人的美感一定是一种自我保护性的情感，否则，人的进化就会受挫。这是审美观演化的历史基础。给人带来恐惧与不确定性的事物，不会让人产生美感。田野草木繁盛，牛羊蓄积充盈，农舍坚固耐用，会给人带来安全感。这是美感的核心元素。苏格兰乡村的石头房屋没有多么漂亮，但能令世界人民欣赏，成为吸引游客的景观，原因便在这里。建筑物成为艺术家的构建对象，那主要是城市之美，在乡村没有普遍性。城里人容易有审美错谬，会把奇异当作美丽。他们的安全感由城市资源提供支撑，在跑到乡村甚至跑到大漠戈壁后，会大赞自然之美。但那里的居民会不以为然；他们只会赞美大漠中的一片绿洲，因为只有它才会给自己带来安全感。

人们是否愿意并能够建造安全实用的建筑物，与制度有关。有了稳定的财产关系，或者说，有了较高的产权强度，人们才会自愿投资建设经久稳固的家园。宗教与世俗暴力之下也可以产生好的建筑物，但这种基于宗法依附、强权依附与神权依附的美丽，不会全面覆盖老百姓的生活。中国的家族祠堂、不分中外的祭神建筑以及王侯将相府邸，往往富丽堂皇，非百姓居所可比。那种所谓庄严美，更多的是让老百姓产生敬畏情感。作为权力附庸的知识人往往是它们的赞美者。中国文化艺术界流行宫廷剧，乡村建设看重祠堂文化符号，也多少是依附性价值传承的反映。支撑这种创造与审美的力量，也存在于特殊的财产权利结构之中。

技术进步是乡村景观演化的重要影响因素。技术进步在诺斯看来是制度变迁的函数，但还要看到，它们之间的反向影响也是存在的。工业革命兴起后，城乡人口布局迅速变化，乡村景观、人际关系以及审美标准随之缓慢变化。若抛开历史建筑遗存发生影响，城乡最美建筑不再为政府拥有，民间的建筑物与环境之美可以盖过官方。工业革命之后，宗教依附退守更为狭窄的精神慰藉领域，宗法依附也变形为家族技术传承。人类告别了普遍的偶像崇拜，自由似乎成为首要价值。经此演化过程，世间的自然与人文景观之美才与百姓生活结缘。

二

美丽乡村其实是一种现代性现象，包含有丰富的新时代元素。

技术革命与城市化给全新的乡村之美创造了条件，并使乡村之美成为统一的城乡之美的有机组成部分。如果把每平方千米人口密度超过5000人且连片核心区人口总量超过1万人的居民点看做城市，把小于这个标准的居民分布区域看作乡村（这是一种较适合中国国情的粗略的概念性定义，接近美国宽泛的"乡村"定义），那么，现代发达工业化国家的乡村有以下5个特点：

第一，主要农区实现了家庭农场化，真正的农户很少多户聚合在一起。较高的产权强度让农场主热心维护自己的农舍，他不用担心哪一天自己的房子被拆除。建制化的公共服务设施当然不可能在这种小居民点上部署，但因为小城市分布均匀，农户就近在城市享受公共服务具备可及性条件。这种小型农业居民点由上百公顷田野环绕，万绿丛中装点团团氤氲人气，想不美丽都难。

第二，家庭农场的普及并不意味着田野上全都是小型居民点。农产品的区域集散中心、古代文化遗存之地、农业生产服务中心以及农民专业合作社生产服务基地等，也会聚集一定规模的人口，形成较大的乡村居民点。但这种居民点是少数，且也需要一定的建制化的公共服务设施。这使乡村有了多样性之美。

第三，宽泛意义上的乡村还会有相当数量的非农业居民，他们也会形成较大的乡村居民点。这些人通常是比较富裕的人口，他们有能力负担公共服务设施规模不经济带来的成本，足以使居民点看起来很美丽。在欧美国家，这部分人口数倍于专业农户的数量。这使乡村之美紧密与工商业文明相连接。

第四，以上几类人口当然都属于社会的中产阶层。刚性贫困人口在这样的乡村其实没有容身之地。因为非法移民打黑工在欧美国家长期存在，也使乡村有了穷人，但这属于一种例外的瑕疵。排除了这种情形，发达经济体的穷人更适合在城市生存。乡村人的富裕使乡村之美有了坚实的基础。

第五，这种乡村形态除了在生活习俗方面与典型的城市还有某些区别之外，社会关系的基本面与城市并无二致。又因为城市多数居民拥有独栋房屋，伴有大小不等的花园，也使城市居民不大需要到乡村去拾起乡愁记忆。

上述情形构成了发达经济体美丽乡村的基础结构。这种结构当然是逐步演化而形成的。农户迁徙自由、地方政府预算民主、土地要素的准市场化以及技术进步等因素加总起来，必然产生这种城乡统一的自然与人文景观之美。

三

多年来，中国政府在不同的政策主题下加大了乡村建设投入，经济改革增大了农民职业选择的自由程度，农业分工水平提高增加了务农收入。乡村景观水平提升与社会关系改善，均与这些因素有关。陈秋红的著作对这种变化做了系统梳理。她对目前我国美丽乡村建设面临的问题所做的分析，更引起了我的兴趣。我在这里对此也做一点补充讨论。

如果市场化改革步伐更快一些，相信中国乡村景观之美要甚于当下。市场化改革的最短板是土地制度改革，这是影响乡村景观与村社关系的首要因素。

土地承包权交易受限影响田野景观。中国土地承包权交易只限于集体经济组织成员内部。这个制度直接影响现代农业的最佳要素组合的形成。中国城市居民较之农村人口拥有更高水平的人力资本与金融资本，而农民拥有土地承包权，通过承包权的交易便可以使这几种要素更好地组合起来。但现行制度只能通过耕地出租建立短期的要素组合。这使大量已经基本脱离农业的进城务工者，只能选择个别家庭成员看守乡村承包地，而短期租地投资者也不愿意自己在土地整理上下功夫。"小农户＋专业化服务"可以在一定程度上改善农业经济，但还是不能形成最佳投资激励的要素组合，村庄由此更可能是低收入小农户的聚落。这样一来，乡村的自然景观与人文景观都难以达到具有现代性的审美要求。

现行土地制度还制约了城乡统一的美丽人文景观的产生。中国城市发展并不真正受制于建设用地的缺乏，只是因为土地规划管理方面的问题，造成了土地的低效率利用而已。把城市居民住房用地占建设用地比例控制在 25% 以下，直接推动了房价上涨，也带来了令人生厌、毫无美感的城市水泥建筑森林。脱离农业的农民因为收入低、隐形补贴（例如住房公积金之类）少，负担不了城市高房价，不能实现举家进城。平均每个行政村不过约 1000 人，本来就难以支撑高效率的公共服务，部分村庄还是不同程度上的"空心村"，如果不加快推进改革，美丽乡村建设就难成为可持续的事业。

上述弊端甚多的城乡居住形态，当然会侵蚀社会关系的和谐，给社会治理带来难题。顾益康先生曾经用"两只老鼠"来比喻我们的窘境。农民在农村的家里有一只老鼠居住，而进城的农民也像一只老鼠蜗居在逼仄的出租屋里。更普遍的情形则是一家人汉河两隔，夫妻无聚，母子分离。此情此景，何美之有？

有人拿中国的资源刚性制约给上述情形的存在做辩护，其实完全站不住脚。要不是嫌这序文过长，这里可以对种种辩词一一予以澄清。

相信中国人有杰出的创造力，也有充分的资源条件，可以使中国城乡变得更加美丽。真正重要的是坚持改革开放的信念，特别要相信保障中国农民的自由选择权利，这对于美丽乡村建设具有不可或缺的意义。了解农民的真实意愿并不容易。正如陈秋红所观察到的，农民形成的某些认知和理解"是村庄建设实践本身所存在的主要问题的映射"。我们需要理论的"奥卡姆剃刀"剖开芜杂现实问题的因果链条，发现更可靠的乡村演化的逻辑，努力避免把导致后端错误的前端错误当成不可撼动的行动基础，防止出现行动的方向偏差。陈秋红的著作反映了她在这方面的探索耕耘。她的工作使这一领域的研究成果更加丰富，也为我们进一步深入研究搭建了新的起点。

党国英

2020 年 10 月 7 日

前 言

党的十九大报告强调要"建设美丽中国"。美丽乡村建设是美丽中国建设的重要组成部分，要建设"美丽中国"，必须建设好美丽乡村。在国家提出乡村振兴战略的当下，在农村生态文明建设和美丽乡村建设在全国已有一定程度发展的形势下，分析作为主体和需求方的农民对村庄建设的有关认知和评价，能为观照和反思现阶段美丽乡村建设有关政策或理论提供一定启示，为各地推进村庄建设实践特别是美丽乡村建设实践提供参考和借鉴。

本书研究按照"引题—析题—结题"的思路展开。

引题部分包括前三章。主要介绍研究背景，述评相关研究进展，说明研究设计和数据来源，从理论上分析美丽乡村建设的战略意义、内涵与框架及相关理论基础，并总结近年来中国美丽乡村建设的实践发展状况、主要特征和存在的问题。研究表明，中国的美丽乡村建设实践推进较快，逐步显现出政府主导、生态引领、百花齐放等主要特征，取得了较大成效：各项基础设施建设投入加快，生产生活条件逐渐改善；农村生态环境有一定好转，农村面貌得到较大改观；农业转型升级明显加快，生态产业发展成绩斐然；农民收入增长较快，农村扶贫减贫得到推进；优秀乡村文化逐步恢复，传统民风民俗渐次回归。但是，仍存在相关认识和实践乱象、部门协调与资源整合不足、社会动员与农民参与不足等问题。这对重视作为主体的农民的需求提出了要求。

析题部分包括第四章至第六章。基于对浙江省、安徽省和四川省农民的调查，分析农民对村庄建设责任主体、美丽乡村建设各主要内容重要程度、村庄建设主要方面满意程度的认知和评价，并通过建立 Goprobit 模型和 Ologit 模型分别分析有关影响因素。研究表明，农民的村庄建设责任主体意识不强，地方政府被认为是村庄建设的第一责任主体；农民对村庄建设各主要方面重要程度的评分排序是：村庄设施建设 > 村庄公共服务完善 > 村庄产业发展 > 村庄规划 > 基层组织建设 > 农村生态保护和环境治理 > 乡村文化发展；农民对村庄建设现状的满意程度整体上处于中等或中等偏上水平，其满意程度评分排序是：乡村文化发展 > 基层组织建设 > 村庄设施建设 > 农村生态保护和环境治理、村庄公共服务完善 > 村庄规划 > 村庄产业发展。农民在以上两个方面的认知和评价具有群体性特征，这对激发农民的村庄建设主体性和推动村庄建设富有启示。

结题部分为第七章。在进行综合分析的基础上，评价美丽乡村建设成效，探索村庄建设的重点及其推进策略。美丽乡村建设的开展显著改变了农民对"农村生态保护和环境治理""村庄产业发展"和"村庄公共服务完善"重要程度的认知，也提高了农民对村庄建设现状整体的满意程度和有关评价。从农民认为重要但却不满意的方面进行探索，在一定时期内，后续村庄建设的重点是推进"村庄产业发展"；在已开展美丽乡村建设的地区，还应以"村庄公共服务完善"和"村庄设施建设"为重点；在还没有开展美丽乡村建设的地区，还应以"村庄规划"为重点。在考虑农民的需求和期盼的基础上，村庄建设的可持续推进应真正发挥农民的主体性作用，并改村庄建设的"输血"模式为"造血"模式，走以农民为中心的内生性村庄发展道路。

目　　录

第一章 绪论

美丽乡村建设的实践发展与相关研究的不足对从作为主体和需求方的农民的视角来展开研究提出了需要。这一章在介绍研究背景的基础上，分析了本书研究的必要性，评述了国内外相关研究，并说明了本书研究思路、研究方法、数据来源以及创新与不足之处，从而为后文分析奠定基础。

第一节 研究背景与必要性

一 研究背景

随着"以工补农、以城带乡"相关政策和统筹城乡经济社会发展、促进城乡一体化相关措施的实施，以及社会主义新农村建设的推进，中国农村经济社会有了较大发展，农村生态文明建设取得了积极进展，城乡差距已经逐渐缩小。但是，农村环境污染和生态破坏等问题依然严重，城乡之间在收入以及教育、医疗等公共服务水平和基础设施发展等方面的差异仍然很大，而且在城镇化加速推进背景下还面临着传统农业逐渐衰弱、农村逐渐边缘化和空心化、农村生境逐渐没落等新问题，乡村成为城乡一体化发展和全面建设小康社会的"瓶颈"。在这一形势下，2013年中央一号文件明确提出"要努力建设美丽乡村"。在中央和地方的共同推进下，各地开展了轰轰烈烈的美丽乡村建设实践。2018年中央一号文件《中共中央国务院关于实施乡村振兴战略的意见》提出"把乡村建设成为幸福美丽新家园"的要求。从世界其他国家（地区）的经验看，除少数例外，几乎所有国家的乡村发展和建设都是在城乡差距拉大、乡村成为国家经济与社会发展"瓶颈"的背景下展开的。中国农村正处于经济社会大转型时期，本书的研究主要基于以下三个方面的相关背景展开。

（一）农村经济社会有了较大发展，但仍存在较多问题

近些年，中国农村经济社会有了较大发展：农业总体保持稳定发展，粮食实现了"十二连增"；农业结构调整进一步推进，农村产业结构得到优化；农产品市场运行总体平稳，农村市场活力增强；农村居民收入继续保持较快增长，城乡居民收入差距进一步缩小；城镇化稳步推进，农村基础设施状况和农民的生产生活环境有了显著改善；社会事业发展迅速，社会保障体系加快构建和完善；新型农民成长步伐加快，农民精神文化生活水平有所提高。

然而，在这些发展成就背后，中国农村发展仍面临着诸多问题。一方面，农村环境污染和生态破坏严重且来源及形式多元化，农村已成为环境问题的重灾区。在环境污染方面，不仅工业污染有增无减，农业面源污染在逐步扩大，规模化养殖污染和生活垃圾污染仍然严重，而且城镇污染向农村转移的状况日益严重，工程建设污染和重金属污染等问题加剧。严重的农村环境污染不仅对乡村振兴和农业农村现代化进程造成了严重影响和制约，而且严重威胁了广大人民群众的身体健康，不仅一些生态环境遭受巨大破坏的村庄成为"癌症村"，而且"镉大米""毒蔬菜"等事件也给城镇居民的健康带来了威胁。在生态破坏方面，植被保护不力，环境自净能力降低，水土流失问题仍然严重，草地荒漠化、盐碱化问题仍比较突出。在生态系统退化方面，全国沙漠化土地面积达 173 万平方公里，占国土面积的 18% 以上；全国水土流失面积 294.9 万平方公里，占国土面积的 30%（勾泽川，2013），是中华人民共和国成立初期这一面积的 2.54 倍[1]；全国 80% 以上的草原发生不同程度退化，其中中度、重度退化草原面积占了近一半；2015 年全国森

---

[1] 中华人民共和国成立初期，全国水土流失面积为 116 万平方公里。

林覆盖率为 21.63%，人均森林覆盖面积不到世界平均水平的 1/4①。

另一方面，中国农村正面临着传统农业逐渐衰弱、农村逐渐边缘化和空心化、真正从事农业生产的农民数量逐渐减少、农村生境逐渐没落等新问题（陈秋红、于法稳，2014）。在城市化快速发展以及农村经济社会发展和变化的形势下，乡村景观受到强烈冲击，山川、河流等自然景观和农田、牧场等半自然景观都发生了不同程度的变化，传统村落、宗祠寺庙等人文景观不断遭到破坏，传统文化衰落（唐柯等，2014）；一些自然村落消失②，一些村落因民间传统艺术丢失、农村传统道德失落和农村文化景观消失而"有形无神"（朱启臻等，2014）。在城乡一体化发展过程中，如何在保留村庄原始风貌和精髓的同时实现发展是现在及未来很长一段时期农村发展要面临的重要问题。

（二）城乡之间差距仍较大，乡村成为城乡一体化发展和全面建设小康社会的"瓶颈"

长期的城乡分割和农业养育工业政策的实施，导致中国城乡差距问题严重。自 2010 年以来，中央开始把统筹城乡发展作为重点工作，努力促使城乡一体化发展。随着城乡一体化进程的推进和一系列缩小城乡差距的政策措施（包括惠农政策、财政金融政策、公共物品供给政策等）的出台，各地区的城乡差距已经处于逐渐缩小的趋势（赵伟、王丽强，2016）。但是，城乡之间在收入以及教育、医疗等公共服务水平和基础设施发展等方面的差异仍然很大。在收入方面，2015 年城镇居民人均可支配收入为 42359 元，农村居民人均可支配收入为 16021 元，城乡居民收入比为 2.64∶1，虽然这一指标已是近些年来的最低值，但城镇居民人均可支配收入仍比农村居民人均可支配收入高 1.64 倍。在基础教育方面，无论是师资还是设备，无论是投入还是教育理念和教育质量，农村基础教育水平和条件都远落后于城市，教育资源的不均等在城乡间表现明显。以生师比为例，国家编制的有关标准偏向城市，城

---

① 见 2014 年公布的全国第八次森林资源普查结果，http://gb.cri.cn/42071/2014/02/25/3365s4437032.htm。

② 根据国家统计局数据，中国自然村数量从 2000 年的 360 万个减少到 2010 年的 270 万个，十年就消失了 90 万个。

市、县镇、农村的小学生师比的标准依次为 19∶1、21∶1、23∶1，初中的生师比标准依次为 13.5∶1、16∶1、18∶1（宗晓华、陈静漪，2016）。在医疗方面，城乡居民间的健康差距较大，并且有扩大的趋势；而城乡医疗资源的差距也比较大，城市人口平均拥有的医疗资源是农村人口的2.5 倍以上①，农村居民在医疗资源上的可及性（包括经济方面和资源方面）远低于城市居民。在基础设施建设方面，受长期以来基本建设投入"重城市，轻农村"相关政策的影响，中国农村的基础设施普遍落后，虽然经过新农村建设，农村基础设施建设有了较大的发展，但这一发展更多地体现在道路、水渠等生产性设施方面，农民生活、文化娱乐等方面村庄基础设施的发展水平与城市差距较大。

较大的城乡差距成为中国经济社会可持续发展的障碍和重要挑战。党的十六大指出，全面建设小康社会最艰巨、最繁重的任务在农村。习近平主席指出："小康不小康，关键看老乡。""中国要强，农业必须强；中国要美，农村必须美；中国要富，农民必须富。"这也反映出，农业和农村已成为国家实现城乡一体化发展的"瓶颈"以及实现乡村振兴和全面小康的短板。推进发展现代农业和美丽乡村建设成为中国现阶段推进乡村发展的重要举措。

（三）美丽中国和生态文明建设取得了一定进展，但在农村的推进仍需加大力度

面对众多的农村资源环境问题和突出的生态危机对经济社会进一步发展形成的约束，中国开始建立生态文明发展范式，推进美丽中国和生态文明建设，并在政策制定和实践推进方面都有了一定的发展：①在政策制定方面，中央和地方都制定了相关计划的行动纲要。在中央层面，生态文明建设被纳入中国特色社会主义事业"五位一体"总布局，"美丽中国"被写进中国共产党全国代表大会的报告，生态文明法律制度被要求加快建立，生态文明建设的总体要求、目标愿景、重点任务和制度体系得到了明确。在这些顶层设计和总体部署的基础上，各地根据当地实际也制订了相关行动计划。②在实践方面，积极加大环境治理力

---

① 见社科院《我国城乡人均医疗资源相差 2.5 倍以上》，http：//www.nbd.com.cn/articles/2012 - 12 - 28/703915.html。

度，深入推进生态文明建设，取得了良好进展。植树造林、绿化荒山政策的长期执行，"有效扭转了森林生态系统退化的趋势，使植被覆盖面积不断增加"；"对大型湖泊水体富营养化的污染治理取得了显著成效"；"中国正积极减少煤炭消费和碳排放，并且已取得了实质性成果"①，2014 年中国的二氧化碳排放量出现了近些年来的首次下降，减少了 0.7%；② 85 个市（县、区）被授予"国家生态文明建设示范区"称号，分别有 55 个、45 个地区获批成为第一批和第二批生态文明建设先行示范区，99 个试点城市通过了全国水生态文明城市建设试点验收（首批 41 个，第二批 58 个），"国家森林城市"增至 194 个；全国已有海南、吉林、江苏等 16 个省（区、市）开展了生态省（区）建设，1000 多个县（市、区）开展了生态县（市、区）建设，92 个县（市、区）建成国家级生态县（市、区），4596 个乡镇达到国家生态文明建设示范区之"国家级生态乡镇"的考核指标要求，成为国家级生态乡镇。

2013 年中央一号文件提出"推进农村生态文明建设，努力建设美丽乡村"后，原农业部和财政部分别发布相关通知和意见，启动美丽乡村建设试点，浙江、贵州、安徽、福建、广西、重庆、海南成为首批重点推进省份，全国 1000 个村庄成为原农业部"美丽乡村"创建试点乡村。在相关政策和措施的积极推动下，农村生态文明发展和美丽乡村建设取得了积极进展。在农村生态文明发展方面，不仅相关环保法律逐步完善，农村环保投入有所增加，而且农村人居环境明显改善，农民的环保意识整体提升；在美丽乡村建设的推进方面，建立了自上而下的全方位的组织动员机构，形成了各具特色的美丽乡村创建模式，制定和完善了美丽乡村建设标准，开展了美丽乡村推广宣传和深化认识的系列行动。尽管如此，由于农村生态文明建设的任务艰巨、问题多样、情况复杂，以及在广袤的农村地区开展相关建设对资源投入的要求高等原因，相比于城镇地区的生态文明建设，农村地区的生态文明建设和美丽乡村

---

① 《第 46 个世界地球日：中国生态文明建设获得实质进展》，《人民日报》2015 年 4 月 22 日，http：//society. people. com. cn/n/2015/0422/c1008 – 26883494. html。

② 鲍捷、陈丽丹、陈尚文：《中国生态文明建设获得实质进展》，《人民日报》2015 年 4 月 22 日。

建设仍需进一步加强。

习近平总书记在党的十九大报告中指出，"我国社会主要矛盾已经转化为人民日益增长的美好生活需要和不平衡、不充分的发展之间的矛盾"。而中国发展不平衡、不充分问题最突出表现在农村。农业农村发展不平衡不充分是建设美丽中国、全面实现小康的最大短板。因而，党的十九大作出了实施乡村振兴战略的重大决策部署，这成为新时代做好"三农"工作的总抓手。而做好"三农"工作，其出发点和落脚点是坚持农民主体地位，实现好、维护好、发展好广大农民群众的根本利益①，其根本是"要尊重广大农民意愿，激发广大农民的积极性、主动性、创造性，激活乡村振兴内生动力，让广大农民在乡村振兴中有更多获得感、幸福感、安全感"②。

在社会主义新农村建设实施十多年后，目前美丽乡村建设中仍较广泛存在"干部热情高，农民冷眼瞧""上热下冷""外热内冷"的状况。为使农民的主体性作用真正发挥出来，有必要从作为主体和需求方的农民的视角来分析，在考虑和尊重他们发展诉求与真实需求的基础上，确定美丽乡村建设的重点内容和关键方面。

二 研究的必要性

从理论方面而言，农民是美丽乡村建设的实践主体、价值主体、意志主体、决策主体和受益主体。只有将农民这一基本主体的需求和期盼融合进来，美丽乡村建设的有关理论才能更符合实际，才能具有现实性和可操作性。只有明确农民对"依靠谁""如何建设"等核心问题的认识，融合了自上而下和自下而上视角的美丽乡村建设相关理论研究才能"接地气"，更具有现实指导性。

从实践方面而言，第一，相比于新农村建设，由于美丽乡村建设具有更宏大的意义、更深邃的理念和更丰富的内涵，全社会特别是基层最广大农民更难有明晰认识。只有将"更加关注生态环境资源的有效利

---

① 2016 年中央一号文件明确提出，要把坚持农民主体地位、增进农民福祉作为农村一切工作的出发点和落脚点。

② 《习近平对实施乡村振兴战略作出重要指示》，http：//www.gov.cn/xinwen/2018 - 07/05/content_ 5303799. htm。

用，更加关注人与自然和谐相处，更加关注农业发展方式转变，更加关注农业功能多样性发展，更加关注农村可持续发展，更加关注保护和传承农业文明"（唐柯，2013）这些抽象的理念与最广大农民在生产、生活、生态方面的主要需求和朴素的乡土情怀实现对接，农民才能更多地了解和认识美丽乡村建设，进而形成主体意识。第二，只有了解农民这一主体对美丽乡村建设的认识和期盼，以最广大农民最想解决的问题以及最不满意的方面为美丽乡村建设的着力点和重点，激发农民在其中的主体意识并促使他们形成参与行动，才能确保美丽乡村建设获得持久的动力和长效的实践，才能切实实现美丽乡村建设的最根本目标——改善人与自然的和谐关系进而改善当地人的生活质量，提高他们的幸福指数和福祉水平（陈秋红、于法稳，2014）。

第二节　相关研究述评

一　国外相关研究述评

在国外，"农村（乡村）建设"一般被称为"乡村发展"（Rural Development），其目的和含义与中国的"农村（乡村）建设"有一定不同。从国际乡村发展实践看，比较具有影响力的有：①美国乡村发展计划和"特色乡村"。其乡村发展计划的目标是：以社会为基础资助乡村社区建设和改善低收入乡村地区居民的生活，以市场为基础支撑乡村地区的经济发展（唐柯，2014）；其乡村发展建立在工业化基础上，实施城市化带动模式，重视工农之间的协调发展（李瑞霞等，2008）。②德国的"村庄革新"。德国在城乡生活等值化的理念下，集中规划和整理乡村土地，发展现代农业生产；注重生态、文化、休闲，发展特色，并有意"避免乡村发展的同质化，发展乡村旅游，实现经济、社会、生态的和谐发展"，并将保护自然环境放在首要位置（杨汶璇，2015）。③日本的"造村运动"。日本强调乡村发展的个性价值，通过推行"一村一品"，培育各具优势的产业基地，促进产品的生产流通，开展多元化的农民教育，创设合理的融资制度，促进农村文化建设

（陈磊、曲文俏，2006）。④韩国的“新村运动”①。韩国在经济层面增加农民收入，在社会层面通过改造村庄来建设新型农村社区，在精神层面培育“勤勉、自助、协同”的新村精神和“共同体意识”（唐柯，2014）。

国外乡村发展相关研究对中国的新农村建设和美丽乡村建设提供了有益启示，相关研究主要包括以下几个方面的内容：

第一，国外乡村发展与建设实践与经验的研究。例如，Lee（1955）和 Chaudhri（1962）在分析发展中国家乡村经济发展过程的基础上，提出了整合的乡村发展理念：持续发展乡村生产力，提高乡村居民生活水平，规划乡村经济发展，实现乡村基层管理组织自治。Park（1979）介绍了韩国“新村运动”的做法和实践；Curry 和 Owen（1996）探讨了英国的农村发展政策变化，以资源规划和村镇规划为视角汇编了当代农村政策在规划、管理、农村与环境三个主题下的研究成果；Pasakarnis 等（2013）指出，在农村发展中，应通过环境、通信、就业机会、土地管理等方面服务和基础设施状况的完善，改善农民生活条件，并鼓励通过经济多样化来避免农村退化。

第二，从乡村旅游等非农产业发展、信息化、乡村规划与管理、乡村人口迁移与景观变化多个角度探讨乡村发展，并研究乡村发展策略②。例如，Briedenhann 和 Wickens（2004）认为，乡村旅游越来越被看成是提升边缘地区经济活力、刺激社会更新以及改善乡村社区生活条件的万能选择。Raju（2004）对印度服务乡村社区的信息系统展开研究后指出，组织联系与网络能力构建将为“数字联合”向乡村社区提供多重机会，为他们开发地方资源实现发展提供支撑。Bayes（2001）以孟加拉国扩展通信基础设施改革为例，认为就乡村发展层面而言，电话的应用降低了乡村发展的不平等，加快了乡村脱贫进程。Lier（1998）指出，土地利用规划在可持续发展的乡村建设过程中应扮演积极角色。Paquette 和 Domon（2003）指出，人口流动使乡村景观呈现出

---

① 韩国的“新村运动”在全世界农村发展史上地位重要，影响深远，“新村运动”已作为一个专业名词被收录于《大不列颠大辞典》（唐柯，2014）。

② 参见郑俊、甄峰《国外乡村发展研究新进展》，《规划创新：2010 中国城市规划年会论文集》，2010 年。

浓郁的非农趣味。Rizov（2004）认为，乡村发展政策与多样性（多重功能性）和在社区层面达到最佳多样性的可持续性联系紧密，这是乡村发展的关键问题。Midgley 等（2005）对苏格兰乡村发展政策的研究显示，相关政策的目标正在转向经济、社会与环境的可持续性以及通过当地社区授权来促进发展。

第三，对乡村发展中要处理好的城市与农村、工业与农业等方面的关系展开研究。乡村建设的根本目的就是实现工农业之间的协调发展和城乡之间的统筹发展（唐柯等，2014）。对于城乡（工农）关系，国外的相关研究经历了"非均衡发展—均衡发展—城乡一体化"三个阶段（郭宁、吴振磊，2012）。在乡村发展中，众多学者强调要把城乡看作一个区域来发展（McGee，1991），将农村和城市进行统一考虑、统一规划和建设（Howard，1946），实现城乡的融合发展、一体化发展和协调发展。在城乡一体化方面，相关的理论较多，主要有霍华德（Ebenezer Howard）的田园城市理论，沙里宁（Saarinen）的有机疏散理论，芒福德（Lewis Mumford）的城乡发展论，麦基（McGee）的"Desakota"理论、城乡边缘区理论，岸根卓郎的"城乡融合设计"理论①。

二 国内相关研究述评

总的来说，国内关于美丽乡村建设的研究论文数量自 2009 年起呈持续增长态势（最多为 2018 年的 615 篇），但高质量研究论文少（2009 年至今在核心期刊上发表的相关论文仅 187 篇）②，整体上还处于碎片化、零散化的初级阶段，尚未形成一个成熟、完整的理论体系。具体来看，国内现有相关研究主要包括以下几个方面内容③。

（一）美丽乡村建设的含义、目标和任务、重点与难点工作

1. 含义

关于美丽乡村及美丽乡村建设含义的理解存在实践理解与学术界定

---

① 郭宁、吴振磊：《非均衡发展—均衡发展—城乡一体化——西方经济学城乡关系理论评述》，《生产力研究》2012 年第 10 期。

② 这些数据在中国知网上查询的截止时间为 2020 年 4 月底。

③ 陈秋红、于法稳：《美丽乡村建设研究与实践进展综述》，《学习与实践》2014 年第 6 期。

之分。近年来，各省（区、市）根据自身的基础条件、地理文化、资源禀赋和发展模式，积极开展美丽乡村创建和试点工作，纷纷出台行动计划或建设规划，形成了各有侧重的对美丽乡村建设内涵的理解①。实践中最早的界定见安吉县的"中国美丽乡村"计划，安吉县着力建设科学规划布局美、村容整洁环境美、创业增收生活美、乡风文明身心美以及宜居、宜业、宜游的"四美三宜"乡村。而在原农业部办公厅《关于开展"美丽乡村"创建活动的意见》（2013）中，"美丽乡村"被描述为天蓝、地绿、水净，安居、乐业、增收。

而学界对"美丽乡村"含义的界定主要包括三种视角②：自然与社会层面视角（孙丽琴，2011；黄克亮、罗丽云，2013；柳兰芳，2013），生产、生活与生态之间关系视角（唐柯，2013；魏玉栋，2013；和沁，2013），消除城乡差别视角（黄杉等，2013；张孝德，2013）。

虽然不同省份的实践理解和不同学者对"美丽乡村"概念的界定具有不同侧重点，但大多从美丽乡村的外在表现和构成要素来概括，基本上没有涉及诸多表现背后共同的内在本质属性。而从总体上考察，定义美丽乡村的关键在于抓住其内在本质属性。不同类型、具有不同地域特色和资源禀赋的乡村，如果只是从外在表现去界定其"美丽"的内涵，这种定义仍是纷纭复杂的，且可能使美丽乡村建设缺乏内在的运行机制而很难持续。只有对其本质属性进行抽象，才能更好地理解美丽乡村。同时，现有相关资料对"美丽乡村"的界定基本上都是自上而下的，是从政府工作人员和学者视角提出的，没有从农民的视角来界定。在美丽乡村建设中，农民既是主体，也是最终受益者。在他们眼中，他们所赖以生存和生活的乡村如何才是美丽的？如何建设才能美丽？他们对家乡的美丽有什么希冀和愿望？相关研究应同时结合自下而上的视角，从而使对这一概念的理解更具有现实性。

2. 目标和任务

在国家层面，《农业部"美丽乡村"创建目标体系》③确定了"美

---

① 各省（区、市）对美丽乡村内涵的实践理解见第二章表 2 - 1。
② 这方面的具体综述见第二章。
③ 见《农业部"美丽乡村"创建目标体系（试行）》，《农民日报》2013 年 5 月 15 日第5 版。

丽乡村"创建的总体目标和分类目标。其总体目标对这一创建活动的要求（生产、生活、生态"三生"和谐发展）、原则（科学规划、目标引导、试点先行、注重实效）、途径（发展农业生产、改善人居环境、传承生态文化、培育文明新风）、示范典型（生态宜居、生产高效、生活美好、人文和谐）等做出了规定。其分类目标既包括原则性要求，又包括约束性指标，具体包括五个方面的 20 项具体目标。2015 年 6 月 1 日起正式实施的国家标准《美丽乡村建设指南》对美丽乡村建设十方面内容（生产基础设施、生活基础设施、生态基础设施、生活环境治理、生态环境保护、农业资源综合利用、村级公共服务、休闲农业与乡村旅游、文化传承与保护、其他）下的有关对象在基础通用、技术、管理和服务四个方面给出了有关标准，进一步使美丽乡村建设建有方向、评有标准。

在地区层面，浙江省及其所属的安吉、衢州等地区的美丽乡村建设起步较早，在 2013 年之前就已经形成了明确的美丽乡村建设行动纲要。浙江省美丽乡村建设的总体目标是：实现农村生态经济加快发展、农村生态环境不断改善、资源集约利用水平明显提高、农村生态文化日益繁荣。为实现这一目标，浙江省实施了生态人居建设行动、生态环境提升行动、生态经济推进行动和生态文化培育行动，并明确了每一项行动的主要任务①。在近些年，贵州、安徽、福建、广西、重庆、海南、云南、四川等多个省（区、市）在其美丽乡村建设规划、实施方案或行动计划中都明确了各自的美丽乡村建设目标和任务。在省级有关部门的推动下，各地区也确定了区域性美丽乡村建设目标。以美丽乡村建设起步早、成效好、影响大的安吉县为例，安吉县"中国美丽乡村建设"的目标是村村优美、家家创业、处处和谐、人人幸福，建成"环境优美、生活富美、社会和美"的现代化新农村样板。在明确短期、中期、长期建设目标后，安吉县设定了 36 项考核指标②。各县级机关部门（发改委、建设局、农办、城管局、文明办、环保局等在内的 60 多个

---

① 具体见《浙江省美丽乡村建设行动计划（2011—2015 年）》。

② 见 http：//www.anji.gov.cn/default.php？mod＝sysarticle&do＝detail&tid＝13559&siteids＝103148。

部门）、各乡镇、各行政村从上至下也都形成了美丽乡村建设实施方案。

部分学者也基于美丽乡村建设实践归纳了美丽乡村建设任务和目标。例如，汪彩琼（2012）将浙江省美丽乡村建设的任务归纳为：统筹城乡规划建设，深入推进村庄环境整治、农村文化教育建设、农村特色产业发展和公共服务建设；翁鸣（2011）指出，美丽乡村的最终目标是经营乡村，即用高水平的乡村建设夯实乡村经营的基础，用高效益的乡村经营实现新农村建设和发展的可持续性。

综合分析现有相关资料来看，目前对美丽乡村建设目标和任务的设定基本上见于相关政府部门的政策文件或一些地区的美丽乡村建设行动计划中，都比较具体，各个地区由于经济发展水平、自然资源禀赋以及相关认知水平上的差异，在具体目标内容和目标执行时间的设定上虽然有所差别，建设任务和路径也有所不同，但总体目标基本一致，即生产、生活、生态"三生"和谐发展。不过，这些目标更像是政府部门的工作目标，没有涉及美丽乡村建设目标的根本。而学界在美丽乡村建设目标和任务方面的学理性研究较少，更缺乏理论与现实相结合的深入分析与思考。美丽乡村建设不能为建设而建设，其根本目标应该与乡村的主体——农民结合起来，应该从改善农民福祉这一根本方面展开深入研究。

3. 重点与难点

从相关政策文件的规定及政府部门工作人员的观点看，农业部（2013）将开展"美丽乡村"创建活动的重点工作确定为：制定目标体系，组织创建试点，推介创建典型，强化科技支撑，加大农业生态环境保护力度，推动农村可再生能源发展，大力发展健康向上的农村文化。原农业部农业生态与资源保护总站站长王衍亮指出，农村清洁工程是建设美丽乡村的重要抓手。而财政部部长助理胡静林（2013）则认为，应将一事一议财政奖补工作打造成为美丽乡村建设的总抓手，整合各类财政性建设资金，集中开展乡村基础设施、传统村落保护、生态保护、环境综合整治等工作。江苏省太仓市委常委王永林（2013）认为，在美丽乡村建设中，科学合理的规划是前提，优化提升农村生态环境是重点，创新举措是关键。浙江省湖州市市长马以（2011）认为，美丽乡村建设要突出现代农业发展、村庄整治与生态创建、基层基础建设、创新体制机制这四个重点。从学者的相关研究成果看，魏玉栋（2013）认为，在通向"城乡等值化"的道路上，"美丽乡村"创建需要重点破解三个难题：一是如何培养农民在"美丽乡村"创建中的自主意识，发挥他们积极性的问题；二是如何做到精神和物质同时发展、同步前进的问题；三是对规划的认识和运用能否科学的问题。骆敏等（2012）分析了城乡一体化背景下推进美丽乡村建设需要特别把握的五个问题：一是以城乡一体化为导向，建设新型乡村社区；二是以乡村自然环境为基础，培育良好生态品质；三是以地域文化为特色，突出差异性和多元化；四是以建管并举为举措，维护乡村优美环境；五是以调动积极性为动力，发挥农民主体作用。和沁（2013）认为，当前西部地区乡村生态文明建设的主要难点在于经济发展任务重与生态建设负担重共存、污染转移问题突出、发展竞争激烈、市场化配置资源规制严厉。姜小兰（2019）通过将中西部地区与东部发达地区进行比较发现，中西部欠发达地区面临农村土地权益关系困局、村庄表里不一困境、乡村空心化困境和"工富农贫"困境。周明星、翟坤周（2019）指出部分少数民族地区美丽乡村建设面临规划不合理、少数民族群众参与的主体性意识不强、建设实效性亟须提高、组织保障相对缺乏、魅力特色有待增强等困境。齐镭（2013）认为，乡村建设的根本在于立足于乡村自身内在的因素，如何实现乡村的可持续发展是美丽乡村建设的核心。刘继志（2018）认为，推进美丽乡村建设的关键在于做好统筹规划，分类推进；激发内生活力，稳步实施；凸显人文内涵，促进互通共享。

从上述分析可以看出，目前对美丽乡村建设重点和难点的认识要么是政府部门工作人员根据工作实践得出的，要么是学者的抽象化分析，并没有考虑到作为美丽乡村建设主体的农民的期待。

（二）美丽乡村建设现状、模式与案例分析

相关研究主要包括三个方面内容：一是描述和分析其他国家或地区（例如美国、英国、日本、法国、中国台湾地区）的乡村建设模式（见表1-1），例如齐镭（2013）、张晨（2012）、黄杉等（2013）、陈磊和曲文俏（2006）。二是描述不同地区的美丽乡村建设现状（例如陈云开，2016；王卫星，2014；周琼、曾玉荣，2014），探索并总结不同特色的美丽乡村建设模式，包括依据乡村类型、地名、主要特征或重点来命名三种情况。原农业部依据乡村类型提出中国"美丽乡村"十大创建模式，即产业发展型、生态保护型、城郊集约型、社会综治型、文化传承型、渔业开发型、草原牧场型、环境整治型、休闲旅游型和高效农业型等。以地名命名美丽乡村建设模式的典型有安吉模式（农业部农村社会事业发展中心新农村建设课题组，2009）、临安模式（郑杭生、张本效，2013）、湖州模式（翁鸣，2011；沈国忠，2013）、宁国模式（吕祥峰，2012；农业部农村社会事业发展中心，2012）等。以主要特征或重点来命名的美丽乡村建设模式，例如以安吉县报福镇为代表的规划引领、政府扶持型，以安吉县为代表的立足优势、发展产业型，以福建长汀县为代表的项目带动、建立奖惩型，以辽宁和广西为代表的清洁生产、提升环境型，以新疆为代表的农村可再生能源扮靓型，以海南保亭黎族苗族自治县为代表的乡村旅游助推型（李少华，2013）。按照投资主体不同，美丽乡村建设可分为政府主导型、资本主导型和农户自主型三种模式，且相比于前两种模式，农户自主型模式更有利于农户福利改善（姚树荣、龙婷玉，2019）。三是探索国内外现代乡村建设的经验和启示。其中，以对国内美丽乡村建设经验的总结为主，且国内的这方面研究大多以浙江省为研究区域（蔡先恒，2013；李一，2012）。在市及以下层面，相关研究较多的是以安吉（农业部农村社会事业发展中心新农村建设课题组，2009；舒川根，2010；柯福艳等，2011；严端详，2012）、湖州（翁鸣，2011）和宁国（农业部农村社会事业发展中心，2012）等地为案例。

对各国（地区）推动现代乡村建设的模式、侧重点和推动力量的比较见表1-1。

表1-1　其他国家或地区的现代乡村建设模式、侧重点和推动力量

其他国家或地区	建设模式	主要推动力量	主要措施或策略	主要目标
美国	以产促融，顺畅过渡	市场	注重提高农业生产率，政府引导技术与资金投入、农业与工业部门有机融合	使农村地区的经济水平与生活质量不低于都市地区

其他国家或地区	建设模式	主要推动力量	主要措施或策略	主要目标
英国	规划先行，以点带面	政府	大力发展小城镇，带动周边乡村地区的发展	实现城镇与乡村地区经济、社会、生态的可持续性
法国、意大利	尊重传统，价值实现	政府	立法规定主要农产品的种养殖方法、等级评定标准	保护乡土物种和保持优越品质，最大化实现传统农耕的价值
日本	基础先行，复兴生境	政府	实施村镇综合建设示范工程	解决"农村过疏"问题，改善农村生活环境并缩小城乡差别
中国台湾地区	推动农村再生、建立富丽新农村	政府引导、农民自主参与	扶持村民自治组织、广泛开展"培根"计划、重视培育农村特色产业、生态复育及空间景观的活化再利用	实现农村地区土地活化和特色发展，推动农村的再生建设并提升生活和居住品质

注：根据齐镭（2013）、张晨（2012）、黄杉等（2013）、陈磊和曲文俏（2006）等资料整合、归纳。

总体上看，大部分相关案例研究基本上是讲故事或画图画似的描述型分析，具有一定理论深度的解释型案例分析较少，运用新的视角、假设、观点和方法来解析美丽乡村建设实践的探索型案例分析更少。

（三）美丽乡村建设实践中的体制与机制创新

体制机制创新是美丽乡村建设的保障。农业部（2013）强调，开展"美丽乡村"创建活动要形成"政府指导、目标引导、乡村主体、科技帮扶、项目带动、多方参与"的工作机制，形成政府、农民主体、企业和社团等社会力量共同参与的格局与机制（唐柯，2013）。

从"安吉模式"看，《安吉县建设"中国美丽乡村"行动纲要》中强调要建立四个方面的工作机制，即"政府主导、农民主体、社会参与"的投入机制，"整体规划、资源统筹、分步实施"的建设机制，"三级负责、以村为主、人人参与"的管理机制以及"产业优先、一村一品、打造精品"的发展机制。农业部农村社会事业发展中心新农村建设课题组（2009）将安吉县美丽乡村建设中的制度政策创新归纳为：

大力整合支农项目、实行财政以奖代补政策、建立 200 万元专项考核奖励基金、制定配套奖励补助政策。杨晓蔚（2013）则认为其体制机制创新体现在三个方面：建立党政主导、部门协作、纵向到底的领导体制；建立分类定位、激励为主的考核评价机制；创新农村发展要素保障机制。此外，李一（2012）认为其体制机制创新还包括聘请专家担任顾问，创新整合涉农惠农的相关政策，创新落实激励为主的配套机制，启动上下联动的共建机制，推行部门与乡镇、村结对帮扶机制。

"临安模式"在"绿色家园、富丽山村"建设中探索形成了五个方面的工作机制：一是筹集各级各方的资金投入，创新项目整合机制；二是形成以奖代补制、淘汰制、奖励制和跟踪复评制等财政奖补制度，创新财政奖补机制；三是组建"新农村建设有限公司"这一融资平台，创新融资贷款机制；四是探索形成规划设计的 PK 制，创新规划设计机制；五是实施市领导联系和部门结对领办制度、新农村建设（重点村）财务监督管理制度、建设工程监理制度，创新服务监管机制（郑杭生、张本效，2013）。

"湖州模式"在"美丽乡村、和谐民生"建设中着力建立健全"六大机制"："党政主导、农民主体、各方参与"的推进机制，"产业为先、民生为本、基础为重"的发展机制，"全域规划、示范带动、以点扩面"的建设机制，"试点创新、重点突破、改革推动"的动力机制，"财政引导、多元筹措、市场运作"的投入机制以及"明确目标、强化考核、鼓励先进"的激励机制（沈国忠，2012）。

"宁国模式"在美丽和谐乡村建设中的体制机制创新主要体现在六个方面：一是推进农村土地产权制度改革；二是完善政治建设机制，增强人民参与权利；三是积极探索建立资源节约与环境保护的体制机制；四是不断推进农村金融体制改革；五是积极推进支农资金整合；六是实行优秀人才奖励机制（农业部农村社会事业发展中心，2012）。

此外，李一（2012）认为，制度和机制建设为丽水市松阳县的生态家园建设提供了保障。具体包括：注重发挥规划的先导作用、建立完善的工作机制、建立健全考核与督察机制以及不断完善投入机制。兰东、匡显桢（2013）认为，吉安市应进一步完善"政府主导、农民主体、干部服务、城乡一体、部门协作、社会参与"的工作机制。黄杉等（2013）将国内外乡村发展的动力机制分析框架归纳为产业体系、基础设施、生态环境和地方文化。申丽娟、谢德体（2019）以重庆美丽乡村建设为例，构建了由主体、客体、手段、动力、目标等要素组成的政府与社会互动机制，强调应坚持政府主导、推动社会积极参与，并确保政府与社会互动合法化。

总体上看，对美丽乡村建设政策、体制机制展开研究的文献并不多，仅有的也都基本上是对现实中各地美丽乡村建设实践中政策举措、体制和机制创新等进行分析和归纳，大多是实然层面的描述，对美丽乡村建设在政策上应该做出哪些安排和调整、应该在体制和机制方面做出哪些改革和创新的应然层面的分析很少，且就有关体制和机制创新如何激发农民的主体意识、发挥农民的主体作用展开研究的文献甚少。

（四）其他国家（地区）乡村发展的经验总结与启示

许多学者从其他国家（地区）的经验与借鉴角度对乡村发展的相关实践进行了总结。相关研究有两类：一类是研究某一国家（地区）具体的乡村发展经验。例如，解安（2007）总结论述了韩国"新村运动"的经验和有关借鉴。单玉丽（2006）介绍了中国台湾地区建设"富丽农村"的主要策略和措施，归纳了其有关经验对大陆地区新农村建设的借鉴：应在科学编制建设规划的基础上，加强对农村公共设施的投入；始终把发展生产力作为建设新农村的首要任务和长远之计；加快农村经济组织的培育与发展。钟智利（2007）对欧盟国家农村建设的主要做法进行了深入分析，认为其做法对我国新农村建设的启示意义是：先规划后建设、建设绿色农村、强化基础设施建设、大力发展现代农业。王晓丹（2006）介绍了印度的农村建设，指出其农村发展战略的指导思想是，通过基层自治机构积极动员民众参与政府制定的各项工程，群众的动员和参与得到了十分的重视和强调。曲文俏、陈磊（2006）分析了日本"造村运动"的开展背景和主要内容，认为对我国新农村建设的启示有：明确政府职能定位、加强农民组织建设、重视农民的教育培训、激发村民参与意识。王志、董雅慧（2010）回顾了美国的农业发展历程，分析了其中有益的经验与做法，并最终提出了对我国新农村建设的启示：政府应高度重视，加大投入力度；以立法形式确保其稳步推进；加强农业基础设施建设；促进农业生产的规模化和机械化，加快农业剩余劳动力的转移；高度重视农业科研及推广应用。

另一类是综合分析其他一些国家（地区）乡村发展的有关经验并总体提出有关借鉴。例如，唐柯等（2014）介绍了北美、西欧、东亚、澳洲与南美的乡村建设实践与经验。张利庠、缪向华（2006）分析、归纳和总结了韩国"新村运动"和日本农村现代化的发展状况，提出适合我国国情且具有借鉴的启示：高瞻远瞩、科学规划，增加投入、积极扶持，多方动员、全力以赴，因地制宜、分类实施，完善立法、政策支持。李果仁（2007）分析了国外公共财政向"三农"倾斜的经验或做法，建议继续加大对农业的投入力度，健全农业补贴政策，立法规范对农村的扶持改革，同时加大对农村人力资源开发的财政投入。王文龙（2016）总结了日韩乡村建设的经验，即乡村建设的成功需要具备一些前提条件，应循序渐进地推进，应充分尊重农民利益，培育乡村内生发展能力，应根据时势变化不断调整有关政策，进而以两国为参照反思了中国美丽乡村建设中的问题：建设条件还不成熟、建设目标过于超前、内生动力不足、建设政策僵化，并提出了相关政策调整建议。

上述研究虽大多分析的是对社会主义新农村建设的启示和借鉴，但美丽乡村建设是新农村建设的升级版，有关研究仍能为美丽乡村建设实践提供启示和参考。

（五）总结性评论

综合而言，国外乡村发展实践和相关理论研究为中国的新农村建设和美丽乡村建设提供了很好的启示，而国内现有关于美丽乡村建设的研究整体上仍不够深入，主要表现在以下几个方面：

第一，研究成果虽增长快，但其中有一定深度的好成果少。截至2020年4月底，在中国知网上精确查找篇名中包括"美丽乡村"字段的文献总计有6543篇，其中期刊论文4876篇，相关文献数量总体上呈快速增长态势，特别是在国家层面出台相关政策的2013年和《美丽乡村建设指南》国家标准发布的2015年。不过，其中分析较深入的好成果较少。在4876篇期刊文献中，发表在核心期刊的论文仅353篇，发表在CSSCI来源期刊的论文仅174篇，且议题分散，涉及美丽乡村实践探索、村庄规划、乡村文化保护与传承、相关法律与制度等多个主题。而美丽乡村相关著作虽然在近几年有较快增长，但其中以乡村规划设计类的书居多，且理论性强、分析深入的著作少。

第二，大部分期刊文献要么进行相关政策解读，要么以某一省、市、县的美丽乡村建设实践为案例来展开描述和分析，且多为解释型案例分析和探索型案例分析，基于全国层面或多个地区的有关情况展开的综合比较和分析较少，特别缺乏对已开展美丽乡村建设地区与未开展美丽乡村建设地区乡村有关情况的对比，并在此基础上对一般化抽象规律的探索更显不足。

第三，相关文献对美丽乡村建设的认识基本是站在政府和学者的立场上提出来的，缺乏基于农民视角的研究。目前，尽管学术界和政府各部门对美丽乡村建设进行了一些调查研究和理论探讨，但相关成果的作者以学者、相关部门领导干部［包括市（县）领导班子成员、市（县）政府下相关职能部门的领导干部］及工作人员等农村外部群体为主，多是站在政府和学者的立场上提出来的；尽管各地政府在制定有关政策或进行政策评估时会开展农村调查，但调查和座谈对象大多为干部；尽管新农村建设相关研究中有部分成果专门从农民视角研究其主体性意识和相关需求（叶敬忠，2006；邓宗兵、王钊，2009），但对其"升级版"——美丽乡村建设缺乏专门从农民视角进行的研究。

对此，本书试图弥补上述不足，围绕"谁来建设""如何建设"等核心问题，基于农民视角，在考虑各地区美丽乡村建设进度不同的基础上，在东部、中部和西部地区分别选取调查区域，在全国层面上了解农民对村庄建设责任主体、美丽乡村建设最重要内容、各项内容重要程度以及对村庄主要方面现状满意程度的认知，并通过计量经济学方法分析有关认知差异的影响因素，特别比较已开展美丽乡村建设的村庄与未开展美丽乡村建设的村庄农民有关认知的差异，从而为激发农民的主体意识，从需求方找到美丽乡村建设的着力点和重点提供启示。

第三节　研究设计

一　研究意义

美丽乡村建设是农村生态文明建设的重要内容，是统筹城乡发展的重要举措，是全面建成小康社会的必然要求。调查美丽乡村建设主体——农民的主体性意识、对美丽乡村建设的期盼、对其中有关方面重要程度和满意程度的评价，进而从农民的视角来探索美丽乡村建设的重点及其推进策略，具有重要的理论意义与实践意义。

在理论方面，本书能丰富新时期新农村建设研究成果，并为观照和反思现阶段美丽乡村建设有关政策或理论提供一定启示。第一，当新农村建设实践推进到美丽乡村建设阶段，相关理论研究却落后于实践，离形成一个成熟、完整的理论体系相去甚远，不仅其中的一些基本概念有待厘定，乡村建设的内在发展规律也需进一步得到梳理。本书从农民视角来探讨有关问题，能丰富新时期新农村建设相关研究成果。第二，基于东部、中部、西部地区的调查数据从农民视角来研究美丽乡村建设，能弥补现有相关研究缺乏基于农民视角考察的不足，能扩展对美丽乡村建设问题的研究视角，并为观照和反思有关政策或理论提供一定启示。

在实践方面，本书能为各地推进村庄建设特别是美丽乡村建设提供参考和借鉴。第一，研究农民对村庄建设责任主体的认知及其影响因素，能为探索激发农民主体性意识之道提供参考；第二，研究农民对村庄建设主要方面重要程度以及满意程度的认知及其影响因素，能为各地明确村庄建设重点，进而为探索推进策略提供启示；第三，比较已开展美丽乡村建设地区与未开展美丽乡村建设地区农民有关认知和评价的不同，对从服务对象和需求方角度评估美丽乡村建设成效具有启示意义。

二 研究思路、框架与技术路线

在总体上，本书研究按照"引题—析题—结题"的思路展开。

引题部分包括前三章，第一章的绪论部分主要介绍研究背景、述评相关研究进展、说明研究设计和数据来源；第二章主要对美丽乡村建设的战略意义、内涵与框架及相关理论基础展开理论分析；第三章对近年来中国美丽乡村建设的实践发展状况、主要特征和存在的问题进行分析和总结，提出应充分考虑和尊重基层最广大农民的真实意愿和主要需求，引出本书议题。

析题部分包括第四章至第六章，相关研究包括三个方面内容：首先，第四章基于东部、中部、西部三省的调查数据分析农民对村庄建设责任主体的认知现状，并通过建立 Goprobit 模型，分析造成全部有效样本农民和试点村农民有关认知差异的因素，以便为探寻激活农民的主体意识的策略提供启示。其次，在第五章先从理论上分析美丽乡村建设的重点和相关内容的优先序。然后，基于调查数据，分析农民对美丽乡村建设各主要内容重要程度的认知现状，并构建 Ologit 模型，分析造成农民有关认知差异的影响因素，以探索农民视角下村庄建设的重点。最后，第六章进一步分析农民对乡村建设主要方面现状的满意程度差异，并通过构建 Ologit 模型分析有关影响因素，为后文探索农民视角的村庄建设的重点和策略提供对照。

结题部分为第七章，结合农民对村庄建设主要方面重要程度以及满意程度的评价进行综合分析，评价美丽乡村建设成效，探索村庄建设的重点及其推进策略，进而对全书研究做出总结。

本书研究的主要框架见图 1－1。

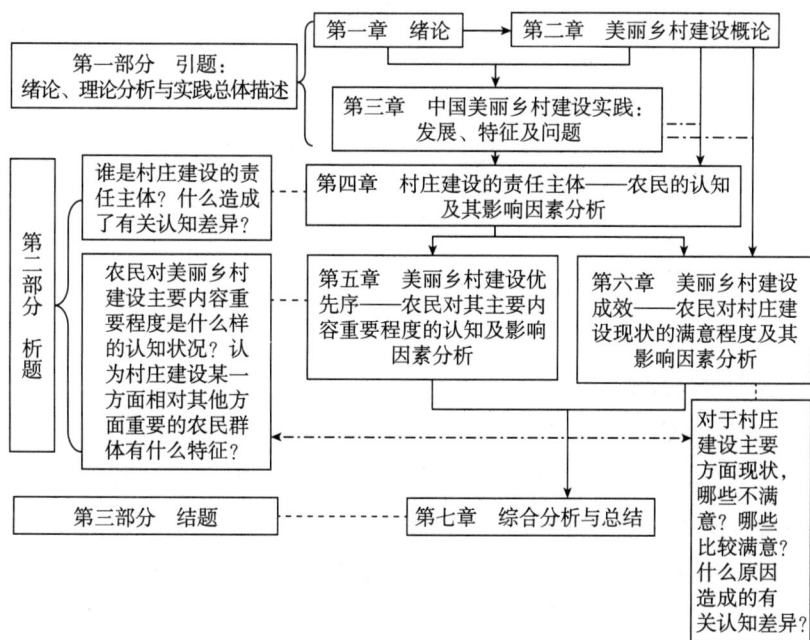

图 1－1　本书研究的主要框架

本书研究的技术路线见图 1-2。

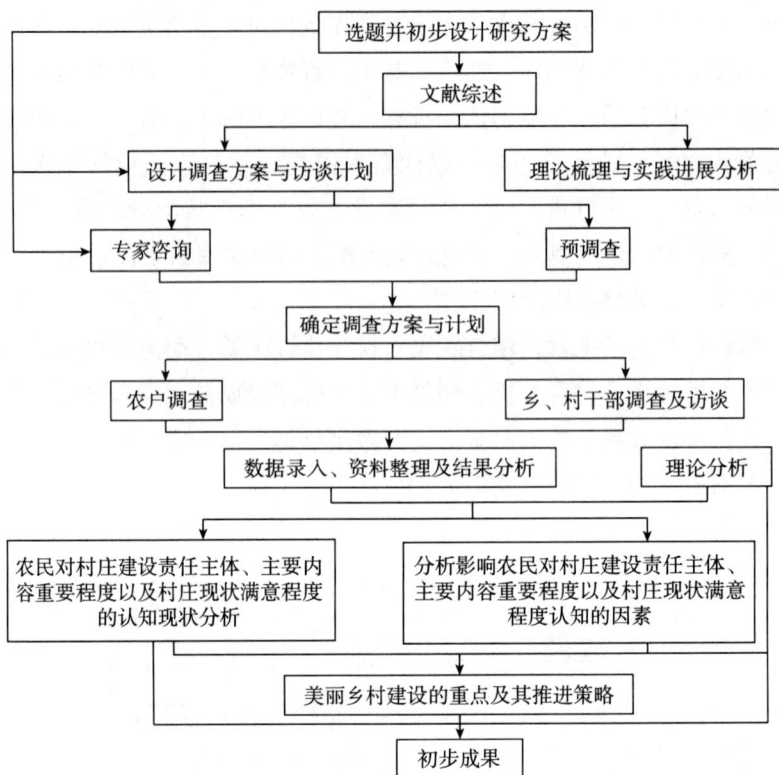

```
                    ┌────────────────────────┐
                    │   选题并初步设计研究方案   │
                    └────────────────────────┘
                               │
                    ┌──────────────┐
                    │   文献综述     │
                    └──────────────┘
                    │              │
         ┌──────────────────┐   ┌──────────────────────┐
         │  设计调查方案与访谈计划 │   │  理论梳理与实践进展分析  │
         └──────────────────┘   └──────────────────────┘
              │                         │
         ┌──────────┐              ┌──────────┐
         │  专家咨询   │              │  预调查    │
         └──────────┘              └──────────┘
                    │
         ┌────────────────────┐
         │   确定调查方案与计划    │
         └────────────────────┘
              │                        │
         ┌──────────┐            ┌────────────────┐
         │  农户调查   │            │ 乡、村干部调查及访谈 │
         └──────────┘            └────────────────┘
              │                        │
    ┌────────────────────────┐   ┌──────────┐
    │ 数据录入、资料整理及结果分析  │   │  理论分析   │
    └────────────────────────┘   └──────────┘
         │                             │
┌──────────────────────┐   ┌──────────────────────┐
│ 农民对村庄建设责任主体、主要  │   │ 分析影响农民对村庄建设责任主体、│
│ 容重要程度以及村庄现状满意程度 │   │ 主要内容重要程度以及村庄满意  │
│ 的认知现状分析          │   │ 程度认知的因素          │
└──────────────────────┘   └──────────────────────┘
              │                        │
         ┌────────────────────────┐
         │  美丽乡村建设的重点及其推进策略  │
         └────────────────────────┘
                    │
         ┌──────────┐
         │  初步成果   │
         └──────────┘
```

图 1-2　本书研究的技术路线

三　研究方法

（一）定量分析方法

（1）利用描述性统计方法分析农民对美丽乡村建设主体、主要内容重要程度和乡村主要方面现状满意程度的多样化认知状况。

（2）通过建立计量模型分析影响农民对美丽乡村建设主体、主要内容重要程度和乡村主要方面现状满意程度认知的因素，对其中所引入的自变量及模型等的说明见表 1-2。

表 1-2　　　　　　　　研究中的计量模型与变量说明

因变量	模型	自变量	样本群体
对村庄建设责任主体的认知（y_1）	Gologit 模型	4 类因素 19 个变量：村民个人特征变量（性别 x_1、年龄 x_2、受教育程度 x_3、婚姻状况 x_4、主要从业领域 x_5、是否是户主 x_6、是否是党员 x_7）；家庭特征变量［是否参加专业性合作组织 x_8、是否是村里的种植（或养殖）大户 x_9、家庭成员最高受教育水平 x_{10}、家庭劳动力所占比例 x_{11}、家庭收入水平 x_{12}、家庭外出务工人员占比 x_{13} 和所经营的耕地面积 x_{14}］；村庄特征变量（村庄所在地区 x_{15}、所在自然村是否开展美丽乡村建设 x_{16}、开展美丽乡村建设的时间长短 x_{17}）；村民对美丽乡村政策的了解程度（是否听说过"美丽乡村建设" x_{18}、是否参加过相关政策的宣传教育或培训活动 x_{19}）	分别基于全部有效样本农民和所在自然村已开展美丽乡村建设地区的农民样本来分析
对美丽乡村建设主要内容重要程度的认知（y_2—y_8）	Ologit 模型		
对村庄建设主要方面现状满意程度的认知（y_9—y_{15}）	Ologit 模型		

（二）比较研究方法

在描述性统计分析中，对所在自然村已开展美丽乡村建设和还没有开展美丽乡村建设以及不同省份样本农民的有关认知状况进行对比分析。在计量分析中，对具有不同特征农民的有关认知状况的异同进行对比；对基于全部有效样本和基于所在自然村已开展美丽乡村建设的样本得到的模型拟合结果进行对比；基于农民视角来比较其对村庄建设主要方面的重要程度和满意程度，且将两方面的计量分析结果进行对照以探索美丽乡村建设的重点和着力点。

（三）问卷调查方法

通过进行农户问卷调查、乡村干部访谈，获得相关研究数据。

四　数据来源

本书研究数据来源于笔者在浙江省、安徽省和四川省开展的农户问卷调查和村庄调查。选取这 3 个省为调查省份的原因是：第一，这 3 个省分别分布在中国的东部、中部和西部地区，地区差异明显，经济社会发展水平存在差异。第二，这 3 个省在美丽乡村建设方面具有典型意义：浙江省在全国范围内最早开展美丽乡村建设且成绩斐然，是全国美丽乡村建设的排头兵和样板，其美丽乡村建设的有关理念、方式和经验对其他地区具有重要借鉴意义；安徽省是中国农村改革的发源省份，是美丽乡村建设试点首批重点推进省份之一，其美丽乡村建设在 2012 年由点上探索进入面上推进阶段，取得了重要阶段性成效；四川省在全省范围内明确开展"幸福美丽乡村"建设的时间虽不长，但其社会主义新农村建设富有特色和成效，不仅在西部独树一帜，在全国也有一定代表性。

调查抽样过程：首先，依据重点抽样原则，基于样本省各地区开展美丽乡村建设的进展情况，选择具有典型意义的县（市）作为样本县（市）；其次，按照在同一乡镇既有未开展美丽乡村建设的村又有美丽乡村建设开展得较好的村的要求，在符合前一种要求的乡镇中分别随机选取样本乡镇；再次，在样本乡镇分别在未开展美丽乡村建设的村和美丽乡村建设开展得较好的村中随机选取样本村[①]；最后，在样本村随机选取农户开展调查。在调查中，确定某行政村（或自然村）已开展美丽乡村建设的依据是：该村经有关部门考核成为美丽乡村建设的"试点村"[②] 或得到了政府在美丽乡村建设方面的明确项目投入，在县"美办"或地方有关部门的美丽乡村建设规划或行动方案中已被确定为"已开展美丽乡村建设"地区[③]。为行文简洁，后文研究将未开展美丽乡村建设的村和已开展美丽乡村建设的村分别简称为"试点村"和"非试点村"。[④]

样本的具体地区分布情况见表 1 – 3。从表 1 – 3 可以看出，有效样

---

① 浙江省安吉县由于美丽乡村建设成效显著，已经难以找到整个行政村还没开展美丽乡村建设的样本村，所以，在当地选取的样本村是部分自然村已开展美丽乡村建设而部分自然村还没开展的行政村。

② 在安徽省和四川省，已开展美丽乡村建设的行政村基本为"试点村"。

③ 浙江省的美丽乡村建设最初是自下而上推进的，在 2015 年已发展至"提升扩面"阶段，调查中没开展美丽乡村建设的自然村大多已被纳入"提升扩面"范围。

④ 值得说明的是，本书研究中的"试点村"并不是原农业部确定的 1000 个"美丽乡村"创建试点村，而是涵盖国家、省、市、县、乡镇等多个层面的与美丽乡村建设相关的"试点"。

本的地区分析基本均衡。

表1-3   样本地区的选择

样本省	样本县（市）	样本乡镇	样本行政村	有效样本数（户）
浙江省	安吉县	下墅乡、孝丰镇	田垓村（53）、大竹村（21）、大河村（38）	112
安徽省	凤台县	杨村镇	店集村（62）、杨村（43）、彭庄村（34）	139
四川省	崇州市	白头镇、桤泉镇、崇阳镇	五星村（50）、群安村（51）、小罗村（50）	151

注：第4列中括号内的数字为各村的有效样本数。

为提高数据的真实性和有效性，一方面，调查尽量选择户主或一年中大多数时间居住在当地、对村庄情况比较了解的家庭成员为受访者；另一方面，课题组在当地招募暑期返乡且有一定调查经验的大学生做调查员，减少调查员不懂方言造成的理解偏差。调查共发放问卷420份，其中有效问卷402份，问卷有效率为95.71%。调查问卷（见附录）的内容包括三大方面：受访者个人、家庭与生产经营特征，农民对有关建设项目的了解、认知、态度和参与行为，农民对村庄现状的评价与环保行为变化。

从受访者及其家庭的基本特征（见表1-4）看，受访者主要为男性、年龄为40岁以上的中老年、受教育程度为初中及以下、主要从业领域为纯农业生产及本地兼业或务工的农民，受访农户的家庭规模以5人及以下为主，其家庭年收入水平主要为8万元及以上。可见，除性别和主要从业领域外，样本在其他属性上的特征与村民整体的现实特征基本相同，而样本在性别和主要从业领域方面的特殊性与前文提及的调查为确保数据真实性和有效性而采取的第一点措施密切相关。以中央一号文件提出要"努力建设美丽乡村"的2013年为分水岭，在所在地区美丽乡村建设不同进展方面，样本分布较均匀。总体上看，样本具有一定程度的代表性。

表1-4 　　　　　　　　　　受访者及其家庭的基本特征

属性	分类	样本量（人）	比例（%）	属性	分类	样本量（人）	比例（%）
性别	男	259	64.43	家庭规模	3人及以下	114	28.36
	女	143	35.57		4—5人	189	47.01
年龄	40岁以下	45	11.19		6人及以上	99	24.63
	40—50岁	102	25.37	2014年家庭纯收入	3万元及以下	111	27.61
	50—60岁	117	29.10		3万—8万元	193	48.01
	60岁及以上	137	34.08		8万元以上	98	24.38
受教育程度	小学及以下	176	43.78	所在自然村开展美丽乡村建设情况	没开展美丽乡村建设	154	38.31
	初中及中专	183	45.52		开展了美丽乡村建设	248	61.69
	高中、大专及以上	43	10.70		其中，已开展4年或以上	56	22.58
主要从业领域	纯农业生产	158	39.30		已开展3年	68	27.42
	本地兼业或务工	213	52.99		已开展2年	73	29.44
	外出务工	29	7.21		已开展1年	51	20.56

　　注：本地指本县范围内；由于存在数据缺省，部分属性的样本比例加总不为100%。调查时间为2015年7—8月，因此，所在自然村没开展美丽乡村建设的样本中包括了所在自然村在2015年才开始开展美丽乡村建设或进行"扩面提升"的样本。

五　创新与不足之处

（一）创新之处

1. 在理论上有所深化

一是对美丽乡村建设的内涵与框架展开了较系统的理论分析；二是从"三生"关系及实践、社会主义新农村建设切入点和重点、国内外乡村建设经验以及美丽乡村建设目标和内容体系四个方面从理论上分析美丽乡村建设的重点和相关内容的优先序。

2. 在内容上有所创新

目前，国内相关文献对美丽乡村建设的认识多是站在政府和学者的立场上开展的，缺乏基于农民视角的研究。本书基于调查数据，从农民的视角来分析村庄建设这一主体的主体性意识，对村庄建设主要方面的重要程度和满意程度的评价，并通过计量模型分析有关影响因素，从需求方角度探索村庄建设的重点和推进策略，在一定程度上弥补了目前相关研究的前述不足，丰富了相关研究成果。

3. 在研究方法上有新的尝试

目前，美丽乡村建设相关研究绝大多数为定性研究，定量研究少，基于调查数据开展的相关计量分析更少，本书研究在这方面做出了尝试。同时，从计量研究方法应用的整体情况看，运用 Goprobit 模型对微观层面的问题展开研究的国内文献很少，本书利用 Goprobit 模型来分析农民对美丽乡村建设主体认知的影响因素在方法上具有一定新意。

（二）不足之处

首先，本书是基于微观视角的宏观分析，美丽乡村建设相关认知的有关调查内容多是宏观层面的，对主体性意识的表现、美丽乡村建设 7 项主要内容和乡村建设现状的 7 个主要方面以及各具体内容的调查和分析并不细致和深入。本书虽然在统计分析中进一步细化分析了农民对生态治理和环境保护的 5 项具体内容以及农村主要公共服务 6 个方面内容重要程度的认知，也具体分析了农民对居住环境、治安状况、信息化程度、新型合作医疗效果、新型农村养老保险参保情况、村庄公共服务状况、邻里关系、闲暇时间活动的丰富状况以及村委会民主管理状况 9 个方面村庄总体现状的评价，但有关调查内容没能进一步下沉到更具体层面，也没能就村民在村庄基础设施建设、村庄产业发展、村庄规划、乡村文化发展等方面的需求和期盼做进一步的细致调查和分析。

其次，美丽乡村建设相关主题的研究空间广阔，待发展和完善的方面很多，囿于研究时间、精力和能力的限制，本书仅从很小的方面试图有所发展。目前关于美丽乡村建设的研究整体上还处于初级阶段，研究视角还比较单一，尚未形成一套成熟、完整的理论体系。美丽乡村建设研究空间广阔：在理论研究方面，需进一步厘定基本概念，梳理内在发展规律，厘清"三生"系统之间的相互作用机理等；在实践研究方面，有待对不同区域（例如发达、欠发达、贫困地区）以及不同类型乡村（例如农区、牧区、渔村、山区等）的美丽乡村建设实践展开深入的案例分析并抽象出一般化的美丽乡村建设模式，需加强对典型案例的比较分析和其中的某些特色和重点的深入分析，需强化对美丽乡村建设进展的评价研究；在政策研究方面，美丽乡村建设的体制性问题、机制性问题和政策性问题等应然层面的研究亟待拓展和深入（陈秋红、于法稳，2014）。本书只是从农民视角在总体上分析他们对村庄建设责任主体、主要内容重要程度和乡村主要方面现状满意程度的认知，并探索村庄建设的重点及其推进策略，所做贡献有限。

第二章　美丽乡村建设概论

美丽乡村建设对于美丽中国、生态文明、全面建成小康社会、可持续发展以及农业文明保护与传承等具有重要战略意义。这一章①在分析美丽乡村建设的战略意义的基础上，从多个视角阐释了"美丽""美丽乡村"等术语的含义，将"美丽乡村建设"的内涵总结为：五大内容体系（"乡村产业—农民生活—农村环境—乡村治理—乡村文化"）通过科学规划和良好协调，促成"规划科学、生产发展、生活宽裕、乡风文明、村容整洁、管理民主，宜居、宜业的可持续发展乡村"。进一步地，这一章分析了与本书研究密切相关的五方面主要理论基础，即社会主义新农村建设理论、生态文明建设之"三生"和谐理论、社会主体论与"以人为本"的科学发展观以及需求层次理论。

第一节　战略意义

美丽乡村建设有利于统筹解决"三农"问题，统筹实现区域、城乡、社会经济、人与自然的和谐发展，有利于全面小康社会的实现。其战略意义可以从以下几个方面来分析。

一　对于美丽中国的意义

美丽中国是美丽乡村建设的最终目标和归宿，而美丽乡村是美丽中

---

① 这一章第一节、第二节部分内容已整合进《美丽乡村标准化实践》（中国质检出版社、中国标准出版社 2015 年版）一书中出版。

国在农村的具体体现和实施，是美丽中国的基础。中国农村土地占全国总量的绝大部分，农村人口占全国总量的一半以上，要在全国整体实现"美丽中国"的奋斗目标，就必须建设好美丽乡村。从空间上看，美丽乡村是美丽中国城乡一体化扩展的结果，在建设美丽乡村的基础上，将其中的经典模式扩展至建设美丽中国，实现从农村到城市的生态空间拓展，促进城市和乡村的整体生态变迁。美丽乡村建设中，治理农村环境、完善基础设施、保护特色风光等一系列乡村生态建设行为，在自然价值、社会价值、美学价值等方面符合美丽中国的内涵，契合美丽中国的目标（柳兰芳，2013）。在农村生态文明建设的总体布局下，乡村展现出山美水美的环境，呈现出人与自然、人与人、人与社会的和谐关系，很好地突出了美丽中国的农村画面。

二　对于生态文明的意义

较城市而言，农村地域广阔、生态基础好，开展生态治理的空间更大。同时，农村人口占全国人口大多数，如果普通农民有了生态文明理念，以低碳环保的方式生产生活，就中国这个人口大国来说，如此低成本地走向生态文明的过程将具有划时代的意义。并且，农业是国民经济的基础，为其他经济社会活动提供物质生产资料；农业生产直接作用于土地、河流、森林等自然资源，与自然生态系统联系紧密。农村的先天优势决定了生态文明建设的希望在农村（王衍亮，2013）。

美丽乡村建设是农村生态文明建设在新农村综合推进的典型，是其目标和归宿（柳兰芳，2013；唐柯，2013）。中国乡村文明的命运与生态文明紧密相连，中国乡村就像生命体的细胞一样，携带着中华文明向前演化的基因（张孝德，2013）。中国社会在过去的发展中，没有经历西方依托城市发展的工业文明阶段，所以，从生态文明的逻辑看，中国乡村文明具有无法替代的独特功能。在美丽乡村建设中，乡村文明的发展丰富了生态文明。

三　对于全面建成小康社会的意义

习近平总书记指出，全面建成小康社会最艰巨、最繁重的任务在农村，没有农村的小康，特别是没有贫困地区的小康，就没有全面建成小康社会①。农村全面小康社会的标准在经济发展、社会发展、人口素质、生活质量、民主法制、资源环境等方面有具体要求，形象地说就是"经济翻两番，收入超六千；楼房随处见，村庄连成片；室内通水电，房外有花园；家家彩电放，户户电话连；教育九望十，就医不走远；寿命七十五，山青水天蓝"②。结合前文对美丽乡村内涵的有关分析，两相比较，可以看出，这些农村全面小康的表现正是美丽乡村的题中之义，是美丽乡村建设的重要内容。美丽乡村建设是推进农村全面实现小康的重要途径和有效形式。

四　对于可持续发展的意义

美丽乡村建设本身就是可持续发展的一种实现途径。工业化和城市化的发展，特别是在城乡二元格局下，自然资源被过度开发、农业资源利用率偏低、农业污染日趋严重、农村环境日益恶化，加大了农村可持续发展的压力。农村发展生态产业的最佳实现途径就是建设美丽乡村。第一，通过美丽乡村建设，农村工业污染、农业面源污染、水产养殖污染、农村生活污染等能得到有效防治，沼气、太阳能、生物质能等清洁能源能得到广泛应用，森林、草原等自然资源能得到有效保护和合理开发，农村自然生态能得到保护和修复，而这些都是可持续发展的体现；第二，美丽乡村建设中，大力发展循环、绿色农业产业，合理安排资源要素投入，依靠农业科技进步提高产量等，正是在农业领域践行可持续发展理念的体现；第三，美丽乡村建设通过带动乡村旅游业等相关服务业的发展，可以很好地实现农村经济发展方式的转变，在提高农民生活水平、改变农民消费方式的同时，能改善农村居住环境和自然环境，提高农民的生态环保意识，培养农民健康环保的生活方式，落实人与自然和谐相处的理念，实现农村经济社会的可持续发展。

---

① 《没有农村小康就没有全面小康》，http://news. xinhuanet. com/comments/2012 – 12/31/c_ 114209109. htm。

② http://wenku. baidu. com/link? url = ndwsvFDKksjBi37YcDUs4jj9Lk – gvmHaD – haS-geRI5QMHayLj3238ZVkZJCdlBs TgsKGtURe90qzWOp4J_ wS9hn7gPK5UTqawqa1rYbSf_ q.

五 对于农业文明保护与传承的意义

保护、传承和弘扬农业文明是美丽乡村建设的题中之义，建设美丽乡村是保护与传承农业文明的重要途径和有效方式。首先，美丽乡村重视保护传统乡村文化，为传承农业文明打下了基础。作为美丽乡村建设的一项重要工作，特色文化村落的保护和建设能充分挖掘和保护历史文化遗迹，保护和建设历史文化底蕴深厚的传统村落，复原和美化村庄人居环境，实现传统文化与现代文明的融合。其次，美丽乡村建设通过提高农民文化素质、发挥农民创造性，扩展了农业文明传承的主体范围。通过广泛开展形式多样、内容丰富的宣传教育活动，美丽乡村建设提高了农民的文化素养、科学素养、道德素养、礼仪素养、卫生素养、生态素养等文明素养，树立起了文明新风尚（汪彩琼，2012）；对农业生产生活民风民俗文化的广泛调查收集，对农民艺术、传统手工绝活等的深入挖掘、溯源与整理，使大批民间工匠艺人被发现并得到推崇。最后，美丽乡村建设发展了民族文化产业。在挖掘乡村传统文化的过程中，通过影视、书籍、新媒体等手段，引进和发展文化创意产业项目，形成以乡村民俗文化为核心的文化产业体系，打造乡村文化品牌，促进了乡村文化产业和文化事业的协调发展，使农业文明在新时代焕发出新的活力。

第二节 内涵与框架

一 乡村的界定

乡村是和城市相区别的概念，《辞源》对"乡村"的定义是主要从事农业、人口分布较城镇分散的地方。美国学者罗德菲尔德认为，"乡村是人口稀少、比较隔绝、以农业生产为主要经济基础、人们生活基本相似，而与社会其他部分特别是城市有所不同的地方"（叶齐茂，2007）。

从字面上看，"乡村"可以拆解为"乡"和"村"，"乡"是指乡（镇）政府驻地的镇，也就是小城镇，"村"是指周边村庄，如此，乡村就广义地包含了小城镇和村庄。目前，"乡村"被泛化地理解为县城以下的广大地区，包括由乡（镇）与村落两种社区构成的社会生活范围（秦志华，1995）及其外围的开放土地。但是，"乡村"更为具体地应该被理解为"农村"，指以农业生产为主的地域，农民是从事农业生产的主体，农耕生产是劳动的对象，从这个意义上来说，乡村是以农业生产为主的劳动人民聚居的场所，经过一定时期的发展所形成的农村聚落（郑向群、陈明，2015）。中国当前所开展的美丽乡村建设，从核心的内涵看主要是基于后一种理解来展开的，这种界定的出发点是把农业产业作为农村赖以存在和发展的前提，没有农业这一基础的存在，农村就不成其为农村，农民就不成其为农民（张小林，1998）。

二　美丽的含义

"美丽中国"这一全新概念在党的十八大报告中一经提出就立刻引起了广泛关注。虽然它只是出现在党的十八大报告的第八部分，即生态文明部分，但是，如果仅从生态环境角度来理解"美丽中国"，那就太局限了。"美丽"有着丰富的内涵，本书试图从哲学、美学和生态学视角来阐释其含义。

（一）哲学角度的理解

亚里士多德说："美是自身就具有价值并同时给人愉快的东西"（蒋孔阳，1999）这说明，美是客观和主观的统一。一方面，美是客观对象存在着契合审美主体物种属性或个性的、有益于审美主体生命存在的、令审美主体愉悦的性质，是客观对象本来存在的、不以审美主体的好恶能够改变的性质；另一方面，美需要产生契合主体本性需要的快感，符合主体的感受与评价，是相对于有感觉功能的生命主体而存在的。没有主体，就不存在令人愉悦的美，但是，美既不会因单独个体的喜好而增加，也不会因单独个体的厌恶而减少，最终在无数审美个体认可差异的相互抵消与约简中，得到一个最大公约数，形成一种审美共识（祁志祥，2015）。

从哲学角度来理解美丽乡村中的"美丽"，其核心要义是人与自然、人与人、人与社会的和谐共生。第一，要实现人与自然的和谐。无论是儒家"天人合一"的德性智慧，还是道家"万物一体、道法自然"

的空灵智慧，或是佛教"万物平等"的解脱智慧，都主张人类应尊重自然、顺应自然，进而实现人与自然的和谐。在乡村建设中，只有把改造自然、建设自然、美化自然结合起来，人与自然才能实现和谐相处，人类的创造才具有可持续性。第二，要实现人与人、人与社会的和谐。在中国传统文化中，实现人与人的和谐有两大法宝——"和"与"中"。孔子提出"和而不同"，主张多样与平衡，提倡宽厚之德，兼收并蓄，淳厚中和，求同存异，增进共识，取得双赢。"中"即中庸，"以其记中和之为用也"，通过"执中"（讲究适时、适当、适度）达到一种和谐状态。作为传统文化要素保留更多的地区，乡村既要保护和传承质朴、醇厚的伦理亲情、民间文化、乡村风俗等非物质文化遗产，又要在现代发展中遵循民主法治、公平正义、诚信友爱、充满活力、安定有序的社会主义和谐社会建设原则，实现人与人、人与社会的公正、平等。

（二）美学角度的理解

美学是研究审美规律的科学，是人类掌握世界的一种特殊形式，包括了形式美、自然美、艺术美和社会美等方面。审美中，人与世界（社会和自然）形成一种无功利的、形象的、情感的关系状态（王彦明，2011）。人与环境不是对立和征服的关系，而是统一和不可分的，两者都是审美体系重要的组成部分。随着美学学科的发展，审美认识逐渐深入到农业领域。人们认为，农业不是纯粹的生产对象，而是能够成为景致的审美对象，不但农业环境作为一个整体提供给社会独一无二的非物质利益，而且乡村和农业景观具有独特的审美体验和价值。

从美学角度而言，美丽乡村中的"美丽"可以从客体和主体两个层面来理解。在客体层面，"美丽"不仅是拥有光鲜亮丽的外表，更要有蕙质兰心的内在——创建内外统一的人文之美（张雷，2013），要给人生态理性、可持续发展的智慧启迪，更要锻造崇高、成就美好。在主体层面，要造就具有生态智慧、生态人格和生态美感的创造者和鉴赏者，在和谐美好的生态中感受"诗意栖居"的家园感：一方面，人们按照美的规律改造外界对象和主体自身；另一方面，人从对外界对象和主体自身的观照中体验到身心的自由与生活的美好，从而获得某种精神上的享受和情感上的愉悦，使身心保持和谐、平衡、有序状态，以利于心智性情的协调发展（张雷，2013）。习近平总书记提出的"望得见山、看得见水、记得住乡愁"就是美学意义上对乡村"美丽"的一种诠释。

（三）生态学（生态文明）角度的理解

生态学关注生物与环境之间的相互关系及其作用机理，认为一个生物群落中的任何物种都与其他物种存在着相互依赖和相互制约的关系。人类是生物界中的一分子，必须与自然界和谐共生，共同发展，走可持续发展道路，"既满足当代人的需要，又不对后代满足其发展需要的能力构成威胁"。

良好的生态环境是人类文明繁荣延续的基本物质前提，生态建设是美丽乡村建设的重要内容。从生态学角度理解，"美丽乡村"中的美丽体现为自然之美、生态之美及人与自然的和谐之美（王晓广，2013），体现为生产生活环境适宜、生态良好。按照生态文明的要求切实改善和保护乡村生态、环境和资源，营建优美宜居的生存空间，是美丽乡村建设的前提和基础。

（四）总结

"美丽"是一个美学和情感学范畴的术语，是能够引起人们愉悦、舒畅、振奋或使人感到和谐、圆满、轻松、快慰、满足或让人产生爱（或类似爱）的情感、欣赏享受感、心旷神怡感或有益于人类与社会的客观事物的一种特殊属性，是所有一切能够使人产生美好心情或身心舒畅的事物（李克明，2014）。美丽乡村中"美丽"是和谐，是天、地、人，自然、经济与社会，生产、生活与生态之间达到均衡协调的一种状态。

同时，"美丽"又是一个非常口语化的生活用语。乡村的美丽是什么？不同人眼中有不同种美，不同地区有不同的美。草原一碧千里，戈壁广袤无垠，名山高耸峻峭，大川绵延千里，江河瀑布、沙漠戈壁、湿地湖泊、高山奇峡各有各的美。即使同是山，仍有不同的美。例如，华山美在险，泰山美在雄，黄山美在秀。中国农村广袤，类型多样，一些村落美在特殊的风景地貌等自然景观，一些乡村美在传统村落、宗祠寺庙等人文景观。因此，美丽乡村中"美丽"的表现形式应该是多样化和多元化的。

三 美丽乡村的内涵

明确美丽乡村的丰富内涵和美丽乡村建设的主要内容是开展美丽乡村建设实践最首要的任务，不同人群、不同地区的实践和不同学者对美丽乡村形成了不同的理解。

（一）不同角度、不同群体对美丽乡村的理解

1. 人们对"美丽乡村"的感性认知

对于什么是"美丽乡村"，不同时代、不同地区、不同阶层的人有不同的感性认识。在古代，乡村成为士人用来表达浪漫主义和理想主义情怀的对象，浩瀚如烟的诗词歌赋描述了乡村美丽怡然的田园风光、安宁闲适的生活场景、多姿多彩的风土人情、淳朴传统的乡风民俗。"闻道南丹风土美，流出溅溅五溪水"（宋·赵企），描写了当时广西南丹县的自然环境之美；"凡美田之法，绿豆为上，小豆、胡麻次之"（《齐民要术·耕田》），表现出农业生产之美；"其法治，其佐贤，其民愿，其俗美……四者齐，天下服"（《荀子·王霸》），体现出了社会治理之美；"江南好，千钟美酒，一曲满庭芳"（北宋·苏轼），展现了江南的物产富足和生活优雅之美。"草木茂盛，自然风景秀美；依山靠水，村落布局讲究；天人合一，村落景观和谐；衣食富足，百姓安居乐业；文化丰富，习俗传承完整"是古人对美丽乡村的共同诠释（云振宇等，2015）。

在现代，在乡村人口大量外流和城镇化快速推进的背景下，农民有形或无形的"家"和"根"都在乡村。乡村是身处城市的农民的心灵归宿和情感寄托，是他们得以退守的永恒家园。"经济发展快，生活较富裕，政策扶持多，村庄环境好"等是农民对美丽乡村的认知。而在市民心中，乡村是他们休闲度假的诗意田园以及寻找乡愁和儿时记忆的梦里故园，"保持乡村生态原貌，乡村旅游特色产品丰富；基础设施建设完善，乡村接待能力好；农民生活富裕，实现城乡和谐共赢发展"是市民眼中的美丽乡村（唐柯，2015）。而从世界其他国家乡村建设的经验看，无论是韩国的"新村运动"、日本的"造村运动"还是德国的"村庄更新"，改善村容村貌、培育农业产业、丰富农村文化都是其中的重要内容。

2. 各地对"美丽乡村"的实践理解

在国家层面，习近平总书记将人民的有关期盼直观表述为"有更好的教育、更稳定的工作、更满意的收入、更可靠的社会保障、更高水平的医疗卫生服务、更舒适的居住条件、更优美的环境"①。原农业部办公厅《关于开展"美丽乡村"创建活动的意见》则将"美丽乡村"描述为天蓝、地绿、水净，安居、乐业、增收。

近年来，各省（区、市）根据自身的基础条件、地理文化、资源禀赋和发展模式，积极开展美丽乡村的创建和试点工作，纷纷出台了行动计划或建设规划。不同省份对美丽乡村建设的内涵理解也各有侧重，各具特色。从表2-1可以看出，各省（区、市）对美丽乡村的实践理解均紧密围绕"生产发展、生活宽裕、乡风文明、村容整洁、管理民主"这一社会主义新农村建设二十字方针，并在此基础上有所扩展或提升。

表2-1　　　　各省（区、市）对美丽乡村内涵的实践理解

省份	主题	实践解析	来源
浙江省	美丽乡村	科学规划布局美、村容整洁环境美、创业增收生活美、乡风文明身心美	《浙江省美丽乡村建设行动计划（2011—2015）》（浙委办〔2010〕141号）
安徽省	美好乡村	生态宜居村庄美、兴业富民生活美、文明和谐乡风美	《安徽省美好乡村建设规划（2012—2020年）》（皖政〔2012〕97号）
贵州省	四在农家·美丽乡村	富在农家增收入、学在农家长智慧、乐在农家爽精神、美在农家展新貌	《贵州省"四在农家·美丽乡村"基础设施建设六项行动计划》（黔府发〔2013〕26号）
广西壮族自治区	美丽广西·清洁乡村	村庄秀美、环境优美、生活甜美、社会和美	《广西壮族自治区美丽乡村建设试点实施方案》（桂农改办〔2013〕21号）

---

① 《习近平系列重要讲话读本：让老百姓过上好日子》，http://opinion.people.com.cn/n/2014/0710/c1003-25264271.html。

续表

省份	主题	实践解析	来源
福建省	美丽乡村	布局美、环境美、建筑美、生活美	《关于推进美丽乡村建设的指导意见》（闽宜居指办〔2014〕4号）
云南省	美丽乡村	秀美之村、富裕之村、魅力之村、幸福之村、活力之村	《关于推进美丽乡村建设的若干意见》（云发〔2014〕13号）
吉林省	美丽乡村	科学规划布局美、村容整洁环境美、创业增收生活美、乡风文明身心美、可持续发展生态美	《关于开展美丽乡村创建示范活动的方案》（吉新农村领导小组〔2015〕5号）

资料来源：云振宇、刘文、张瑶等：《浅析我国美丽乡村标准体系构建》，《中国标准化》2015年第9期。

3. 学者对"美丽乡村"的界定

在理论层面，学界对"美丽乡村"含义的界定主要包括以下三种视角（陈秋红、于法稳，2014）：一是从自然与社会等层面展开阐释。例如，孙丽琴（2011）认为，"美丽和谐乡村"中的"美丽"指产业发展，农民富裕，特色鲜明，社会和谐，生态良好，环境优美，布局合理，设施完善，其中前4个方面为内在美，后4个方面为外在美。黄克亮、罗丽云（2013）认为，"美丽"的这8个方面既体现在自然层面，也体现在社会层面；建设美丽乡村的关键是要实现四个层面的"美"，即村容村貌整洁环境美（自然之美）、农民创业增收生活美（发展之美）、乡风文明农民素质美（文化之美）、管理民主乡村社会美（和谐之美）。柳兰芳（2013）则认为，美丽乡村的这8个方面体现在自然、社会、人文三个层面，美丽乡村是"五美乡村"，即生态环境美、社会环境美、人文环境美、合理布局规划美和体制机制完善美。美丽乡村建设应当从各自的历史传统、人文积淀、资源禀赋、地形地貌等特色出发，构建人与自然、物质与文化、生产与生活、传统与现代融为一体的系统工程。《农民日报》编辑部（2013）对于美丽乡村除强调产业特色鲜明、生态环境优美、村容村貌整洁外，还强调社区服务健全、乡土文化繁荣、农民生活幸福等指标，认为美丽乡村集发展之美、生活之美、生态之美、人文之美于一体，美丽乡村建设的思想基石是树立人与自然和谐发展理念，核心内容是强化农业农村基础设施建设，基础支撑是促进农民增收致富，重要内涵是传承乡土中国的文化血脉，做到科学规划与因地制宜。

二是从生产、生活与生态之间关系视角给出定义。生产、生活、生态"三生"和谐发展是原农业部"美丽乡村"创建活动的总要求。这一活动的负责人唐柯（2013）认为，"美丽乡村"应该是"生态宜居、生产高效、生活美好、人文和谐"的典范，是让农村人乐享其中、让城市人心驰神往的所在。魏玉栋（2013）认为，生产、生活与生态"三生"和谐具体表现在以下四个方面：首先是"环境美"，即布局规划合理、基础设施完善、人与环境和谐；其次是"生活美"，即物质生活宽裕、社会保障有力、邻里亲朋和谐；再次是"产业美"，即产业特色明显、产品优质安全、资源生态和谐；最后是"人文美"，即乡风朴实文明、地方文化鲜明、现代传统和谐。其中，"生产美"是前提，"生活美"是目的，"环境美"是特征，"人文美"是灵魂。而和沁（2013）则将生态放在生产与生活之上，认为美丽乡村建设实质上就是建设乡村生态文明，即在乡村的生产与生活中，主动、积极地改善和优化乡村内部和乡村自身发展与自然、与城市之间的关系，以及建设良好的乡村生态环境，塑造良好的乡村面貌。

三是从消除城乡差别视角对"美丽乡村"进行界定。张孝德（2013）指出，"美丽乡村"意在追求中国最大的"公平正义"，建设美丽乡村所要做的就是通过发展农业、建设乡村、富裕农民，实现"城乡等值化"，并通过让农村更像农村的改造，让城镇的物流、人流、资金流、信息流向农村聚集，从而一点点消融目前所存在的城乡差别。黄杉等（2013）认为，"美丽乡村"在内涵上既包括丰富的生态资源、优美的人居环境、整洁的村庄面貌，也涵盖发达的乡村产业、完善的公共设施、幸福的乡村居民，在生态环境和经济社会方面均表现突出，乡村居民的幸福指数不低于城市居民。

4. 国家标准对"美丽乡村"的定义

经过多位专家多轮讨论并广泛征求意见，质检总局和国家标准委于2015年5月发布的国家标准《美丽乡村建设指南》（GB/T 32000—

2015）中将"美丽乡村"定义为："经济、政治、文化、社会和生态文明协调发展，规划科学、生产发展、生活宽裕、乡风文明、村容整洁、管理民主，宜居、宜业的可持续发展乡村（包括建制村和自然村）。"

（二）美丽乡村的要义

我国的乡村建设在过去走了一些弯路，重视发展经济，而忽视了社会文化建设与环境保护和治理，某些方面的发展存在失衡。在一些开展美丽乡村建设的地区，对"美丽乡村"的认识与中央精神的倡导存在一定偏差，与农民的需求也不完全契合。美丽乡村建设，在内容上要与中央有关精神所倡导的保持一致，在供给上要与农民的需求保持一致，在此基础上，要注重各方面的协调发展。根据国家标准《美丽乡村建设指南》对"美丽乡村"的界定，本书从经济、政治、文化、社会和生态文明五个方面来阐释美丽乡村的关键要义。

其一，在经济建设方面，实现农业及相关产业的协调发展。美丽乡村需要培育明晰的主导产业，发展适度集中的规模产业，围绕着主导产业和优势产业，按照产业规模化、标准化、生态化的要求，积极发展生态农业、生态工业和生态服务业。结合自身资源，在农村能人自主创业的示范下，村庄要完善配套的农业社会化服务体系，生产乡村特色食品、特色礼品、特色服饰、小手工艺品等加工品，开发采摘制作、踏青摄影、游湖垂钓、民俗风情、乡土风情等不同主题的节庆活动，打造乡村的知名度和综合品牌影响力，发展多元产业（陈善鹤，2014）。同时，通过构建起良好的农村产业体系，推进农村产业集聚升级，发展乡村生态农业、乡村"两型"加工业、乡村生态旅游业等新兴产业，推动乡村三大产业的融合发展。

其二，在政治建设方面，创新和完善乡村治理机制。完善乡村治理机制，首先，要创造良好的法治环境，开展多种形式的法治宣传教育，培育农民的现代法律意识，引导农民理性表达合理诉求，支持村民通过法律途径维护权利和化解纠纷；其次，要完善乡村治理的制度建设，在创新制度供给的同时理顺部门职责关系，整合政府职能，增强服务保障，并完善村务、财务公开制度和村民代表"一事一议"制度，建立开放的、促进公民权利和机会平等的民主参与制度与有效表达公共需求的机制（李松玉，2015）；再次，加强农村基层党建工作，推进农村事务的契约化管理；最后，探索符合实际的村民自治的有效实现形式，鼓励村民进行民主协商，完善农村基层民主政治，加强村民议事会、监事会等组织的建设。

其三，在文化建设方面，保护和传承农业文明，大力发展健康向上的农村文化。第一，要因地制宜，重视乡村文化的保护与发掘，深入挖掘当地民风民俗文化、民族文化和人文资源的当代价值，利用当地的历史古迹、传统习俗、风土人情、农民艺术、传统手工绝活、有地方特色的礼仪等，开发古村落旅游、地方民俗仪式、名胜古迹瞻仰等项目，发扬光大民间传统手工艺，推广宣传当地特色饮食，把美丽乡村建设与培育文明乡风有机融合起来，实现传统民俗、农耕文化和现代农村生产活动方式的融合发展，使农村文化展现其独特魅力；第二，积极倡导资源节约型的生产和生活方式，弘扬农村"好家风"，促进村民经常参与文化体育活动，发展健康向上、充满活力的农村文化；第三，处理好文化建设的经济效益与社会效益之间的关系，按照公益性、均等性、便利性的要求，促进文化基础设施建设和公共文化资源配置向偏远村落倾斜（陈善鹤，2014），有效保护和挖掘乡村自然景观和人文景点等旅游资源，保护和传承农业文化遗产、传统建筑、民间传统手工艺、特色饮食、民族服饰、民间传说、生产生活习俗等地方元素，激发当地的经济发展潜力与文化创造力。

其四，在社会建设方面，创新农村社会管理，建立健全便民服务、社会管理、矛盾调解、帮扶救助等工作机制，提升农村社会的公共服务水平。为尽快解决农村社会建设的短板问题，实现城乡基本公共服务均等化，美丽乡村建设特别要在老百姓关心的民生领域有切实投入，让农村居民得到实实在在的好处。在基本生活方面，建设相应的基层综合公共服务平台，实现村民交通出行便利、村民日常所需的商业服务设施齐备、水电气和通信等生活服务设施以及多种农村养老服务和文化体育设施健全、农村社会救助工作完善、农村最低生活水平有保障。在教育方面，有符合实际能力的幼儿园，具备农村义务教育阶段的基本办学条件，能为农民提供免费中等职业教育，培养新型职业农民。在医疗方面，新型农村合作医疗发展较好，具备农村必需的基层基本医疗、公共卫生能力和乡村医生队伍。在美丽乡村建设中，交通、教育、医疗、文化、养老等公共事业都能够实现配套发展，区域公共资源能实现共享（陈善鹤，2014），村庄人居条件能得到全面提升。

其五，在生态文明建设方面，切实保护农村生态环境，推进农村生态文明建设。在乡村环境保护上，一方面，要按照尊重自然、顺应自然、保护自然的生态文明理念，在乡村中营造自觉保护环境的氛围；另一方面，要建设健全的农村生态环境管理体系，通过改道路、改水系、改厕所、污水处理、垃圾处理和村庄绿化等一系列工程，打造村庄布局优化、村落绿化、庭院美化、道路硬化、环境洁化、沟渠净化的农村宜居环境。同时，在农村经济建设中，制定科学的乡村环境建设规划，应用绿色发展规划和评估体系合理评价当地产业发展对资源环境的影响，建设舒适实用、环境质量优良、自然和谐、具有地方特色、能实现可持续发展的生态型乡村，走与当地资源禀赋、与环境相适宜的绿色发展之路。

总之，美丽乡村是经济、政治、文化、社会和生态文明协调发展的和谐之村；是家家能生产、户户能经营、人人有事干、个个有钱赚的富裕之村；是创新创造、管理民主、体制优越的活力之村；是传承历史、延续文脉、特色鲜明的魅力之村；是功能完善、服务优良、保障坚实的幸福之村；是规划科学、布局合理、环境优美的秀美之村[①]。其美不仅体现在生产（表现为生产高效）、生活（表现为生活美好、人文和谐）和生态（表现为生态宜居）方面，更体现为三者的和谐发展上（即"三生"和谐）。

四 乡村建设的内涵

国内乡村建设的内涵与思想随着有关实践的不断推进而深化。在20世纪30年代以前，村治、乡治、乡村教育等皆具有乡村建设的含义（王欣瑞，2007），传统乡村建设大都依赖传统的"乡绅制度"与"农耕文化"，呈现出相对有序、稳定的发展状态，形成一种典型的"乡绅"式的乡村内生性发展模式（王伟强、丁国胜，2015）。在20世纪

---

① 仇和：《云南将以建设美丽乡村为总抓手　推进三农建设》，http://www. chinadaily. com. cn/hqgj/jryw/2013 - 02 - 20/content_ 8301034. html。

30 年代以后，以晏阳初、梁漱溟、黄炎培、陶行知和卢作孚等为代表的知识分子，为实现乡村从传统农业向现代社会转型自觉发起了一场声势浩大的乡村社会改良实验和改造运动，出现了邹平模式、定县模式、北暗模式、宛西自治、徐公桥模式、无锡模式、晓庄模式等为典型的乡村建设实践探索模式。在这一时期，乡村建设理论在实践中有了较快发展。"乡村建设应该包括经济、政治、社会、教育、文化等多方面的事业已经是当时人们的共识。"（王欣瑞，2007）进入 21 世纪后，全国推进了社会主义新农村建设和美丽乡村建设，地区层面的乡村建设也积累了不少经验，例如江西赣州新农村建设、浙江"千村示范、万村整治"工程、四川巴中市扶贫新村建设、海南省文明生态村建设以及苏南农村现代化实验等（王伟强、丁国胜，2015），政府、社会团体、非政府组织与个人或农民特别是知识分子的参与极大地丰富了乡村建设的内容。21 世纪以来的乡村建设实践虽然活跃且形式多样，但总体上，体现的都是"相对于城市的乡村地区进行的包括政治、经济、文化等诸方面在内的综合建设和发展"（肖唐镖，2004），是"以乡村为本位（或重点），以民生为目标，以实现中国现代化和中华民族伟大复兴为使命的建设事业"（王先明、熊亚平，2016）。

在海外，"乡村建设"的相应表述一般为"乡村发展"或"乡村变迁"。有关组织或研究对"乡村发展"的界定主要有以下角度[①]：一是从其内涵来界定。例如，世界银行指出，乡村发展是一种策略，用来改进乡村贫穷人民的社会经济生活；乡村发展的目标是增加生产，提高生产力，增加就业，动员可用的土地、劳动及资本，同时也注重消灭贫穷及所得不均等，顾及生活的价值与品质。再如，许多亚洲国家最常用的一个定义是：提升乡村地区的人们控制外在环境的能力并以此增进益处，其发展指标包含改善生产力、收入及财富分配、就业及失业、权力结构、地方阶级结构、对控制环境的价值、信仰和态度及福利服务状况等。二是从其所包含的范畴来界定。例如，蔡宏进认为，乡村发展包括乡村社会性的、经济性的、政治性的、文化性的、教育性的、娱乐性的、宗教性的等各种不同生活层面的发展。三是从其实现手段来界定。

---

① 转引自肖唐镖《乡村建设：概念分析与新近研究》，《求实》2004 年第 1 期。

例如，Inayatulla 将乡村发展界定为：传播适当及改进农场技术的过程，传统乡村社会结构中的人民接触外界而产生新技术与新态度的过程，包含技术、社会、文化与政治等因素的过程。

五　美丽乡村建设的内容框架

美丽乡村包括了五个关键要义，涉及农村的产业发展、管理水平提高、传统文化传承、人居环境改善和生态环境整治五个方面。美丽乡村建设是集农村物质文明、精神文明、政治文明、社会文明、生态文明建设于一体的系统工程。总体上看，美丽乡村建设涵盖了五大内容体系："乡村产业—农民生活—农村环境—乡村治理—乡村文化"，它们之间相互影响、相互支撑、相互促进（见图 2 - 1），各方面因素协调发展并促成"规划科学、生产发展、生活宽裕、乡风文明、村容整洁、管理民主，宜居、宜业的可持续发展乡村"。

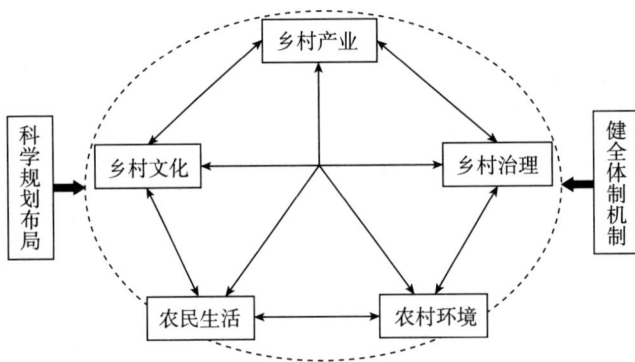

图 2 - 1　美丽乡村建设的内容框架

通过科学规划和良好协调，美丽乡村建设的五大内容体系需实现协调推进，从而保证宜居、宜业乡村的可持续发展。

产业持续发展在美丽乡村建设中居于基础地位。持续的产业发展不仅体现为经济社会发展水平较高，还体现为产业结构合理，三大产业间实现融合发展；不仅体现为适用的现代技术装备的广泛运用，农业技术集成化、劳动过程机械化，还体现为生产经营集约化，生产过程标准化；不仅体现为农业基础设施配套完善，而且体现为农业社会化服务体系健全、高效，各类生产性服务完善、便利；不仅体现为土地资源、水资源、农药化肥、电力能源等资源能实现高效、节约利用，还体现为各类农、林、水产品初加工后的副产品及有机废弃物、农业废弃物等能得到循环、综合利用。乡村产业的持续发展要以建设生态文明为前提，依托当地生态资源，培育和发展优势主导产业，促进现代农业、农产品加工业、休闲旅游业、生产性服务业等实现融合发展，形成完整的农业产业链，帮助农民创业和增收致富。

农民生活舒适是美丽乡村建设的出发点和落脚点。美丽乡村不是"面子工程"和旅游项目，不是仅供外地游客观赏或供市民休闲养生的场所，美丽乡村建设的最终目的在于让当地农民过上富足、舒适、体面的生活。农民是美丽乡村建设的主体和最终受益者，只有不断满足农民需要，让农民过上富足、舒适、体面的生活，使他们具有安全感、归宿感、自豪感、幸福感，才是坚守了"以人为本"这一美丽乡村建设之魂。农民舒适生活条件的打造，既要千方百计地增加农民收入，实现经济宽裕；又要优化农村人居环境，提高农民生活质量；更要为农民生产生活提供便捷、优质的公共服务。只有切实改善农民生活，给生于斯长于斯的普通农民实惠，才能激发他们实心实意地为美丽乡村建设贡献力量。

生态环境良好是美丽乡村的基本要素。美丽乡村"美"的特质主要由良好的生态环境来体现，因此，美丽乡村建设要把重点放在生态建设和环境保护方面。无论在发展思路上还是在发展途径上，都要注重人与自然的和谐，坚持生态优先、保护为重。在美丽乡村建设中，既要重视推进农村环境污染防治与节能减排，保护农村自然生态和饮用水源地，又要及时规避生态灾害，加强农村生态修复，更要重视规划农村生态景观，保护生物多样性。乡村生态环境因素在政策、形象、空间格局、村落形态、心理感知及经济生产等各个层面（陈善鹤，2014）都应得到重视，既保护青山绿水，又让百姓从中得益。

乡村文化繁荣是美丽乡村建设的重要内涵。美丽乡村要实现的现代人文价值，主要体现在深厚的历史文化、淳朴的乡风民俗、质朴的伦理道德和紧密的邻里关系上①，体现在乡村人与人的朴素交往、人与社会的和谐关系以及美好的人文环境上。美丽乡村建设要注重发展现代乡村文化、继承传统文化、传承农耕文化、挖掘民俗文化、嫁接生态文化、创新休闲文化，最大限度地保留原本的乡村文化元素和乡土特色，把农耕、孝廉、休闲、书画等文化素材融合成美丽要素，将生态文化、历史文化和民俗文化融汇为美丽题材，绘制一幅兼具内涵美与外在美的美丽画卷。美丽乡村建设的生命力与亲和力在于乡村文化，而传承乡土中国传统农耕文明的载体就是美丽乡村。

健全体制机制是美丽乡村可持续发展的重要保障。美丽乡村建设要重视"软环境"建设，即体制机制建设，如果只抓村容村貌改造、居住条件改善、农村环境治理等外在环境建设，忽视或有意回避深层次的"软环境"问题，那么，扭曲的体制机制会严重阻碍美丽乡村的可持续发展。乡村"软环境"建设需要健全相关法律法规，建立或创新配套的领导体制、推进机制、发展机制、动力机制、投入机制、保障机制、服务监管机制、考核评价机制、激励机制等，从制度上保障美丽乡村建设的可持续发展。

科学规划布局是完善美丽乡村各方面建设的整体要求。厘清发展思路，明确指导思想和主要任务，切实做好科学规划和布局，是美丽乡村建设的前提（兰东、匡显桢，2013）。要综合考量美丽乡村的布局，既要做好乡村建设布局，实现乡村整体美；又要做好农村的产业布局，实现乡村协调发展。乡村建设规划中，首先要坚持生态文明的理念，尊重自然、节约土地、合理布局，保持当地乡土风光原貌，不破坏人文生态环境；其次，要创新思路、形成特色，不照搬照抄，不搞"千村一面"，依托当地有利的地理环境和自然条件，因地制宜形成别具特色的风格。相关产业规划要全面把握美丽乡村的五个基本要义，把产业发展、民生改善、文化传承和生态建设紧密结合起来，通过发展主导产业来改变产业分散、薄弱的局面，实现乡村的生产、生活、休闲、养生、旅游等综合功能。

---

① 仇和：《云南将以建设美丽乡村为总抓手　推进三农建设》，http://www.chinadai-ly.com.cn/hqgj/jryw/2013－02－20/content_8301034.html。

　　总之，美丽乡村建设是综合考虑农村产业发展、社区建设、生态环境、基础设施、公共服务等的系统工程（柳兰芳，2013），其含义是：遵循可持续发展的理念，在有效的体制机制保障下，因地制宜，通过科学的规划布局，发挥农村特色产业的支撑作用，打造美丽的村容村貌，改善农民生存、生产、生活状况，完善乡村社会管理，抓好农村基层民主，引导乡风文明，建设宜居、宜业的现代农村。

第三节　主要相关理论

　　对于美丽乡村建设的理论依据，不少学者从不同角度展开了研究。例如，唐柯等（2014）主编的《美丽乡村建设理论与实践》一书从支撑美丽乡村之"富"的经济发展理论（包括优化配置提效率——资源经济理论，绿色生产洁天地——环境经济理论，变废为宝再利用——循环经济理论，比较优势推先锋——区域经济理论），创造美丽乡村之"美"的生态环境理论（包括慎置要素调结构——景观生态学理论，熟虑章法创祥和——人居环境科学理论，精挑种质防灾害——生态系统及服务功能理论，疏通阻塞畅运转——复合生态系统理论），传承美丽乡村之"魂"的多元文化理论（包括多元一体：文化的整体论与相对论，结构主义：文化是一种符号的构建，功能主义：文化具有积极的现实意义，涵化和濡化：文化的传承与相互影响）以及维系美丽乡村之"情"的和谐社会理论（包括礼俗社会：乡村人际关系的变迁，社会分层：流动与社会结构的重塑，后工业化：突破乡村"内卷化"的桎梏）四个方面对美丽乡村建设的内涵进行了理论基础阐释。陶良虎等（2014）主编的《美丽乡村：生态乡村建设的理论实践与案例》一书则提出了美丽乡村建设的三大理论依据：城乡统筹理论、新农村建设理论和国外生态文明建设理论。李东生（2014）从可持续发展理论、生态文明理论、新型城市化理论和城乡一体化理论四个方面分析了美丽乡村建设的理论依据。还有学者分析了马克思主义生态文明思想、统筹城乡发展理论（或城乡一体化理论）、多中心治理理论、公共治理理论、人居环境理论等对美丽乡村建设的指导和支撑。基于现有相关研究，结合考虑美丽乡村建设的内涵、内容与目标以及本书研究的主要内容，这部分主要分析与本书主题密切相关的有关理论。

一 社会主义新农村建设理论

"建设社会主义新农村"这一提法最早出现在 20 世纪 50 年代。改革开放后，在 1982 年、1983 年和 1984 年的中央一号文件，1987 年的中央五号文件和 1991 年的中央二十一号文件中都出现过这一提法或基本相同的提法（翟振元等，2006），只是由于中国当时的时机尚未成熟，有关构想并未得到重视和实践。党的十六大以来，社会主义新农村建设相关理论创新及实践发展迅速。《中共中央关于制定国民经济和社会发展第十一个五年规划的建议》对社会主义新农村建设提出的要求是：生产发展、生活宽裕、乡风文明、村容整洁、管理民主，要求积极推进城乡统筹发展，推进现代农业建设，全面深化农村改革，大力发展农村公共事业，千方百计增加农民收入[①]。新农村建设是一个系统工程，从有关内容看，既涵盖发展农村经济，又牵涉发展农村社会事业；既要开展农村综合改革，又要推进农村精神文明建设（温铁军，2005）。关于其建设内容和重点，相关研究主要形成了"需求拉动说""农民合作说""政策部门的观点"三类；关于其建设途径，相关研究主要认为可以通过城市化来带动、通过加强农村基础设施建设来拉动、通过制度改革来推动（王再文、李刚，2007）。这次新农村建设区别于以往乡村建设的要核在于：建设的关键和出发点是要"解决农民需要什么的问题，满足农民的生存和发展需要"（翟振元等，2006），特别强调切实以农民为主体和本位，从农民最关心和认为最重要的事情做起，予农民所需，行农民所盼。

党的十八大报告提出，"大力推进生态文明建设""努力建设美丽中国"。在此基础上，2013 年中央一号文件提出了"推进农村生态文明""努力建设美丽乡村"的要求。为落实有关要求，2013 年，原农业部发布《关于开展"美丽乡村"创建活动的意见》，财政部发布《关于发挥一事一议财政奖补作用，推动美丽乡村建设试点的通知》，社会主义新农村建设推进到美丽乡村建设阶段。作为"升级版"的新农村建

---

① http：//news. xinhuanet. com/politics/2005 - 10/18/content_ 3640318_ 1. htm.

设，美丽乡村建设不仅秉承和发展了新农村建设的宗旨，延续和完善了相关方针政策，还丰富和提升了其内涵和意义。

二　生态文明建设之"三生"和谐理论

生态文明为美丽乡村建设设计了目标要求，提供了指导思想和原则，指明了具体实施途径（唐柯等，2014），生态文明程度是衡量美丽乡村建设水平的一项重要指标；生态文明建设是美丽乡村经济建设的重要基础，是美丽乡村政治建设的重要标杆，是美丽乡村文化建设的重要内容，是美丽乡村社会建设的重要保障（黄克亮、罗丽云，2013）。因此，作为落实生态文明建设的重要举措，美丽乡村建设应以生态文明建设理论为重要理论基础。习近平总书记强调，必须坚持节约资源和保护环境的基本国策，坚持可持续发展，坚定走生产发展、生活富裕、生态良好的文明发展道路。由于"三生"和谐理论对认识美丽乡村建设的内容与确立其重点和切入点具有重要的指导意义，且相关研究从"三生"角度展开的对生态文明建设理论的分析较少，所以，这部分主要分析"三生"和谐理论。

生产、生活、生态这一"三生"概念首先是由中国台湾学者提出的，因其科学地表达了人与环境之间的内在关联性而被广泛引用作为可持续发展目标的基本框架。"生产"的含义存在广义和狭义之分，广义的生产是人类一切创造活动的过程，马克思提出的"全面生产"[①] 和王佳（2009）提出的生产在当代的发展[②]都是从广义上来理解生产。狭义上的生产是人类通过改造自然和将自然物质转变为符合人类需要的形式的活动，即物质资料的生产，它是人与自然界的中介，是人与自然之间进行物质、能量、信息交换的最基本方式，是表现人的生命现象的对象性活动，也是生产力发展的主要形式。关于"生活"这一概念的范畴，人们的理解有所不同，形成了广义和狭义两种概念。广义上来说，人们

---

① 马克思提出"全面生产"理论，把人类的全部活动乃至整个社会的延伸都理解为生产的过程和结果（俞吾金，2003）。

② 在当代，"生产实践"有了新的发展，包括作为一种社会存在的物质生产、作为一种生产方式的人的生产、作为一种社会制度的制度生产和作为一种社会文明的文化生产（王佳，2009）。

的生活领域涵盖劳动生活、政治生活、物质消费生活、闲暇和精神文化生活、交往生活、婚姻家庭生活、宗教生活等广阔领域，因而，人们的生活需求和生活活动应当包括前面所列的这些"一切"方面。狭义上来说，生活即日常生活，例如物质消费、闲暇和精神文化生活、家庭生活活动等，或简单地说是指"衣、食、住、行、乐"领域（王雅林，1995）。"生态"是生态学的一个基本概念，最早由德国科学家海克尔在 1866 年提出。从最初的含义看，生态是一种关系。"生态是关于生物生存条件的关系网"（孙丽，2008）。随着科学技术与认识的发展，"生态"一词的应用已超出了生物学的专有领域，其内涵和外延呈现不断扩大态势，研究内容也被迅速扩张和延伸。例如，徐国祯（2003）认为，生态是一种观点，它反映在生产方式、生活方式、生存方式上；生态是一种导向，在人口与资源、生态与经济、环境与发展等关系上应能呈现良性循环、协调发展。

生产、生活与生态之间相互联系，相互作用，构成了复杂的社会体系。在现代化与全球化进程中，生产与生活、生产方式与生活方式间关系的问题日益突出。马克思和恩格斯强调生产方式对生活方式的决定作用，认为生产方式与生活方式之间紧密联系、相互影响：一方面，生产方式决定生活方式，"物质生活的生产制约着整个社会生活、政治生活和精神生活的过程"（马克思，1972）；另一方面，生产方式是人的活动方式的一个方面、一个重要构成要素。也有学者（王振华，2011）强调生活对生产的导向性影响，认为生活是目的，是第一位的，生产必须以生活的需要为前提；生产是手段，社会生产的发展要有利于改善人们的生活。

自然生态、社会生产与人类生活之间相互作用：自然生态环境是人们赖以生存的基础，是社会生产的基础和人类生活的倚赖；社会生产立足于对自然资源的开发和利用，生产对人类有用的物品，提供衣、食、住、行等人类生活的保障；人类参与自然环境生成、改变或创造的过程，打破了整个自然生态系统的和谐，也给生态系统的自我净化和变异带来了难以克服的困难，人类必须对社会生产予以控制，与自然生态相适应，以满足人的需求为目的（林坚，2010）。

"三生"之间的相互关系为生态文明建设和美丽乡村建设提供了重

要指导，协调生产、生活和生态间的关系进而实现和谐共赢成为其题中之义。在术语表达上，学界和实践中有"三生一体""三生融合""三生统一""三生共赢""三生兼顾""三生协调""三生有幸""三生和谐""三生统筹"等多个说法。从实践看，1991 年，中国台湾地区制订"农业综合调整方案"，追求"三生"均衡发展；20 世纪 90 年代，中国台湾地区开始推进"富丽乡村"建设，把"三农"和"三生"有机联系起来，构建了相互联系、协调发展的生态、生产、生活三个圈，即农村休闲旅游圈、农村社区生活圈和农村产业发展圈。在中国内地，"三生共赢"在一些政策文件及实践中有较多体现。在国家层面的相关文件中，"三生共赢"最早出现在水资源利用方面。随着生态文明建设战略的提出，"生产发展、生活富裕和生态良好"在多次会议中被江泽民、温家宝、习近平、李克强等领导人强调。从其内涵来说，田大庆等（2004）认为，"三生共赢"指"生活水平不断提高，生产能力不断增长，生态环境不断改善"；北京大学中国持续发展研究中心主任叶文虎（2010）认为，"三生共赢"指在时间和空间上同步全面实现"生态良好、生活富裕、生产发展"；卢肖文（2011）指出，"三生有幸"指生产发展、生活改善、生态良好，使人民的幸福指数得到提升。

三　社会主体论与"以人为本"的科学发展观

马克思提出了"主体，即社会"的著名论断，在作为个体的主体、作为集体的主体、作为类的主体和作为社会的主体四者中，社会主体起着基础和核心的作用（俞吾金，2005）。马克思主义认为，人民群众是历史的实践主体和创造者，是物质生产方式的主体，是社会物质财富和精神财富的创造者，是社会变革和发展的决定力量（王玉周，2007）。马克思主义对人的本质及主体地位、人的价值和人的自由全面发展给予了充分的阐述、肯定和尊重，为新时代中国共产党"以人为本"思想奠定了理论基础（徐勤友、何建华，2009）。

以马克思主义为指导，中国共产党人一贯非常重视发挥人民群众的作用，"一切为了群众，一切依靠群众，从群众中来，到群众中去"的群众路线成为中国共产党的根本工作路线，坚持全心全意为人民服务成为党的根本宗旨。毛泽东同志指出，"人民，只有人民，才是创造世界历史的动力"①。邓小平同志认为，人民群众作为社会实践的主体有无限的创造力，是力量和智慧的源泉。党的十七大报告中，胡锦涛总书记提出了科学发展观，强调"坚持以人为本，树立全面、协调、可持续的发展观，促进经济社会和人的全面发展""始终把实现好、维护好、发展好最广大人民的根本利益作为党和国家一切工作的出发点和落脚点，尊重人民主体地位，发挥人民首创精神，保障人民各项权益，走共同富裕道路，促进人的全面发展，做到发展为了人民、发展依靠人民、发展成果由人民共享"。科学发展观强调，发展不仅仅是经济发展，而且是社会全面发展以及人与自然的和谐发展；不仅注重发展的和谐性、全局性与永续性，而且强调发展策略和重点的因时而变和因地制宜。

作为科学发展观的核心，"以人为本"中的"人"指人民群众，即以工人、农民、知识分子等劳动者为主体，包括社会各阶层在内的所有广大人民群众；"本"指本源，既是出发点，又是落脚点，究其根本是以最广大人民的利益为本（王乙涵，2012）。党的十八大报告提出，在新的历史条件下夺取中国特色社会主义新胜利，必须牢牢把握八个方面的基本要求，其中，"必须坚持人民主体地位"被放在第一位，"最广泛地动员和组织人民依法管理国家事务和社会事务、管理经济和文化事业、积极投身社会主义现代化建设，更好保障人民权益，更好保证人民当家做主"②。要在实践中体现和坚守人民的主体地位，就必须坚持人民在社会财富创造、社会利益分享、社会主义国家政权中的主体地位，坚持人民监督国家权力运行的主体地位（高尚全、傅治平，2013）。坚持以人为本，就要始终坚持人民在中国特色社会主义事业中的主体地位，就要坚持从最广大人民的根本利益出发谋发展、促发展；就要坚持发展为了人民、发展依靠人民、发展成果由人民共享；必须把人民群众作为一切事物发展和各项需要的出发点和落脚点（王乙涵，2012）。

社会主体论与"以人为本"思想，不仅主张人民是发展的根本目的，而且主张人民是发展的根本动力；不仅回答了为什么发展、发展"为了谁"的问题，而且回答了怎样发展、发展"依靠谁"的问题。在

---

① 《毛泽东选集》（第三卷），人民出版社 1991 年第 2 版，第 1031 页。

② http://www.xj.xinhuanet.com/2012 – 11/19/c_ 113722546.htm.

广袤的农村开展社会主义新农村建设和美丽乡村建设，就应该以其中的人民群众——农民为主体，广泛了解和不断满足不同地区、不同特征农民的有关需求和期盼，充分调动农民的积极性，在依靠农民开展美丽乡村建设的过程中，不断提高农民的福祉。

四　需求层次理论

美丽乡村建设是一项复杂的系统工程，其总目标是实现农业、农村和农民的发展，从而全面建成小康社会；其根本目标是提高农民福祉，实现"三生"系统和谐。不过，无论是美丽乡村建设，还是提升农民福祉或"三生"系统和谐，其内涵都非常丰富。美丽乡村建设要予农民所需，行农民所盼，必须紧密结合村庄现实因地制宜地确定建设策略和重点。需求层次理论为理解不同农民群体对美丽乡村建设的主要需求和期盼提供了基础。

关于人的需求层次，马斯洛把人的需求由较低层次到较高层次分为生理需求、安全需求、社交需求、尊重需求和自我实现需求五类，并认为人们所潜藏的这五种不同层次的需求会随时间和条件的变化呈现出较明显的"金字塔"形，人在不同时期表现出来的各种需要的迫切程度是不同的（刘烨，2008）。在温饱阶段的群体希望获得最基本的衣、食、住、安全等方面的满足；处于小康阶段的群体希望在社会和尊重方面得到满足；而处于富裕阶段的群体则重点追求自我人生价值的实现（龚金保，2007）。克雷顿·奥尔德弗在《人类需求新理论的经验测试》中提出了三种人类需求，即生存需求、相互关系需求以及成长发展需求。随着经济的发展和物质生活水平的提高，人们对更高层次需求的渴望强度不断增强（杨守宝，2010）。无论将需求层次做怎样的区分，人类的需求都将随着经济社会的发展而向更高层次迈进。

依据需求层次理论，在物质条件成为限制人的发展的首要制约因素的情况下，生态文明实际上是一种高层次的需要（宋华，2008）。2015年，中国经济总量在世界各国中排名第二，人民生活由解决温饱向全面小康迈进。在基本的物质需求得到满足后，人们的精神文化需要进一步上升，对清洁的环境、良好的生态、丰富的文化、秀美的风光等有了更多的需求。不过，不同地区、不同特征的人群所侧重的需求有一定不同。一个国家（地区）多数人的需求层次结构同这个国家（地区）的经济发展水平、科技发展水平、文化和人民受教育的程度直接相关（杨守宝，2010）。不同地区有必要根据自身情况确定美丽乡村建设重点，也有必要根据不同农民群体的需要确定优先解决的问题，并采取不同的激励策略，充分发挥农民的主体作用，并使其充分分享相关建设成果。

第三章　中国美丽乡村建设实践：
发展、特征及问题[①]

美丽乡村建设是社会主义新农村建设的升级版，是建设美丽中国不可或缺的组成部分，是统筹城乡发展和推动城乡一体化的重要举措，是推进生态文明建设的新载体、新工程和全面建成小康社会的必然要求。自 2013 年在国家层面提出建设美丽乡村以来，在中央和地方的共同推动下，各地展开了轰轰烈烈的美丽乡村建设实践，开展了美丽乡村推广宣传和深化认识的系列行动，建立了自上而下的全方位的组织动员机构，制定和完善了美丽乡村建设标准，形成了各具特色的美丽乡村创建模式，农村的生产、生态和农民生活等各方面都有了较明显的改善，美丽乡村建设的主要特征越来越明显，但其中存在的问题也逐渐凸显。本章将对近年来美丽乡村建设实践发展状况、主要特征和所存在的问题进行分析和总结，从实践层面引出本书研究议题。

第一节　美丽乡村建设的地方探索和在全国的推开

一　地方"美丽乡村"的提出与探索

（一）安吉首次提出中国美丽乡村行动计划

2003 年，以习近平同志为时任书记的浙江省委作出了实施"千村示范、万村整治"工程的重大决策。作为推动社会主义新农村建设的

---

① 本章内容已收录于《中国农村发展报告（2017）》生态环境篇。

重要载体，这一工程的实施使全省农村面貌发生了天翻地覆的变化，1181 个建制村建设成"全面小康建设示范村"，一些地方陆续有了"美丽乡村"的提法。2008 年，安吉县出台《建设"中国美丽乡村"行动纲要》，正式提出"中国美丽乡村"，计划用 10 年左右时间，把安吉所有的乡村都打造成为"村村优美、家家创业、处处和谐、人人幸福"的"中国美丽乡村"。

（二）浙江省在省级层面最早开展美丽乡村建设

在湖州、衢州等多个地区美丽乡村建设实践取得较好成效的背景下，2010 年，浙江省专门制订了《浙江省美丽乡村建设行动计划（2011—2015）》，将美丽乡村建设正式升级为省级战略，提出到 2015 年，全省 70% 左右的县（市、区）达到美丽乡村建设工作要求，60% 以上的乡镇开展整乡整镇美丽乡村建设。2016 年，为进一步深化推进美丽乡村建设，浙江省出台了《浙江省深化美丽乡村建设行动计划（2016—2020 年)》，为今后 5 年的美丽乡村建设提出了具体要求、基本原则及工作举措。目前，浙江省美丽乡村建设成绩斐然，成为全国美丽乡村建设的排头兵和样板，其美丽乡村建设的有关理念、方式和经验对其他地区具有重要借鉴意义。

（三）其他地区陆续探索建设美丽乡村

在 2013 年国家层面提出美丽乡村建设之前，其他省份的一些地区也陆续开展了美丽乡村建设，进行了许多有益探索。例如，安徽省在 2012 年 9 月做出了全面推进美好乡村建设的决定，并出台了《安徽省美好乡村建设规划（2012—2020 年）》，力争在 2016 年全省 40% 以上的中心村达到美好乡村建设要求，在 2020 年全省 80% 以上的中心村达到美好乡村建设要求。广州市于 2012 年提出建设美丽城乡工作意见，并于 9 月印发《广州市美丽乡村建设试点工作方案》，全面启动了广州市美丽乡村建设工作，涌现了一些典型地区。例如，增城区在 2012 年启动了中新镇霞迳村等 10 个首批试点村的建设，并计划在 4 年内全市 10% 的行政村完成美丽乡村创建工作；花都区在新型城市化进程中推进美丽乡村建设，确定区内 20 个村为美丽乡村示范点。2012 年以来，海南省通过全面开展村镇规划编制、农村垃圾清扫保洁与无害化处理，以农村危房改造和水库移民改造为切入点，推进美丽乡村建设。

二　美丽乡村建设在全国的推开

（一）原农业部的先导性探索

原农业部为将美丽乡村创建推向全国，做出了很大努力，进行了先导性探索。第一，出台了一系列的指导性或倾斜性政策支持试点创建。2013 年 2 月 21 日印发的《农业部办公厅关于开展"美丽乡村"创建活动的意见》是全国开展美丽乡村创建的起点。为了指导和规范"美丽乡村"创建工作，原农业部于 2013 年 5 月制定了《农业部"美丽乡村"创建目标体系》。2013 年 11 月，《农业部办公厅关于公布"美丽乡村"创建试点乡村名单的通知》（农办科〔2013〕64 号）将北京韩村河村等 1100 个乡村确定为全国美丽乡村创建试点村。第二，设立专门机构提供指导和服务。2013 年，原农业部成立了由部领导和相关司局负责人组成的美丽乡村创建工作领导小组，领导小组下设办公室（原农业部美丽乡村创建办公室），具体负责全国美丽乡村创建工作的顶层设计和各地具体创建的指导和服务。第三，开展了广泛的宣传推广活动。不但聘请了"美丽乡村"创建活动形象大使，设计发布了创建活动专用标识，开通了"美丽乡村"网站和三家官方微博，还举办了中国美丽乡村快乐行、中国美丽乡村论坛、"美丽乡村"博览会[1]、中国美丽乡村·万峰林峰会[2]等一系列行之有效的宣传活动，并总结了美丽乡村建设十大模式，与有关部委一起起草、制定、发布了《美丽乡村建设指南》国家标准等。

（二）其他部委的配合与努力

国务院农村综合改革办公室、财政部等多部委出台了一系列政策和措施推进美丽乡村建设。国务院农村综合改革工作小组发布《关于开展农村综合改革示范试点工作的通知》，开展了以包括美丽乡村建设等

---

[1]　2015 年，原农业部举办首届"美丽乡村"博览会，分创建实践、科技支撑、传统文化三大篇章，系统地梳理了美丽乡村创建活动的理念和脉络，重点展示了各地的宝贵经验和取得的成果，全面展示了支撑美丽乡村的农业科技创新集成、新型职业农民培育等工作（曾诗淇，2015）。

[2]　2013 年 2 月，中国首个以"美丽中国"为主题的高端峰会"中国美丽乡村·万峰林峰会"在贵州省兴义市万峰林纳灰村隆重开幕，峰会签署了《中国美丽乡村联盟宣言》。此后，每年一届的万峰林峰会成为具有国际影响力和知名度的高端会议品牌。

事项为主要改革重点的示范试点。财政部于 2013 年 7 月出台了《关于发挥一事一议财政奖补作用，推动美丽乡村建设试点的通知》，将美丽乡村建设作为一事一议财政奖补工作的主攻方向，从 2013 年起启动美丽乡村建设试点，首批选择浙江、贵州、安徽、福建、广西、重庆、海南作为重点推进省（区、市）。到 2018 年年底，财政部已累计安排资金 215 亿元（人民币，下同），支持建设美丽乡村 8 万多个。原环保部制定了《国家生态文明建设示范村镇指标（试行）》，以打造国家级生态村镇的升级版。国家住房和城乡建设部于 2013 年开展了美丽宜居小镇、美丽宜居村庄示范工作。原国家林业局在大力推进生态文明建设的过程中，也积极支持美丽乡村建设，于 2013 年援助青海省开展美丽乡村建设试点，在组织编制的《中国生态文化发展纲要（2016—2020年)》中明确提出要保护和建设具有生态文化品质的美丽乡村，推进美丽乡村生态旅游业。

（三）各省美丽乡村建设推进的整体情况

自 2013 年在国家层面提出建设美丽乡村以来，在中央和地方的共同推动下，各地开展了轰轰烈烈的美丽乡村建设实践，开展了美丽乡村推广宣传和深化认识的系列行动，建立了自上而下的全方位的组织动员机构，制定和完善了美丽乡村建设标准，形成了各具特色的美丽乡村创建模式。几乎每个省都出台了本省的美丽乡村建设指导意见，部分省份还形成了本省的美丽乡村建设标准。从各省的美丽乡村建设实践看，由于省情不同，建设进程有先后，围绕美丽乡村建设所制定的政策措施各有侧重：有的侧重于生产方面，强调基础设施建设和产业发展；有的侧重于生态方面，强调生态保护和环境整治；有的侧重于生活方面，强调改善人居环境和美丽宜居乡村建设；有的侧重于人文方面，注重文化传承和空间（如古村落）保护。此外，不同省份不同时期的美丽乡村建设政策的侧重点也有不同，从地方层面相关政策措施的发展来看，美丽乡村建设进程总体上经历了从重生态、生产到重生活、人文的过程。

总体上看，当前中国的美丽乡村建设无论在组织、制度方面，还是在理论探索、实践推广等方面都取得了较大进展。从中央到地方各级美丽乡村建设工作领导小组与"美丽办"的成立，使美丽乡村建设有组织、有领导、有计划、有监督，保障了美丽乡村建设一系列政策的执行和活动的开展；美丽乡村模式的总结和探讨为不同地区不同条件下建设美丽乡村提供了可参考的路径和有益启示；国家标准和地方标准的建立健全使美丽乡村建设更具科学性、适宜性和可控性，在建设主体有"标"可依、验收部门有"标"可查的基础上，进一步提升了美丽乡村建设的质量和水平；经过推广宣传和深化认识的系列行动，美丽乡村建设在实践上更加具体可行，人们的有关认识更全面深入，有关概念和理念更深入人心。

第二节　美丽乡村建设的特征与成效

一　美丽乡村建设的当前特征

在各部委和各级政府的引导和推动下，通过目标引导、政策扶持、项目带动、科技支撑、典型示范、宣传推介等多种方式，全国形成了各级政府高度重视、农民群众热烈响应、社会各界积极支持的美丽乡村建设局面。总体上看，当前美丽乡村建设呈现以下主要特征。

（一）政府主导

除国家层面高度重视外，各省、各地区政府也积极推动美丽乡村建设，相关建设实践呈现"政府主导"的特征，出现了三个"几乎"：几乎每个省都出台了本省美丽乡村建设指导意见，几乎每个省都明确了美丽乡村建设牵头负责部门，几乎每个省都安排了财政项目资金开展试点建设。

具体而言，在相关政策措施方面，全国省级党委政府出台的涉及美丽乡村的文件已超过 200 件。在组织领导方面，一方面，各级政府普遍高度重视。在浙江、安徽、河北、广西等省（区），美丽乡村建设甚至从上到下都是"一把手"工程，其他绝大部分省（区、市）也都安排省里的重要领导来牵头抓、重点抓，浙江、安徽等省还在各层级成立了美丽乡村创建办公室或类似机构。另一方面，试点县（市）成立了相关部门共同参与的美丽乡村建设领导小组及办事机构，各层级的大多数相关部门都被纳入美丽乡村建设行动中。以安徽省为例，根据《中共安徽省委办公厅安徽省人民政府办公厅关于成立省美好乡村建设工作领导小组的通知》，该省美好乡村建设工作领导小组的机构包括 1 个办公室和 6 个工作指导组（规划建设指导组、资金整合指导组、产业发展指导组、土地整治指导组、公共事业发展指导组、基层组织和乡风文明建设指导组）。为明确分工责任，安徽省各市及下辖县（区）相应地成立了美好乡村建设工作领导小组，明确了市、县一级美好乡村建设领导小组办公室与各指导组的工作职责以及相应负责人和责任单位（以安庆市为例的情况见表 3 - 1）。通过这一方式，各层级的大多数相关部门都被纳入美丽乡村建设行动中。

表 3 - 1　　　安徽省安庆市美好乡村建设指导组及其责任单位

指导组	责任单位
规划建设指导组	市城乡规划局、市建委（2 个）
资金整合指导组	市财政局、市发改委、市扶贫办、市建委、市农委、市民政局、市国土资源局、市环保局、市水利局、市林业局（10 个）
产业发展指导组	市农委、市政府金融办、市发改委、市经信委、市财政局、市人社局、市教育局、市科技局、市环保局、市商务局、市扶贫办、市水利局、市林业局、市粮食局、市供销社、市国土资源局、市工商局、市旅游局、市科协（19 个）
土地整治指导组	市国土资源局、市发改委、市财政局、市规划局、市建委、市农委（6 个）
公共事业发展指导组	市发改委、市政府金融办、市农委、市财政局、市民政局、市教育局、市商务局、市文广新局、市卫生局、市人社局、市体育局、市计生委、市公安局、市食品药品监督局、市科技局、市妇联、市残联（17 个）
基层组织和乡风文明建设指导组	市委组织部、市委宣传部、市文明办（3 个）

注：本表根据《美好乡村建设工作领导小组办公室及各指导组工作职责》（见 http：//www. aqswzys. gov. cn/show. php？Id = 127）整理。

（二）生态引领

从相关政策文件及美好乡村建设目标看，各地在推进美丽乡村建设的实施意见、行动计划、规划纲要等文件中，极力强调"生态"之于美丽乡村建设的重要性，将"生态美"作为总体目标之一，将"生态优先"作为基本原则之一。例如，安徽省美好乡村建设的总体目标首要的就是"生态宜居村庄美"，其基本原则之一是"坚持生态优先"；广西美丽乡村建设的第二阶段是建设"生态乡村"；《浙江美丽乡村建设行动计划（2011—2015 年）》和《海南美丽乡村建设指导意见（2014—2020 年)》的总体目标也都围绕生态制定。

从具体实践来看，各地以生态为引领，利用与整治并举：一方面，利用良好的生态发展生态产业，以加快建设美丽乡村。例如，浙江省和海南省提出实施"生态经济推进行动"，发展乡村生态农业和乡村生态旅游业；云南省提出大力发展乡村生态旅游业。另一方面，加强生态环境整治。例如，广西将"清洁乡村"、优化环境作为美丽乡村建设基本原则，注重村庄净化、亮化、美化，改善农村生产、生活和生态环境；浙江省和海南省都提出实施"生态环境提升行动"，按照"村容整洁环境美"的要求，构建优美的农村生态环境体系。

（三）模式多样

近几年来，各省各地在美丽乡村实践中，根据自身的基础条件、地理文化、资源禀赋，积极探索创新，围绕美丽乡村建设制定的政策措施各有侧重，并涌现出大量好的模式、好的经验、好的做法。

从典型模式看，基于美丽乡村建设取得良好成效地区的地名形成的典型模式有安吉模式、临安模式、湖州模式、宁国模式等；依据美丽乡村建设中的主要特征或重点形成的美丽乡村建设模式，例如，以馆陶县为代表的深挖特色、发展产业型，以福建长汀县为代表的项目带动、建立奖惩型，以辽宁和广西为代表的清洁生产、提升环境型，以新疆为代表的农村可再生能源扮靓型。为了给各地的美丽乡村建设提供参考，根据不同类型地区的自然资源禀赋、社会经济发展水平、产业发展特点以及民俗文化传承差异，原农业部总结提炼出了中国美丽乡村创建的十大主要模式——产业发展型模式、生态保护型模式、城郊集约型模式、社会综治型模式、文化传承型模式、渔业开发型模式、草原牧场型模式、环境整治型模式、休闲旅游型模式以及高效农业型模式（农业部美丽乡村创建工作办公室，2013）。上述这些各具特色的美丽乡村建设模式为其他地区美丽乡村建设的开展提供了很好的参考和启示。其他地区在参考这些成功模式、借鉴其他地区经验和尊重乡村建设规律的基础上，应因地制宜，发挥创造性，体现村庄的特色和个性。

二 美丽乡村建设的成效

（一）各项基础设施建设投入加快，生产生活条件逐渐改善

基础设施落后一直是制约农村发展的短板，大力加强农村基础设施建设是改善农村生产生活条件最务实的举措。在社会主义新农村建设的基础上，美丽乡村建设进一步加大和加快了对农村基础设施建设的投资，较大程度地改善了农民的生产生活条件。以贵州省为例，据统计，贵州省自 2013 年实施"四在农家·美丽乡村"基础设施建设六项行动计划至 2016 年上半年，共完成投资 1367.1 亿元，其中，"小康路行动计划""小康水行动计划""小康房行动计划""小康电行动计划""小康讯行动计划"和"小康寨行动计划"分别共完成投资 478.1 亿元、188.9 亿元、356.7 亿元、115.9 亿元、31.3 亿元和 196.3 亿元；全省"四在农家·美丽乡村"小康升级行动计划小康寨建设在 2017 年、2018 年分别累计完成投资 68.63 亿元、45.06 亿元，2020 年前 3 个月完成投资 5.4 亿元。基础设施投入的增加和加快改善了农村地区基础设施落后状况，农村道路、饮用水、用电、住房、通信、水利设施等条件大幅好转，为农民生产生活带来很大便利。再以河北省平山县为例，该县采取财政投入撬动、项目支持拉动、社会筹集推动相结合的模式，累计投入 4 亿多元，以改变"脏、乱、差"和植树造林为重点，改民居、强基础，推进农村环境美，顺利完成了农村饮水改造、污水处理、改厕改厨、道路硬化等工程，完成片区绿化 2500 多亩，保证了美丽乡村建设的质量和效果。

（二）农村生态环境有一定好转，农村面貌得到较大改观

村容整洁、生态宜居是美丽乡村的重要内涵。自美丽乡村建设试点启动以来，作为村庄建设的重要抓手，生态环境整治和人居环境改善取得了较大进展。农村地区尤其是西部农村地区，通过美丽乡村建设，以垃圾收运、污水处理为形式的生态环境整治成效显著，以村庄绿化、村容整洁为特征的人居环境得到极大改善。例如，作为"千村示范、万村整治"工程孵化地的浙江，截至 2019 年 3 月，全省农村生活垃圾集

中处理实现建制村全覆盖，卫生厕所覆盖率达 98.6%，规划保留村生活污水治理覆盖率 100%，畜禽粪污综合利用、无害化处理率 97%，村庄净化、绿化、亮化、美化，造就了万千生态宜居美丽乡村，为全国农村人居环境整治树立了标杆①。广西壮族自治区自 2012 年实施"美丽广西·清洁乡村"项目四年时间里，实现了全区 14353 个建制村环境综合整治全覆盖，全区农村生活垃圾收集处理率达 93.16%，"垃圾围村、垃圾入田、垃圾堵路、垃圾排河"等现象得到了有效遏制，39 条主要河流水质达标率 94.4%；农村田间生产废弃物得到基本清除，农业清洁生产技术推广面达一半以上（庞革平，2016）。自 2012 年以来，福建省各地大力推进村庄环境整治和美丽乡村建设，截至 2019 年 5 月，全省实现乡镇生活垃圾转运系统全覆盖、建制村生活垃圾常态化治理机制全覆盖，85% 的建制村有 1 座以上水冲式公厕，94% 的县（市、区）无害化户厕普及率达 85% 以上，90% 的乡镇建成生活污水处理设施，5700 多个村庄开展了美丽乡村建设，创建了 500 多个美丽乡村示范村②。甘肃以"万村整洁"建设为抓手，集中治理农村垃圾乱丢、污水乱排、柴草乱堆、尾菜乱弃和乱搭乱建等现象，截至 2018 年年底，甘肃省累计建成 900 个省级美丽乡村示范村、1944 个市县级美丽乡村示范村。

（三）农业转型升级明显加快，生态产业发展成绩斐然

各地在美丽乡村建设实践中，将生态文明与经济发展相结合，积极推进农业产业化和乡村旅游业等第二、第三产业的发展，促进农业转型升级，在生态产业发展中取得了较好成绩。以海南省为例，该省以美丽乡村建设为载体，积极发展热带高效农业、休闲生态农业，大力构建布局合理、特色鲜明、功能多元的休闲农业新业态。截至 2018 年年底，海南省拥有成熟乡村旅游资源点 480 个。2018 年，海南省乡村接待游客 1024.64 万人次，同比增长 7.69%，实现乡村旅游收入 32.16 亿元，

---

① 《最实用！农村人居环境整治如何推进？看浙江"千万工程"七大经验》，《农民日报》2019 年 3 月 6 日，https：//baijiahao. baidu. com/s？ id = 1627256936723763742&wfr = spider& for = pc。

② 《农村人居环境整治的福建实践：美丽乡村是我家》，《福建日报》2019 年 5 月 29 日，http：//fj. people. com. cn/n2/2019/0529/c181466 - 32987974. html。

同比增长 12.55%①。大连市大力推进都市型现代农业建设，先后出台了《关于发展都市型现代农业的意见》和《大连都市型现代农业发展规划纲要（2011—2020 年）》，明确了立足大连、引领东北、影响全国、面向世界，推动都市型现代农业高端、高效、高辐射发展的战略定位。截至 2018 年 6 月，大连市已建成市级以上水产品健康养殖场 109 个、标准化果菜精品园 214 个、标准化畜牧养殖场 1403 个、特色花卉生产园 50 个，建成全国最大的海参、扇贝、鲍鱼和大樱桃、蓝莓、蛋鸡生产基地；全市优势农产品集聚化率达到 92% 以上，每公顷土地产出效益达到 14 万元以上，五大优势产业产值占农业总产值的 90%②。浙江省宁波市坚持高效生态融合发展方向，以农业产业集群发展为抓手，以农村第一、第二、第三产业融合发展为路径，全力促进乡村产业高质量发展。截至 2019 年年底，已建设国家现代农业产业园 1 个、国家特色农产品优势区 1 个，省级现代农业园区 9 个、特色农业强镇 20 个、特色农产品优势区 57 个，培育年产值 10 亿元以上的省级示范性农业全产业链 10 条，农产品加工率达 68.7%；休闲农业和乡村旅游蓬勃发展，已培育 A 级景区村庄 435 个、农家乐休闲农业经营主体 1250 多家，连续多年实现 20% 以上增幅③。

（四）农民收入增长较快，农村扶贫减贫得到推进

美丽乡村建设推动了农村发展，带来了地方经济和农民收入的较快增长。以河北省馆陶县这一省级扶贫开发工作重点县为例，自 2014 年以来，该县坚持以美丽乡村为突破口，助推脱贫攻坚，通过打造粮画小镇、教育小镇等一批具有乡村风情、城市品质的特色小镇，推动乡村休闲旅游产业蓬勃发展，使贫困户走上了脱贫致富路。2014—2018 年，全县贫困人口由 37452 人降至 2973 人，贫困发生率由 14.1% 降至

---

① 《2018 年海南乡村旅游收入 28.57 亿元 乡村民宿迎发展良机》，https：//baijiahao. baidu. com/s？id = 1627064310506137245&wfr = spider&for = pc。
② 《大连都市型现代农业发展稳居全国前列》，http：//www. xinhuanet. com/food/2018 - 06/27/c_ 1123045357. htm。
③ 《全面开启新时代美丽乡村建设和乡村产业高质量发展新征程》，http：//www. zjagri. gov. cn/art/2019/12/20/art_ 1599613_ 41173356. html。

1.12%，贫困村由 61 个降至 11 个①。再以形成美丽乡村建设"安吉模式"的安吉县为例，地区生产总值由 2003 年的 66.3 亿元增长至 2019 年的 470 亿元，增长了 6.09 倍；地方财政收入由 2003 年的 3.4 亿元增加到 2019 年的 53.56 元，增长了 14.75 倍；2003 年的农村居民人均纯收入仅 5402 元，而到 2019 年，农村常住居民人均可支配收入达 33488 元。同时，美丽乡村建设通过完善生产生活基础设施、撬动产业发展等在扶贫减贫方面也取得了一定成效，成为精准扶贫的一种实现形式。例如，贵州省"四在农家·美丽乡村"基础设施建设六项行动计划有关项目覆盖了 58 个贫困乡镇、376 个贫困村，对贫困乡镇、贫困村投入资金 365241.93 万元。

（五）优秀乡村文化逐步恢复，传统民风民俗渐次回归

在建设美丽乡村的过程中，各地积极挖掘乡村历史元素和传统文化精髓，试图从中寻找美丽乡村的历史根脉，着力古村落的保护和利用，乡村文化日益繁荣。例如，从 2012 年开始，浙江省全面开展历史文化村落保护利用工作，先后启动对 172 个历史文化村落重点村和 868 个历史文化村落一般村的保护利用工作，修复古建筑 3000 余幢、古道 212 公里，拆除风貌冲突的违法建（构）筑物 32 万多平方米（沈晶晶、黄珍珍，2016）。江苏省借助美丽乡村建设推进古村落保护，计划在 2020 年有效保护 1000 个左右的省级传统村落和传统民居建筑组群。截至 2019 年 6 月，福建省已累计安排 4.09 亿元，通过采取竞争性评审办法，重点支持 75 个历史文化名镇名村和传统村落改善提升②。此外，贵州、四川、广西、海南等地也将传统村落保护、民族文化发展和美丽乡村建设紧密结合起来。美丽乡村建设最重要的是"人的建设"，河北省馆陶县通过村歌、广播站、乡村电视台、小镇客厅、小镇党校等载体，以"建设美丽乡村，带出最美村民""家乡美、亲人归，美丽乡村享富美"为目标，使乡村真正复活。

---

① 《美丽乡村建设助推脱贫攻坚——馆陶精准扶贫精准脱贫做法》，《邯郸日报》2018 年 10 月 16 日第 4 版。

② 《福建省 15 个历史文化名镇名村各获省级补助 500 万元》，https://www.sohu.com/a/333820226_ 114731。

第三节　美丽乡村建设中存在的主要问题

一　相关认识和实践乱象

在相关认识方面，人们对美丽乡村的本质和含义仍缺乏深度理解，导致乱象不断。例如，建设"美丽乡村"被简化为建设"美丽的乡村"，注重"美丽"的外在形式，忽视"美丽"的丰富内涵；注重看得见的"美丽"，忽视看不见的"美丽"；注重片面的"美丽"，忽视全面的"美丽"；注重现代，忽视传统；注重短期，忽视长远。很多人对美丽乡村建设的认识无法提升到推进生态文明建设、促进城乡一体化发展（王卫星，2014）和全面建设小康社会的高度。在相关实践中，也存在诸多违背美丽乡村建设本意的做法，主要体现在以下五方面：一是过度硬化、过度用地和环境污染等；二是大拆大建、生搬硬套，一方面肆意毁掉传统村落，另一方面又生搬硬套"假古建"，到处盛行"拿来主义"；三是"反客为主"，不重视农民的意愿和需求，千村一面地开展村庄建设；四是对传统文化不够尊重，例如在北方地区建徽派建筑；五是在试点村选取上"嫌贫爱富"，资源过多向名村、富村倾斜，而亟须开展建设的落后村庄的相关投入较少，示范村与非示范村之间存在政策性"马太效应"。

二　部门协调与资源整合不足

这是美丽乡村建设所面临的突出问题。中央有关部委都致力于美丽乡村建设和乡村振兴，但各部委的侧重点各不相同，部门之间缺少沟通与协调机制，造成各地的无所适从。同时，职能部门包村帮扶建设制度因为缺乏配套的资源整合机制也产生了一个意外后果：职能部门与试点示范村建立联系制度后，为了履行部门职责、完成部门任务，每个部门都将自己的资源重点投入到所联系的试点示范村，美丽乡村建设试点示范村庄虽然获得了责任部门的专项资金，但缺乏来自其他部门的配合。由于缺乏部门协调以及资源整合不足，政策叠加和资金规模使用效应难以得到发挥，最终可能导致美丽乡村建设的试点示范机制失效，影响美丽乡村建设的质量和乡村振兴进程。

三　社会动员与农民参与不足

美丽乡村建设是一项系统工程，需要各级政府部门、社会力量和广大村民的积极参与和互动。其中，社会力量是美丽乡村建设的参与者和支持者，广大村民是美丽乡村建设的主体和直接受益者。然而，目前，在很多地方，当前的美丽乡村建设实践往往是政府自己在唱"独角戏"，无论是宏观方面的村庄规划、资金投入、示范村的选择还是微观方面村庄具体建设项目的选择等，政府的主导面太宽。在政府的强势主导下，社会力量参与明显不足，农民自主作为的领域很小。在社会动员方面，尽管从中央到地方的相关政策文件都强调"多元投入，资源整合"，但在具体实践中，财政资金的杠杆撬动作用发挥有限，很多社会资金难以进入，社会动员仍严重不足。在农民参与方面，广大农民并没有真正成为美丽乡村建设主体，其真实需求与建议意见等没有得到足够重视，更没有在政策中体现，很多地区没能建立有效机制来调动农民的参与积极性。笔者调查发现，一些村庄的建设项目虽然是村委会来组织申请的，但在申请前，乡镇或县级相关政府部门已大致选定了候选村的范围，农民的自主性和决策权小。并且，传统的行政动员、运动式工作方式在美丽乡村建设中的运用更使农民难以体现主体性。因而，农民的主体意识较弱。根据笔者对浙江省、安徽省和四川省402户农户的问卷调查，仅21.14%的农民认为"村委会或农民自己"是美丽乡村建设第一责任主体，并且，这一比例在试点地区或非试点地区相差较小。多数农民认为，美丽乡村建设是政府的事，政府是美丽乡村建设的第一责任主体，其"等、靠、要"意识较强，从而使一些地方出现"政府在苦干，群众在闲看""政府热情高，农民冷眼瞧"的情况。

第四节　小结与思考

建设美丽乡村是党中央深入推进社会主义新农村建设的重大举措，是农村战略布局的总抓手（魏玉栋，2015）。自2013年全面启动美丽乡村建设以来，在中央相关部委和地方政府的大力推进下，美丽乡村建设取得了较大进展：生态环境整治成绩显著，人居环境得到极大改善；基础设施投入增加，农村条件大幅好转；生态产业加快发展，乡村历史和传统文化受到重视。同时，积累了大量实践经验，形成了一些典型的建设模式；也开展了推广宣传和深化认识的一系列行动，制定和完善了美丽乡村建设标准。

美丽乡村建设，在方向上以政府为主导，在目标上以生态为引领，在结果上以乡村振兴为指向，是具有中国特色和时代特色的乡村建设实践。首先，建设美丽乡村是一项自下而上、自上而下相结合的具有重大战略意义的决策，也是一次历时长、投入大、覆盖广、影响深的全面攻坚战，需要中央和地方政府大力的持续支持和推进，包括财政资金、扶持政策、技术指导、规划标准等各个方面的支持。因此，在整个建设实践中，政府始终处于主导地位，逐步建立了一套自上而下的组织体系和制度体系作为保障。其次，建设美丽乡村，以建设美丽中国、建设生态文明和乡村振兴为目标，走上了意义更深远的道路。在开展美丽乡村创建活动之初，原农业部主要从生态文明建设、农业生态环境、农村人居环境改善等方面来认识美丽乡村建设的意义；而财政部在启动美丽乡村建设试点之初，在强调推进生态文明建设的同时，还强化了美丽乡村建设的历史使命——实现全面建成小康社会，推进农业现代化和城乡一体化发展。因此，各地在推进美丽乡村建设的具体实践中，不仅以生态为引领，突出生态环境整治、人居环境改善、生态资源利用、生态经济发展、生态文化繁荣等，还以小康和乡村振兴为指向，突出基础设施建设、农业发展、农民增收、农村综合发展能力、城乡统筹和同步小康等。

美丽乡村具有丰富的内涵和意义，各地对美丽乡村内涵和意义的理解程度会影响相关政策措施的制定和执行，进而影响美丽乡村建设的具体实践及其效果。进一步而言，由于各级政府部门对美丽乡村理念和美丽乡村建设认识的偏差，一方面形成了一些错误、片面、肤浅的观念和实践，另一方面也造成部门协调、资源整合、社会动员与农民主体性作用发挥不足等问题，进而又引发资金过度投入导致资金利用效率低、资源浪费与资金投入不足导致无法实现规模效应和无法全面推进村庄建设两大问题，影响美丽乡村建设试点示范机制的有效性。

　　总之，美丽乡村建设取得了较大成就，具有中国特色和时代特色，但也面临着许多问题和困难。美丽乡村建设能否实现其历史使命，任重道远，仍需在实践的摸索中砥砺前行。在这一过程中，在正确、深入理解美丽乡村的理念、内涵和意义以及美丽乡村建设的目标、主体和动力的基础上，应最大限度地动员一切社会力量参与进来，特别要充分考虑和尊重基层最广大农民的真实意愿和主要需求，以满足他们的迫切需求和解决他们亟须解决的问题为优先与重点，充分激发他们的主体意识，发挥他们的主体作用。

第四章 村庄建设的责任主体

——农民的认知及其影响因素分析

谁是美丽乡村建设的主体？这是美丽乡村建设中要把握的最核心、最本质问题之一。在社会主义新农村建设中，政府和农民是两大基本主体。"以政府为主导，以农民为主体"已是政界、学界的普遍共识，在一些农村地区还成为村舍道旁的醒目标语。作为社会主义新农村建设的"升级版"，美丽乡村建设仍然要坚持"政府主导、农民主体、社会参与"的推进机制。不过，在社会主义新农村建设初期，农民的主体意识较薄弱。根据叶敬忠（2006）对河北、湖南、江苏、甘肃四省份的调查结果，认为最主要应该靠政府建设新农村的农民占70.2%，认为主要依靠农民自己的仅占14.4%，认为应依靠村委会的仅占9.2%。邓宗兵、王钊（2009）对重庆地区10个新农村建设示范村的调查结果显示，对"新农村建设主要依靠农民自己"这一点表示"认同"和"一般"的分别占20.4%和24.5%，有近一半的农民还未认识到自己应是新农村建设的主体。那么，在社会主义新农村建设已开展十年后的美丽乡村建设新阶段，农民对村庄建设责任主体的认知现状如何？其主体意识是否有所提高？受哪些因素的影响？应该如何提高农民在村庄建设中的主体意识？本章将在进行理论分析和文献综述后利用调查数据对这些问题展开分析[①]。

---

① 本章部分内容被整理为论文《农民对美丽乡村建设主要责任主体的认知及其影响因素分析》并在《经济学家》2018年第6期发表。

第一节　理论分析与文献综述

一　理论分析

(一)　马克思主义主体论及其发展

根据马克思主义唯物史观，主体是指有意识、有意志，并在实践活动中认识和改造客观外界的人（许征帆，1987）。根据具体存在形态，现实社会中的社会发展主体包括个体主体、群体主体（包括家庭、集团、民族、政党、国家等）和人类主体。其中，个体主体是主体存在的基本形式，是主体发挥作用的基础；群体主体是个体主体的集合体，"只有在集体中，个人才能获得全面发展其才能的手段，也就是说，只有在集体中才可能有个人的自由。"（马克思等，1960）人类主体是前两者组成的有机整体。马克思主义主体论思想的基本含义是：从具体的、客观的、实践的人出发，以人为社会发展的主体，一切依靠人，一切为了人；在社会历史的发展过程中要尊重人的主体地位，发挥人的主体作用，促进人的全面发展（郭海军，2004）。人民群众是社会历史发展主体。第一，人民群众是认识和实践的主体，不仅在人的认识活动中占有核心和主导地位，而且是创造社会物质财富和精神财富活动的主体，更是推动社会历史发展的根本动力；第二，人民群众是价值和利益主体，不仅是社会物质财富的创造者，也应是社会财富的享有者；第三，人民群众是权力主体，社会主义国家的一切权力属于人民（李唯玮，2014）。

在坚持马克思主义主体论思想这一基本价值取向的基础上，科学发展观创新和发展了这一思想，"坚持以人为本"，推进全面、协调、可持续发展，明确回答了发展的主体、动力和目的是什么的问题。

在科学发展观的基础上，习近平总书记在新的历史条件下强调"必须坚持人民主体地位，发挥人民首创精神，着力解决好人民群众最关心最直接最现实的利益问题，不断让人民得到实实在在的利益，充分调动人民群众的积极性、主动性、创造性"，赋予了人民主体地位全新内涵，提出了"以民为本"的执政新理念，更加注重民生问题，并注重开发和尊重民智[1]。

（二）广大农民是美丽乡村建设的核心主体

习近平总书记强调，农村要发展，根本要依靠亿万农民，要坚持不懈推进农村改革和制度创新，充分发挥亿万农民的主体作用和首创精神；要让广大农民平等参与改革发展进程，共同享受改革发展成果[2]。在新形势下，2016 年中央一号文件明确提出，要把坚持农民主体地位、增进农民福祉作为农村一切工作的出发点和落脚点[3]。要完成乡村振兴和美丽乡村建设这一长期而艰巨的任务，需要政府、企业、社会、农民广泛参与并形成合力。其中，农民是具有根本性、决定性和可持续性的力量，是美丽乡村建设的核心主体。

第一，农民是乡村生产生活的实践主体和村庄建设的直接参与者。村庄公共设施建设、村庄公共事务管理及村庄中相关利益协调等社区事务需要农民去开展；村庄建设各项事业的发展（无论是村庄经济和文化的发展，还是村庄生态保护和环境治理的推进）都需要具有乡土知识的广大农民积极参与，农村的和谐关系需要靠农民去创造、培育和维护。

第二，农民是直接受益者和价值主体。美丽乡村为农民而建，建成的美丽乡村"是'生态宜居、生产高效、生活美好、人文和谐'的典范，是让农村人乐享其中、让城市人心驰神往的所在"（唐柯，2013），在生产、生活、生态各方面能让农民得到实惠。美丽乡村建设是一项惠民工程，建设成果应该惠及最广大农民；也只有农民自身，才能更切实地评价美丽乡村建设成效。

第三，农民是意志主体和决策主体。要把乡村建设成农民希冀中的美好家园，真正惠及农民，需体现农民的诉求和意愿，涉及农民切身利

---

[1]《"人民群众是我们的力量源泉"——学习习近平的人民主体地位思想》，人民网—中国共产党新闻网，2015 年 6 月 24 日，http://dangjian.people.com.cn/n/2015/0624/c117092 - 27200927.html。

[2]《习近平在中共中央政治局第二十二次集体学习时强调健全城乡发展一体化体制机制 让广大农民共享改革发展成果》，http://military.people.com.cn/n/2015/0502/c172467 - 26936619.html。

[3]《中共中央国务院关于落实发展新理念加快农业现代化实现全面小康目标的若干意见》，《人民日报》2016 年 1 月 28 日第 10 版。

益的事项要由农民民主讨论，让农民实现自主性嵌入，在主体性行动中体现并实现多数农民的有关诉求。可见，农民是美丽乡村建设中具有决定性、能促成村庄实现可持续发展的根本力量①，推进美丽农村建设、实现乡村振兴的关键是促使农民形成主体意识并积极参与。

政府是美丽乡村建设的另一基本责任主体，美丽乡村建设同样要坚持"以政府为主导"。政府应充分发挥引领作用，通过宣传动员、科学规划、加大投入、组织实施、完善建设和管理机制等，引导、协调和组织各种社会力量和资源开展美丽乡村建设。政府在美丽乡村建设中的主导作用主要体现在组织发动、部门协调、规划引领、财政引导上，形成整体联动、资源整合、社会共同参与的建设格局（吴理财、吴孔凡，2014）。

二 文献综述

对于社会主义新农村建设（以下简称"新农村建设"）主体及相关问题的研究，学界已有较丰富的成果。相关研究的主要内容包括以下三个方面：

第一，从理论和实践两个方面探讨农民在新农村建设中的主体地位。例如，华彦玲、余文学（2007）依据"燃烧理论"指出，社会主义新农村建设应从农民主体入手，充分利用中国农村丰富的人力资源，激发、点燃他们的创业精神和合作意识。黄明哲（2008）分析了江西省赣州市在新农村建设中发挥农民主体作用的实践与探索，指出发挥农民在其中的主体作用应处理好政府主导与农民主体的关系、激发农民的主体意识、培育新型农民、努力实现广大农民的根本利益、提高农民的组织化程度。薛国琴（2009）立足农民个体和农民整体的二元层面视角，以绍兴市为例，认为应通过加强农民组织建设、加大对农民教育培训的投入以及健全风险规避机制等在整体层面上发挥农民的主体作用。

第二，基于现实调查数据分析农民在新农村建设中的主体意识及其参与行为，探索改善之方。例如，温锐等（2007）基于对江南某

---

① 农民没有自毁家园的主观意识和偏好。

省的调查数据，将农民主体作用测量为积极性、自主性和组织化程度，认为新农村建设中大多数农民虽然积极性很高，但缺乏对建设项目的自主选择权和决定权，组织能力很弱；农民在新农村建设中发挥主体作用既面临"人"的因素的制约，又缺乏组织依托，还受政府政策失灵的不良影响。王钊、邓宗兵（2008）基于重庆市调查数据的分析表明，在新农村建设中，农民的主体意识不强，维权能力受限，建设能力不足，尚未积极参与实际的村庄建设，应从加强现代农业知识传播、培育新型农民组织、提高农民建设能力等方面来引导并强化农民的主体意识。

第三，分析政府主导与农民主体作用的互动关系与现状。例如，孙绪民、权英（2008）从理论上探讨了两者间的互动关系：政府主导是充分发挥农民主体性作用的必要条件，富有主体性的农民是政府发挥主导作用的载体和决定性因素。邱云生、王晓红（2007）分析了新农村建设中处理好政府主导与农民主体间关系面临的困难和问题，认为两者有机结合的关键在于转变政府职能和提高干部素质。温锐、陈胜祥（2007）基于江西省调查数据对两者互动关系的研究表明：政府在新农村建设中的主导面太宽，农民自主作为的领域则很小，从而导致政府越位、缺位而主导功能失灵，农民的自主性受抑而主体性削减。杨泽娟（2008）认为，新农村建设需要建立起政府主导和农民主体的博弈机制，通过增加财政投入、转变政府职能、提高农民组织化程度、培育新型农民，使农民接纳、承认政府的主导作用。郑宝华（2012）对云南省400户农户的问卷调查结果表明，地方政府在新农村建设的政策措施制定、资金投入、宣传发动、发展规划制定、试验示范等方面都起到了主导作用，村组干部在政策宣传、组织实施等方面起到了协助作用，而广大农民仅是被动的接受者和输入者。要改善这一状况，应以广大农民的基本需求为出发点，建立起能够回应农民需求的、重心向下的财政资源配置机制。

总体上看，现有相关文献虽然展开了具有理论和实践意义的研究探讨，在新农村建设推进至美丽乡村建设的新阶段，部分学者（刘利利、杨英姿，2019）对美丽乡村建设责任主体也展开了研究，但相关成果还较少①。并且，在相关经验研究中，缺乏专门对试点地区与非试点地区农民有关认知情况的比较研究，也甚少有文献探讨新农村建设或美丽乡村建设的进展情况对农民相关认知的影响。鉴于此，本书研究试图弥补上述不足，基于对浙江、安徽、四川三省的调查数据，分析农民对村庄建设责任主体的认知，并通过建立 Goprobit 模型分析其影响因素，特别探讨美丽乡村建设进展情况的有关影响，以丰富相关研究成果，并对政府相关部门找准提升农民在乡村建设中的主体意识的着力点提供启示。

第二节　农民对村庄建设责任主体的认知现状

美丽乡村建设中的相关利益群体包括各级政府、村组干部、广大农民以及其他利益相关群体（包括相关社会团体、民间组织等）。考虑到农民对中央政府与地方政府［包括省政府、市政府、县（区）政府、乡镇政府］在美丽乡村建设责任承担上有不同的期望和诉求，调查中将"政府"这一主体细分为"中央政府"和"地方政府"两项，这比仅粗略地将"政府"设置为主体之一的新农村建设主体相关研究（温锐、陈胜祥，2007）更细化了。同时，村民委员会虽然是准政权组织，但也是乡村自治组织，村组干部在实质上仍属于农民群体范畴，因此，调查中将村委会（实体是村组干部）和广大农民合并作为一类群体。

虽然相关研究在理论上都认为农民是美丽乡村建设的主体，但农民的相关认识水平并不高，农民的主体意识还较弱。根据对"您认为谁应该对村庄建设负责任"（可多选，多选时按优先顺序排序，选项包括中央政府、地方政府、村委会或农民自己、其他）这一问题的调查统计分析结果（见表 4 – 1），可以看出：

第一，无论是试点村还是非试点村，更多的受访农民认为地方政府应该是村庄建设的第一责任主体，县政府和乡镇政府是农民认知中应为

---

① 在中国知网中，以"美丽乡村""主体"为检索词在篇名中进行合并查找，仅搜得39 篇文献。

表4-1　农民对"您认为谁应该为村庄建设负责任"的认知情况

您认为谁应该为村庄建设负责任？	总体样本				非试点村（154个）				试点村（247个）			
	第一责任主体		第二责任主体		第一责任主体		第二责任主体		第一责任主体		第二责任主体	
	人数（人）	比例（%）	人数（人）	比例（%）	人数（人）	比例（%）	人数（人）	比例（%）	人数（人）	比例（%）	人数（人）	比例（%）
中央政府	94	23.38	15	8.02	47	30.52	8	10.81	47	19.03	7	6.19
地方政府	215	53.48	49	26.20	69	44.81	20	27.03	146	59.11	29	25.66
村委会或农民自己	85	21.14	112	59.89	33	21.43	41	55.41	52	21.05	71	62.83
其他	7	1.74	11	5.88	5	3.25	5	6.76	2	0.80	6	5.31

注："其他"包括第三方社会组织或团体、不知道等情况。总体有效样本（401个）中，有214个受访者仅选择了一个责任主体，187个受访者还选择了第二责任主体；在非试点地区的样本中，有79个受访者仅选择一个责任主体，74个受访者还选择了第二责任主体；在试点地区的样本中，有134个受访者仅选择一个责任主体，113个受访者还选择了第二责任主体。"第二责任主体"列下有关比例的计算中，分母均为选择了第二责任主体的实际样本量。由于四舍五入，有关比例加总不全为100%。

村庄建设承担主要责任的主体。从整体情况看，超过半数的农民认为村庄建设的第一责任主体是"地方政府"，这一认知在试点村表现得更突出，有这一认知的农民所占比例有近六成，明显高于非试点村的这一比例。其原因可能是，试点村的农民对地方政府在村里推动开展土地整治、环境整治等美丽乡村建设有关项目的认识更直观明了。进一步分析农民对责任政府层级的选择，在238个认为地方政府是村庄建设主要责任主体的样本农民中，认为省政府、市政府、县政府、乡镇政府是村庄建设责任主体的受访农民分别占6.72%、14.29%、36.97%和42.02%，呈现出随着地方政府层级的升高，认为相应级别政府是村庄建设责任主体的受访者所占比例逐渐下降的趋势；县政府和乡镇政府是农民认知中村庄建设的主要责任主体。

第二，中央政府是农民认知中村庄建设的一个重要责任主体。虽然非试点地区的样本对"中央政府"这一责任主体更看重（其中约三成受访农民认为村庄建设应该由中央政府来承担责任），但是，在试点地区，这一比例也有近两成，且总体样本中的这一比例高于认为"村委会或农民自己"是村庄建设第一责任主体的受访者所占比例。

第三，农民在美丽乡村建设中的主体意识不足，更多地将自身定位为"第二责任主体"。农民对"村委会或农民自己"是村庄建设责任主体这一点虽有相当程度的认知，但更多地将自身定位为"第二责任主体"，无论是否已开展美丽乡村建设，认为"村委会或农民自己"是美丽乡村建设第一责任主体的样本占了两成多，特别的，选择"村委会或农民自己"为第二责任主体的农民所占比例约为56%，是第二责任主体中的最主要构成；并且，这一比例在试点地区的样本中明显更高，其原因可能是，美丽乡村建设的开展有利于激发当地农民的主人翁意识，并使他们有所受益，从而使其更乐意和更积极地承担其建设责任。相比于叶敬忠、杨照（2007）对河北、湖南、江苏、甘肃四省的调查结果（认为最主要应靠农民自己建设新农村的农民占14.4%）以及邓宗兵、王钊（2009）对重庆地区的调查结果（近一半的农民还未认识到自己应是新农村建设的主体），农民目前在村庄建设中的主体意识有了一定程度的提高，但提高幅度较小。

值得指出的是，在浙江省的样本中，一半多农民在选择"地方政府"为村庄建设第一责任主体的同时，选择"中央政府"为村庄建设第二责任主体的农民占了96.43%，选择"村委会或农民自己"为第二责任主体的农民仅占1.79%。浙江省的美丽乡村建设成绩斐然，试点地区的样本所占比例也在三个样本省中最高，根据前文的分析可推断，这类地区中的农民对自身在村庄建设中的责任应该有更多的认识，为什么结果反而相反呢？根据笔者对样本村村委会成员的调查，其原因可能是：正因为浙江省在美丽乡村建设方面是全国的排头兵和样板，因此，更容易获得中央的相关项目资助和支持，浙江省及其下所辖市、县等各级政府在美丽乡村建设方面的立项和投入也更多，"输血型"的美丽乡村建设实践使当地农民对政府"等、靠、要"的意识较强，于是，政府承担村庄建设责任成了他们认知中的理所当然，他们自身在其中的责任从而相对受到了忽略。

第三节　农民对村庄建设责任主体
认知的影响因素分析

一　变量的选取、测量与描述性统计分析

（一）因变量的测量

这部分研究中的因变量是"农民对村庄建设责任主体的认知"，问卷中的有关调查问题是"您认为谁应该为村庄建设负责任？"（可多选，多选时按优先顺序排序）选项包括中央政府、地方政府、村委会或农民自己、其他4项。在受访者给出了2个或3个选择时，变量结果则选取农民所选择的第一责任主体。由于选择"其他"项的农民样本很少，这类样本在回归分析中被排除在外。

（二）自变量的选取

温锐等（2007）从农民个人情况、农户家庭情况、农民受益情况和政策效果四个方面考察了新农村建设中影响农民发挥主体作用的因素，其结果显示，农民在新农村建设中的积极性受性别、受益状况、政策效果和理事会作用的显著影响；农民在新农村建设中的自主性受年龄、性别、受教育程度、宗族、受益情况和政策效果的显著影响。王钊、邓宗兵（2008）对新农村建设中农民的主体意识与参与行为影响因素的研究表明，性别、年龄、学历、家庭人均年收入、村人均年收入等自变量的影响显著。叶敬忠（2006）基于对江苏、湖南、甘肃和河北4省8个乡的调查数据的分析表明，性别、年龄、受教育程度、角色和地区不同的农民对新农村建设的认识存在差异。借鉴这些相关研究成果，本书研究中引入农民个人特征、农民家庭特征、村庄特征以及农民对相关政策的了解程度4类变量[①]。其中，农民个人特征变量包括性别、年龄、受教育程度、婚姻状况、主要从业领域、是否是户主、是否是党员；农民家庭特征变量包括是否参加了专业性合作组织、是否是村

---

① 本书研究样本包括试点地区和非试点地区的受访者，考虑到部分受访者所在村庄尚未开展美丽乡村建设，所以，本书研究中没有引入农民受益情况和政策效果两类变量。

里的种植（或养殖）大户、家庭成员最高受教育程度、家庭劳动力所占比例、家庭收入水平、家庭是否有成员外出务工和所经营的耕地面积；村庄特征变量包括所在地区、所在自然村是否已开展美丽乡村建设、所在自然村开展美丽乡村建设的时间长短；农民对相关政策的了解程度变量包括"是否听说过美丽乡村建设"和"是否参加过相关政策的宣传教育或培训活动"两个变量。

（三）变量的含义与描述性统计分析

本书研究中有关因变量和自变量的含义与描述性统计分析结果见表4－2。

表 4 - 2　　　　　　　　变量的含义与描述统计结果

变量类型	变量名称	变量代码	含义与赋值	均值	标准差
因变量	农民对村庄建设责任主体的认知	y_1	"您认为谁应该为村庄建设负责任？"中央政府＝1；地方政府＝2；村委会或农民自己＝3	2.03	0.70
农民个人特征	性别	x_1	男＝1；女＝0	0.65	0.48
	年龄	x_2	受访者2015年的年龄（岁）	53.82	12.55
	受教育程度	x_3	农民的受教育年限（年）	8.01	2.00
	婚姻状况	x_4	已婚＝1；未婚、离异或丧偶＝0	0.92	0.27
	主要从业领域	x_5		—	—
	纯农业生产		纯农业生产＝1，其余两项＝0	0.39	0.49
	兼业（县域内）		兼业＝1，其余两项＝0	0.40	0.49
	务工		务工＝1，其余两项＝0	0.21	0.41
	是否是户主	x_6	是＝1；否＝0	0.66	0.47
	是否是党员	x_7	是＝1；否＝0	0.14	0.35
农民家庭特征	是否参加了专业性合作组织	x_8	是＝1；否＝0	0.29	0.45
	是否是里的种植（或养殖）大户	x_9	是＝1；否＝0	0.08	0.27
	家庭成员最高受教育程度	x_{10}	家庭成员的最高受教育年限（年）	11.07	2.71

续表

变量类型	变量名称	变量代码	含义与赋值	均值	标准差
农民家庭特征	家庭劳动力所占比例	x_{11}	家庭劳动力数量/家庭成员数（%）	0.64	0.25
	家庭收入水平	x_{12}	农户 2014 年的家庭总收入水平（万元）	6.13	5.42
	家庭是否有成员外出务工	x_{13}	是 =1；否 =0	0.55	0.50
	所经营的耕地面积	x_{14}	所经营的耕地（包括水田和旱地）面积（亩）	5.61	12.78
村庄特征	村庄所在地区	x_{15}		—	—
	浙江省		浙江省 =1，其余 =0	0.28	0.45
	安徽省		安徽省 =1，其余 =0	0.35	0.48
	四川省		四川省 =1，其余 =0	0.37	0.48
	所在自然村是否已开展美丽乡村建设	x_{16}	是 =1；否 =0	0.62	0.49
	所在自然村开始开展美丽乡村建设的时间长短	x_{17}	2015 年减去所在自然村开始开展美丽乡村建设的年份（年）	3.18	2.34
农民对相关政策的了解程度	是否听说过"美丽乡村建设"	x_{18}	是 =1；否 =0	0.88	0.33
	是否参加过相关政策的宣传教育或培训活动	x_{19}	是 =1；否 =0	0.58	0.49

注：外出务工指的是在县外务工，下同。本表中除 x_{17} 外，其他变量的均值和标准差基于这一章回归分析的有效样本数来计算；x_{17} 的均值和标准差基于试点村的样本来计算。

二 理论模型

中央政府、地方政府、村委会或农民自己体现了自上而下的层级顺序，因此，农民对村庄建设责任主体的认知这一变量可以看成是有序离散变量。所以，对其影响因素模型的估计应采用多元有序选择方法。多元有序选择方法有标准排序选择方法、广义排序选择方法和随机效应广义排序选择方法。假设潜变量的随机项服从标准正态分布，则排序选择模型包括标准排序概率模型（Oprobit）和广义排序概率模型（Goprobit）等。Oprobit 模型满足平行假设，即估计系数 β 不随着门限值的不同而发生变化；而 Goprobit 模型考虑的约束条件更为充分，不仅其估计系数可以随着门限值的变化而变动，而且充分考虑了平行假设条件下系数的估计值以及边际概率效应值的估计误差（高鸣、马玲，2015）。因此，本书这一部分将选择 Goprobit 模型来估计影响农民对村庄建设责任主体认知的因素。

构建模型如下：

$$y_1 = X'\beta + \mu \tag{4-1}$$

式（4-1）中，y_1 表示农民对村庄建设责任主体的认知，X' 是表 4-2 中的自变量向量，β 是自变量的系数向量，μ 为残差项，服从 $N(0, \sigma^2)$。

设 y_1 有 j 个取值，如表 4-2 所示，$j=3$。设有一个不可观测的连续变量 y_1^*，使得：

$$y_1 = j \Leftrightarrow k_j < y_1^* < k_{j+1} \tag{4-2}$$

在式（4-2）中，$j=1$，2，3；$k_1 = -\infty$，$k_4 = +\infty$；k_2，k_3 为 2 个固定的门限值。定义：

$$y_1^* = X'\beta + \mu^* \tag{4-3}$$

结合式（4-2）和式（4-3），可得出：

$$P(y_1 = j \mid X) = F(k_{j+1} - X'\beta) - F(k_j - X'\beta) \tag{4-4}$$

在式（4-4）中，$F(k_4 - X'\beta) = 1$，$F(k_1 - X'\beta) = 0$；而 $F(\cdot)$ 是标准正态函数的累积概率分布函数。

在估计系数随着门限值的不同而变化的情况下，其函数表达式为：

$$k_j = \tilde{k}_j + X'\gamma_j \tag{4-5}$$

在式（4-5）中，k_j 表示第 j 个门限值，$\tilde{k}_1 = -\infty$，$\tilde{k}_4 = +\infty$。将式（4-5）代入式（4-4），得：

$$P(y_1 = j \mid X) = F(\tilde{k}_{j+1} - X'\beta_{j+1}) - F(\tilde{k}_j - X'\beta_j) \tag{4-6}$$

在式（4-6）中，$\beta_j = \beta - \gamma_j$，$F(\tilde{k}_4 - X'\beta_4) = 1$，$F(\tilde{k}_1 - X'\beta_1) = 0$。采用极大似然估计法来估计系数值 β_j。在此基础上，可通过下式计算出边际效应值：

$$AMPE = E\left\{\frac{\partial[P(y_1 = j \mid x_k)]}{\partial x_k}\right\} = E\{f(\widetilde{k}_j - X'\beta_j) \times \beta_{j,k} - f(\widetilde{k}_{j+1} - X'$$

$$\beta_{j+1}) \times \beta_{j+1,k}\} \hspace{4cm} (4-7)$$

三　结果与分析

为了提高模型解释的准确性，在进行估计前，本书采用方差膨胀因子（VIF）方法进行多重共线性检验。检验结果显示：农民对村庄建设责任主体认知影响因素模型中自变量的 VIF 值在 2.3 以下，远小于10①，表明自变量之间不存在明显的多重共线性问题。

同时，平行假设检验结果显示，基于全部有效样本数据得到的平行假设约束的 LR 统计量为 39.522，P 值为 0.012，在 5% 的统计水平上拒绝平行假设约束；基于试点村样本得到的平行假设约束的 LR 统计量为42.327，P 值为 0.008，在 1% 的统计水平上拒绝平行假设约束。这表明，无论是全部样本数据还是试点村样本数据，都存在广义效应，满足构建 Goprobit 模型的前提条件。

采用 Stata12.0 统计软件，拟合农民对村庄建设责任主体认知的影响因素模型，在得到模型估计结果的基础上进一步计算边际效应值，得到结果见表4-3。从模型整体的显著性情况看，卡方检验的 P 值为 0.016，对数极大似然函数值为 -376.39，模型整体显著。进一步考虑美丽乡村建设开展时间长短的不同，基于试点村的农民样本数据，得到模型估计结果及边际效应值（见表4-4）。此时，卡方检验的 P 值为 0.074，对数极大似然函数值为 -213.49，模型整体仍然显著。

（一）农民认为"中央政府"是村庄建设责任主体的影响因素

基于全部有效样本的分析结果（见表4-3）显示，以"地方政府"为参照组，家庭是否有成员外出务工对农民认为"中央政府"是村庄建设责任主体有显著的负向影响，而所在自然村是否开展美丽乡村建设对其有显著的正向影响。也就是说，家庭有成员外出务工和所在村

---

① 最大方差膨胀因子（VIF）大于 10，是 Chatterjee 等（2000）所建议的判断变量之间存在多重共线性现象的一个标准。

表 4 - 3　　农民对村庄建设责任主体认知影响因素模型的拟合结果

（基于全部有效样本，以"地方政府"为参照组）

自变量	中央政府		村委会或农民自己		边际效应		
	系数	标准误差	系数	标准误差	$p(y_1=1)$	$p(y_1=2)$	$p(y_1=3)$
性别	0.1881	0.2184	0.2755	0.2235	- 0.0547	- 0.0285	0.0832
年龄	0.0023	0.0072	- 0.0043	0.0073	- 0.0007	0.0020	- 0.0013
受教育程度	- 0.098	0.0423	- 0.1022 **	0.0448	0.0029	0.0280 *	- 0.0309 **
婚姻状况	0.0325	0.2667	- 0.2438	0.2655	- 0.0094	0.0831	- 0.0736
主要从业领域（以务工为参照组）							
纯农业生产	- 0.2822	0.2254	- 0.0610	0.2270	0.0821	- 0.0637	- 0.0184
兼业（县域内）	- 0.3048	0.2282	0.0111	0.2200	0.0887	- 0.0920	0.0033
是否是户主	- 0.2202	0.2154	- 0.3707 *	0.2206	0.0641	0.0478	- 0.1119 *
是否是党员	- 0.1545	0.2118	0.1661	0.2106	0.0450	- 0.0951	0.0501
是否参加了专业性合作组织	0.1216	0.1975	- 0.0352	0.2070	- 0.0354	0.0460	- 0.0106
是否是村里的种植（或养殖）大户	- 0.0822	0.3061	0.1803	0.2813	0.0239	- 0.0783	0.0544
家庭成员最高受教育程度	- 0.0015	0.0299	- 0.0081	0.0287	0.0004	0.0020	- 0.0024
家庭劳动力所占比例	0.0890	0.3253	- 0.1513	0.3107	- 0.0259	0.0716	- 0.0457
家庭收入水平	0.0193	0.0153	0.0095	0.0134	- 0.0056	0.0027	0.0029
家庭是否有成员外出务工	- 0.3521 **	0.1624	- 0.0430	0.1614	0.1025 **	- 0.0895	- 0.0130
所经营的耕地面积	- 0.0024	0.0096	0.0018	0.0066	0.0007	- 0.0012	0.0006

自变量	中央政府		村委会或农民自己		边际效应		
	系数	标准误差	系数	标准误差	$p(y_1=1)$	$p(y_1=2)$	$p(y_1=3)$
村庄所在地区（以四川省为参照组）							
浙江省	-0.0201	0.2398	0.7667***	0.2471	0.0059	-0.2374***	0.2315***
安徽省	-0.1463	0.2202	0.4954**	0.2270	0.0426	-0.1921**	0.1496**
所在自然村是否开展美丽乡村建设	0.2810*	0.1663	-0.1149	0.1574	-0.0818*	0.1165**	-0.0347
是否听说过"美丽乡村建设"	-0.1832	0.2460	-0.3541	0.2337	0.0533	0.0536	-0.1069
是否参加过相关政策的宣传教育或培训活动	0.1289	0.1573	-0.0289	0.1513	-0.0375	0.0462	-0.0087
常数项	0.9612	0.7263	0.7970	0.7344	—	—	—

还没有开展美丽乡村建设的农民，更倾向于认为"中央政府"是村庄建设的责任主体。其原因可能是：家庭有成员外出务工的农民通过与外出家庭成员的交流，可能对中央政府在城镇开展的有关建设项目等有更多了解，从而对中央政府在村庄建设中发挥作用有更高期待；而相比之下，非试点村的农民对美丽乡村建设有关情况更不了解，认知水平更低。从边际效应看，相比于家庭没有成员外出务工的农民，家庭有成员外出务工的农民认为"中央政府"是村庄建设责任主体的概率高10.25%；相比于非试点村的农民，试点村的农民认为"中央政府"是村庄建设责任主体的概率低8.18%。而基于试点村的样本农民数据来分析时，模型虽然整体显著，但没有因素会显著影响农民对村庄建设责任主体是"中央政府"的认知（见表4-4）。这说明，在试点村，认为"中央政府"是村庄建设责任主体的农民群体特征并不具有规律性。

表 4 - 4   农民对村庄建设责任主体认知的影响因素模型拟合结果

（基于试点村样本，以"地方政府"为参照组）

自变量	中央政府		村委会或农民自己		边际效应		
	系数	标准误差	系数	标准误差	$p(y_1=1)$	$p(y_1=2)$	$p(y_1=3)$
性别	- 0. 1005	0. 3003	0. 1424	0. 2983	0. 0262	- 0. 0649	0. 0388
年龄	0. 0047	0. 0096	0. 0024	0. 0099	- 0. 0012	0. 0006	0. 0006
受教育程度	0. 0251	0. 0600	- 0. 0576	0. 0629	- 0. 0065	0. 0222	- 0. 0157
婚姻状况	0. 5231	0. 3563	0. 1226	0. 4181	- 0. 1362	0. 1028	0. 0334
主要从业领域（以务工为参照组）							
纯农业生产	- 0. 4757	0. 3176	- 0. 5017	0. 3108	0. 1239	0. 0127	- 0. 1365
兼业（县域内）	- 0. 2320	0. 3236	- 0. 2586	0. 2891	0. 0604	0. 0100	- 0. 0704
是否是户主	0. 0789	0. 2948	- 0. 3292	0. 3040	- 0. 0205	0. 1101	- 0. 0896
是否是党员	- 0. 0528	0. 3158	- 0. 2891	0. 3321	0. 0137	0. 0649	- 0. 0787
是否参加了专业性合作组织	- 0. 1728	0. 2840	- 0. 6516 *	0. 3357	0. 0450	0. 1324	- 0. 1773 **
是否是村里的种植（或养殖）大户	- 0. 5859	0. 6027	- 0. 9329	0. 6191	0. 1525	0. 1014	- 0. 2539
家庭成员最高受教育水平	- 0. 0089	0. 0435	- 0. 0267	0. 0398	0. 0023	0. 0049	- 0. 0073
家庭劳动力所占比例	0. 0479	0. 4273	- 0. 0653	0. 4117	- 0. 0125	0. 0302	- 0. 0178
家庭收入水平	0. 0334	0. 0258	0. 0462 **	0. 0214	- 0. 0087	- 0. 0039	0. 0126 **
家庭是否有成员外出务工	- 0. 2047	0. 2255	- 0. 2236	0. 2148	0. 0533	0. 0075	- 0. 0609
所经营的耕地面积	0. 0237	0. 0305	0. 0089	0. 0090	- 0. 0062	0. 0037	0. 0024

续表

自变量	中央政府		村委会或农民自己		边际效应		
	系数	标准误差	系数	标准误差	$p\,(y_1=1)$	$p\,(y_1=2)$	$p\,(y_1=3)$
村庄所在地区（以四川省为参照组）							
浙江省	-0.1938	0.3769	0.5987	0.3741	0.0505	-0.2134*	0.1630
安徽省	-0.4221	0.3737	0.6667**	0.3251	0.1099	-0.2913***	0.1814**
所在自然村是否开展美丽乡村建设	-0.0582	0.0557	-0.0530	0.0559	0.0151	-0.0007	-0.0144
是否听说过"美丽乡村建设"	0.0681	0.3581	-0.3320	0.3468	-0.0177	0.1081	-0.0904
是否参加过相关政策的宣传教育或培训活动	0.2140	0.2145	-0.3096	0.2065	-0.0557	0.1400**	-0.0843
常数项	0.3910	1.0357	0.5235	1.0371	—	—	—

（二）农民认为"村委会或农民自己"是村庄建设责任主体的影响因素

基于全部有效样本的分析结果（见表4-3）显示，以"地方政府"为参照组，受教育程度、是否是户主都对农民认为"村委会或农民自己"是村庄建设责任主体有显著的负向影响，而村庄所在地区变量的影响显著为正。受教育程度越高，则农民越不倾向于认为"村委会或农民自己"是村庄建设的责任主体：农民的受教育程度每增加1年，农民认为"村委会或农民自己"是村庄建设责任主体的概率下降3.09%。邓宗兵、王钊（2009）对农民在新农村建设中的主体意识与参与行为内部差异影响因素的单因素方程分析结果显示，受教育程度在1%的统计水平上显著正向影响农民的新农村建设意识[①]。而从理论上

———————

① 该变量被操作为调查问题"您有责任建设好社会主义新农村？"和"您已牺牲自家利益为新农村建设做出贡献？"

而言，受教育程度越高，农民对自身作为村庄建设责任主体的认识水平和责任意识会越强，认为"村委会或农民自己"是村庄建设责任主体的可能性会越高。本书研究结果与理论预期和有关研究的结论不一致，其原因可能是，本书研究中受教育程度的这一负向影响是在以"地方政府"为参照组时得出的。这意味着，相比于"村委会或农民自己"，受教育程度更高的农民更倾向于认为"地方政府"是村庄建设的责任主体①。作为户主的农民认为"村委会或农民自己"是村庄建设责任主体的可能性更低，比非户主农民的这一概率低11.19%。这一结果与理论预期同样不同，其原因与受教育程度影响为负的原因类似。

相比于四川省样本农民，安徽省和浙江省样本农民更倾向于认为"村委会或农民自己"是村庄建设的责任主体，其概率分别高14.96%和23.15%（见表4-3）；而在已开展美丽乡村建设的地区，相比于四川省样本农民，仅安徽省样本农民倾向于认为"村委会或农民自己"是村庄建设的责任主体，其概率高18.14%（见表4-4）。这表明，无论是否已开展美丽乡村建设，安徽省农民在村庄建设中的主体意识都更强；而在浙江省，美丽乡村建设的开展并没有增强农民在其中的主体意识，其原因可能是，作为最早开展美丽乡村建设的地区，浙江省各级政府在美丽乡村建设中发挥了很强的主导作用②，这使农民在实践中形成了地方政府是村庄建设责任主体的强烈认知。

表4-4还显示，在已开展美丽乡村建设的地区，以"地方政府"为参照组，是否参加了专业性合作组织和家庭收入水平对农民认为"村委会或农民自己"是村庄建设责任主体分别有显著的负向和正向影响。相比于没有参加专业性合作组织的农民，参加了专业性合作组织的农民认为"村委会或农民自己"是村庄建设责任主体的概率更低，低

---

① 农民的受教育程度影响其认为"地方政府"是村庄建设主体的边际效应在10%的统计水平上显著，这一结果证实了这一观点。

② 自2003年以来，不仅省委、省政府每年都召开相关工作现场会，各级党委、政府还形成了主要领导亲自抓、分管领导具体抓、牵头部门综合协调、专业部门紧密配合、一级抓一级、层层落实的工作机制；而且，这十多年来，各级财政已投入了526万元（夏宝龙，2014）。

17.73%。其原因可能是，参加了专业性合作组织的农民由于在政府涉农项目中的受益程度更高，从而形成了地方政府是村庄建设责任主体的强烈认知。家庭收入水平越高，农民越倾向于认为"村委会或农民自己"是村庄建设的责任主体，家庭收入水平每增加1万元，农民认为"村委会或农民自己"是村庄建设责任主体的概率上升1.26%。其原因是，家庭收入水平越高，农民在乡村建设中承担责任和发挥主体作用的能力越强，其责任主体意识因而越强。这两个变量在基于全部样本来分析的结果中并不显著，这说明，在还没有开展美丽乡村建设的地区，组织化程度和家庭收入水平不同的农民在村庄建设中的主体意识并没有显著差异。这说明，美丽乡村建设的开展，使组织化程度和家庭收入水平不同的农民在村庄建设方面的主体意识形成了分化，强化了家庭收入水平较高农民的主体意识，却弱化了提高组织化程度对提升农民村庄建设主体意识的作用。

（三）农民认为"地方政府"是村庄建设责任主体的影响因素

从自变量影响农民认为"地方政府"是村庄建设责任主体的边际效应看，基于全部样本的分析结果显示，受教育程度每增加1年，农民认为"地方政府"是村庄建设责任主体的概率上升了2.8%；相比于非试点村的农民，试点村的农民认为"地方政府"是村庄建设责任主体的概率高11.65%；相比于四川省的样本农民，安徽省和浙江省的样本农民认为"地方政府"是村庄建设责任主体的概率分别低19.21%和23.74%，两省试点村样本农民的这一概率差距更大，分别低29.13%和21.34%；并且，在试点村，相比于没有参加过相关政策宣传教育或培训活动的农民，参加过相关政策宣传教育或培训活动的农民更倾向于认为"地方政府"是村庄建设的责任主体，其概率高14%，这说明，相关政策的宣传教育或培训活动虽然提高了农民对相关政策及政府有关责任的认知，但却没能提高农民在村庄建设中的责任主体意识。可见，相关政策的宣传教育或培训活动要强化对相关责任主体特别是村委会或农民自身在美丽乡村建设中的地位和作用的宣传，注重提高农民的主体意识。

第四节　讨论与小结

作为社会主义新农村建设的"升级版",美丽乡村建设仍然要坚持"以政府为主导,以农民为主体"。激发农民的主体意识是发挥农民主体作用的前提。本书这一章的研究结果显示:

第一,农民的村庄建设主体意识不强,具有更强主体意识的农民总体上所拥有的文化资本或社会资本更少。认为"村委会或农民自身"是村庄建设第一责任主体的农民仅约两成,超过半数的农民认为"村委会或农民自身"是第二责任主体,可见,农民的村庄建设主体意识仍不强。受教育程度较低、非户主、中东部地区农民的村庄建设主体意识更强;在已开展美丽乡村建设的地区,没参加专业性合作组织、中部地区以及家庭收入水平较高农民的村庄建设主体意识更强。受教育程度、组织化程度是反映农民文化资本和社会资本的重要指标,可见,村庄建设主体意识更强的农民总体上具有所拥有的文化资本或社会资本较少的特征。结合访谈中的有关资料,呈现这一特征的原因可能是,受文化资本或社会资本的限制,这些农民大多还没有分享到美丽乡村建设成果或从中受益很少,还没有对政府形成依赖的惯性心理。

第二,地方政府是农民认知中村庄建设的第一责任主体,受教育程度更高、所在自然村已开展美丽乡村建设的农民更倾向于这一认知。超过半数农民认为地方政府是村庄建设的第一责任主体,这一认知在已开展美丽乡村建设的地区表现得更为突出,县级政府和乡镇政府是农民认知中村庄建设的主要第一责任主体。

第三,中央政府是农民认知中村庄建设的一个重要责任主体,家庭有成员外出务工和所在村没有开展美丽乡村建设的农民,更倾向于认为"中央政府"是村庄建设的责任主体。认为"中央政府"是村庄建设责任主体的农民所占比例排第二位,超过了认为"村委会或农民自身"是责任主体的农民所占比例。

可见,农民不仅在美丽乡村建设中的责任主体意识不强,而且对政府主导和农民主体之间的关系认识模糊,即把政府发挥主导作用的行为理解为政府就是主要责任主体。这一状况在已开展美丽乡村建设的地区特别是作为美丽乡村建设样板的浙江省部分地区的农民中表现得更加突出。事实上，农民形成这样的认知和理解是村庄建设实践本身所存在的主要问题的映射：

首先，政府主导有余，对农民的动员不足。在许多地区，当前的美丽乡村建设实践往往是政府自己在唱"独角戏"，无论是宏观方面的村庄规划、资金投入、示范村的选择还是微观方面村庄具体建设项目的选择等，政府都在起主导作用，其主导面太宽，这使农民自主作为的领域很小，削减了农民的主体意识；并且，很多地区并没能建立有效的机制来调动农民的参与积极性。因而，多数农民认为，美丽乡村建设是政府的事，政府是美丽乡村建设的第一责任主体，"等、靠、要"意识较强，从而使一些地方出现"政府在苦干，群众在闲看""政府热情高，农民冷眼瞧"的情况。

其次，部分地方政府工作人员本身对村庄建设中政府主导的范畴以及政府主导和农民主体之间关系的认识就不够清楚，行动存在越位、错位，工作方式缺乏民主性。在美丽乡村建设中，政府发挥主导作用的范畴主要为政策导向、组织领导、规划设计、资金保障等基本方面，主要体现为"编规划、给资金、建机制、搞服务"①。农民是美丽乡村建设的主体，他们不仅有知情权和监督权，还有参与权和决策权，美丽乡村建设有关事务的决策不应是自上而下单向度的政府主导，而应使农民有表达利益诉求的便捷渠道和通路，实现农民民主议事。然而，笔者调查发现，一些地区的乡镇、县级政府美丽乡村建设办公室的工作人员对政府发挥作用的范畴并不太明晰；一些村庄的建设项目虽然是村委会来组织申请的，但在申请前，乡镇或县级相关政府部门已大致选定了候选村的范围，农民的自主性和决策权小。并且，传统的行政动员、运动式工作方式在美丽乡村建设中的运用更使农民难以体现主体性。

最后，农民在部分建设项目中的实际受益有限。笔者调查发现，在已开展了美丽乡村建设的地区，一些建设项目虽然在村庄得到了开展，但部分农民认为并没能受益。以环境整治项目为例，在试点村，有225

---

① http：//wenku. baidu. com/link？ url = V – LHweFSqwD – wIiSloPmd_ b9qm3fXf6 tSQxl-wqiEgSz37Hjr_ cd0txWyZbb JXZ7ZcLwGxN1OajnQLTJl6pv7Qft – 5dEfgrW3BU6 C5lkCXEe.

个样本指出本村开展了环境整治项目，但其中有 23 人（约占 10%）认为没受益。环境整治是具有较强外部性的项目，尚有一成农民认为没有受益，外部性不强的建设项目就可能有更多农民没有受益。例如，在已开展村庄书屋建设项目和村庄文体设施建设项目的样本村庄中，分别有 26.51% 和 16.74% 的样本农民表示"没有受益"。并且，总结"有受益"农民言及的受益体现，可以发现，农民从有关建设项目受益的形式较单一，且受益难以持续、稳定。

结合前文的有关分析，在当前形势下，要进一步激发农民的村庄建设主体意识并发挥其主体作用，可以从以下几方面着手：①应加强相关宣传，尤其是针对受教育程度较高、户主和西部地区的农民，使其明晰相关责任主体特别是村委会或农民自身在村庄建设中的地位和作用；已试点地区还应改村庄建设的"输血"模式为"造血"模式，以切实改变专业性合作组织成员以及东部地区农民的依赖思维，使农民专业合作组织在引导农民形成主体意识和积极参与上发挥有效作用。②各级政府要明确各自在美丽乡村建设中的责任，处理好政府主导与农民主体之间的关系，做到不越位、不错位、不缺位，把本该由农民来承担的责任下放于民，充分尊重农民的意愿，切实把参与权、决策权、监督权交给农民，真正使更广范围的农民持续受益。③在已开展美丽乡村建设的地区，家庭收入水平较高农民的村庄建设主体意识更强，这意味着，发展村庄产业、提高农民的家庭收入水平，有利于实现提高农民的村庄建设参与水平和促进美丽乡村建设两者间的良性循环。

值得一提的是，在已开展美丽乡村建设的地区，相关政策宣传教育或培训活动的开展并没能提高农民在村庄建设中的主体意识。这意味着，相关政策宣传教育或培训活动在内容、形式上还需做出一些针对性调整，在目标上更多地指向引导农民在村庄建设中形成主体意识与参与行为。

第五章　美丽乡村建设优先序

——农民对其主要内容重要程度的认知及影响因素分析

　　美丽乡村建设是一个复杂的系统工程，生产、生活和生态的各方面都要实现协调发展，哪一方面都不可偏废。但是，由于资金、人力等资源有限，建设实践不可能在同一时期对每一方面的目标和内容都给予同等重视程度；从实效看，这种"撒胡椒面"的做法也难有效率。这就需要明确美丽乡村建设的重点。从不同理论视角来分析村庄建设的重点，得到的有关结论既有相同点，又存在一定差异。从实践情况看，由于自然资源禀赋、经济社会发展条件、产业发展特点以及乡村文化传承等的不同，不同类型的村庄在村庄建设实践中因地制宜，形成了以不同内容为核心的不同的美丽乡村建设模式。

　　对于社会主义新农村建设，学术界和政府官员就其重点和优先序展开了相关研究。总体上看，大多数相关研究都强调经济发展，认为"生产发展"是重点内容，但也有部分学者认为应将村容整洁（林毅夫，2006）、文化建设（温铁军，2006）或重建农村的村社权力（贺雪峰，2006）作为着力点或重点。对于新农村建设的优先领域，很多学者认为应优先着力加强农村的公共设施和公共服务（马晓河，2006），有的学者认为应将培养新型农民、增加农民收入和加快农村社会发展作为优先领域（姜长云，2006）。而从农民的认知看，"生产发展"与"生活宽裕"是他们认为应优先发展的重点，农民的现实需求也主要集中体现在这两个方面（叶敬忠，2006）。

　　当社会主义新农村建设推进至美丽乡村建设阶段，村庄建设有关内涵更丰富，农民的主要需求和认知在新形势下可能也发生了变化。美丽乡村建设不仅涵盖了以往新农村建设相关内容，还包括发展休闲农业、农家乐、乡村旅游等，涉及经济、政治、人文、生态、环境等方方面面，其关键是提升农民的幸福指数。而要实现这一关键目标，根本途径是基于农民的需求和期盼来开展美丽乡村建设。不过，不同农民的需求各不相同，在财政资金压力大、社会参与机制没能有效建立起来的情况下，相关建设在资金投向上只能"照顾大多数"。因此，有必要分析基于农民对美丽乡村建设主要内容重要程度的认知，来了解大多数农民对各主要内容在重要性上的认识，明确优先序。

　　鉴于此，在将《美丽乡村建设指南》这一国家标准①中涉及的美丽乡村建设内容归纳为 7 个方面的基础上，笔者调查分析了农民对这 7 个方面内容重要程度的认知，进而探索美丽乡村建设内容的优先序。相关调查具体包括两个层面：首先，分别调查农民对 7 个方面内容重要程度（其选项包括非常不重要、比较不重要、一般、比较重要、非常重要）的认知；其次，进一步细致调查农民对其中农村生态保护和环境治理、村庄公共服务完善各项具体内容重要程度的认知。基于调查数据，本章将从农民视角分析美丽乡村建设主要内容在重要程度上的优先序，并通过建立 Ordered Logit 模型分析农民对美丽乡村建设主要内容重要程度认知的影响因素，以探究造成农民有关认知有所不同的原因，从而对美丽乡村建设实践提供启示。

第一节　理论分析

一　从"三生"关系及实践看美丽乡村建设有关内容间的关系

　　"三生"（生产、生活、生态）和谐共赢是可持续发展的根本目标与行为准则（田大庆等，2004），是生态文明建设的基本途径和实践准则，

---

　　①　这一标准由质检总局、国家标准委于 2015 年 5 月 27 日发布，这是全国首个指导美丽乡村建设的国家标准。

也是美丽乡村创建活动的总要求。美丽乡村应该是"生态宜居、生产高效、生活美好、人文和谐"的典范①，应体现生产、生活与生态间的和谐。因而，从理论上分析"三生"之间的关系，能为理解美丽乡村建设各主要内容间的相互关系以及在实践中把握有关重点提供一定启示。

生活、生产与生态三者之间相互联系、密不可分，当三者之间的矛盾达到一定程度，就会出现环境危机（徐呈程等，2013）。生产的目标为了生活，过程要确保生态；生活是人类各种行为的主要目的，所消费的产品与服务由生产活动来提供；生态为人类的各种经济活动提供最终的"源与汇"服务，在宏观上为生产和生活提供可持续的条件，生活和生产的可持续性又会影响生态过程的可持续性（朱明等，2007；徐呈程等，2013）。从"三生"系统间的关系看，三个系统相互渗透，自然生态系统和聚落生活系统是经济生产系统的物质基础和社会基础；自然生态系统和经济生产系统从物质和非物质两方面影响乡村聚落空间以及乡土文化的形成，使自然地理和人文特色交织于聚落生活系统中；聚落生活系统是农民生产生活的空间载体以及创造物质和精神财富的核心区域（徐呈程等，2013）。

基于"三生"协调发展的理论，1991 年，中国台湾地区制订"农业综合调整方案"，提出农业、农民、农村"三位一体"和生产、生活、生态"三生农业"概念，追求"三农"协调、"三生"均衡发展（焦林喜、芮旸，2011）。在经济发展到较高水平（进入工业化中期，基本实现了现代化）和城乡差距较大的背景下，中国台湾地区在 20 世纪 90 年代开展了"富丽乡村"建设。"富丽乡村"所诠释的是生产、生活、生态的共存共荣，涵盖了"经济面""文化面"和"自然面"三个层次。其中，经济面是最终目标之一，在于激活农村产业经济，以增加农民所得，提高农民的生活质量；文化面是基本出发点，即以人为本，尊重当地人的生活习俗和生活追求，将农村文化和农民生活纳入建设规划；自然面指调和农村建设与自然生态环境的关系，尊重自然规律，营造井然有序的乡村生态景观和永续发展的生活环境（单玉丽，2008）。

---

① 《足慰三农从兹而乐——专访农业部"美丽乡村"创建活动负责人唐柯》，《农村工作通讯》2013 年第 8 期。

基于上述理论分析，可以看出，乡村要走上生产发展、生活富裕、生态良好的文明发展之路，必须坚持以生产高效发展为基础，以人民生活美好为出发点和落脚点，以生态良好为长远大计。也就是说，现阶段开展的美丽乡村建设应以改善民生、提高人民福祉为中心，致力于发展高效的产业体系、保育良好的生态环境、提升农村公共服务水平。

二　从社会主义新农村建设的切入点和重点看美丽乡村建设的核心

"生产发展、生活宽裕、乡风文明、村容整洁、管理民主"是《中共中央关于制定国民经济和社会发展第十一个五年规划的建议》中对新农村建设目标的描述，其中，生产发展是中心环节，是实现其他目标的物质基础；生活宽裕是目的，是衡量新农村建设工作的基本尺度；乡风文明是农民素质的体现；村容整洁是新农村最直观的体现；管理民主是政治保证。新农村建设是一个庞大而复杂的系统工程。对于这一系统工程，应该从哪里切入、以什么为重点等问题，自党的十六届五中全会提出"建设社会主义新农村"以来，学界和政策部门就提出了诸多观点，仁者见仁、智者见智。在新农村建设的切入点方面，相关观点主要有以下几种：其一是文化建设论，即认为新农村建设应该从文化建设入手，提高农民的福利感受；其二是生产发展论，即认为新农村建设应该从发展生产入手，因为没有生产发展就不可能实现其他几个方面的发展；其三是村容改造论，即新农村建设应该从村容整洁入手，对村容整洁进行优先投资（张广胜、周密，2007）；其四是生产生活条件改善论，即从广大农民需求最迫切的村庄公共设施建设和公共服务提升入手（马晓河，2006）；其五是农村社会发展优先论，认为应将培育新型农民，加快发展教育、卫生、社会保障等农村社会事业为优先领域（姜长云，2006）。在新农村建设的重点方面，相关代表性观点主要有四种：一是认为加强农村基础设施建设和发展公共服务是新农村建设的重点，以林毅夫（2006）、郑新立（2006）为代表；二是认为在小农经济基础上的组织创新和制度创新是重点（温铁军，2006）；三是认为农村生产力和农村经济发展是中心和重点（陈锡文，2005）；四是强调认为新农村建设的重点首先应该是重建农村的村社权力（贺雪峰，2006）。

以上观点大多是在社会主义新农村建设初期提出的。历经十多年，社会主义新农村建设已取得了较大成就，农业生产方式发生了重大转变，农业生产能力显著提高；农村经济结构发生根本性变化，非农产业成为农村经济的支柱；农民的生产生活条件明显改善，思想观念得到转变；农村环境面貌显著改善，城市化水平迅速提升。中国的农业农村发展正进入优先发展和推进现代化的新阶段，当前正面临着现代农业发展乏力、城乡二元经济结构转化滞后、农村环境问题突出、老龄化和空心化问题日益严重、农业劳动力的人力资本水平较低、农民增收难度加大等现实困境（芦千文，2020）。在新形势下，美丽乡村建设的核心和重点与社会主义新农村建设初期的重点可能有一定不同，不过，有关观点仍能为各地的美丽乡村建设实践的重点选择提供一定启示。美丽乡村建设中，各地要根据自身实际情况，斟酌考虑自身在有关重点方面的发展成效与问题，确定优先与重点发展的方面，并着力解决大多数农民迫切需要解决的实际问题。

三 从国内外乡村建设经验看美丽乡村建设的要点

国际乡村建设经验能为中国美丽乡村建设的要点选取提供借鉴。北美地区乡村建设（无论是美国的"乡村发展计划""大型化农场建设"，还是加拿大的"新乡村建设运动"与"乡村生活工程"）的基本思路是：实现乡村建设由"传统型"向"现代型"转变，积极推进农业现代化。其中，乡村建设规划是优先内容，农村社区规划是政府推进的重要工作，且主要以法律形式来体现，不仅具有城市规划的一些内容，更强调自然资源、生态及农业用地的保护（唐柯等，2014）。西欧国家在社会文明进程中十分重视乡村建设和发展，通过"村庄更新"运动推进"村落风貌保护"，并因地制宜地发展经济，促进乡村社区的持续发展。韩国的"新村运动"分为三个阶段：首先是农村环境改善阶段，改善道路住宅等；其次是开展增收的运动阶段，推进农村的工业化；最后是精神建设运动阶段（张广胜、周密，2007）。在澳洲和南美的乡村建设中，各国都经历了一个艰难的探索过程，但无论是澳大利亚的"精准农业"、新西兰的"农业资金资助"，还是阿根廷的"有机农业"，都遵循了"现代农业"的发展思路（唐柯等，2014）。尽管各国的乡村建设具有多样性，但从整体来看，除少数例外，几乎所有国家都注重农业结构调整和乡村经济发展。

从国内美丽乡村建设的经验看，中国台湾地区"富丽乡村"政策通过发展休闲农业、合理开发农业资源和走精细化发展之路，极大地推动了中国台湾地区农村的发展以及农民生活的改善，其最重要启示是：提高农业效率，促进乡村发展，注重规划先行（齐镭，2013）。作为最早开展美丽乡村建设并具有示范意义的地区，浙江省的美丽乡村建设在村庄整治和清洁家园活动取得阶段性成效的基础上，积极实施"生态文化培育行动""生态经济推进行动""生态环境提升行动"和"生态人居建设行动"，构建舒适的农村生态人居体系、优美的农村生态环境体系、高效的农村生态经济体系以及和谐的农村生态文化体系[1]，并积极转变农业发展方式，切实加快农村基础设施建设和基本公共服务均等化建设。

可见，从国际和国内乡村建设的经验看，农村经济和农业产业的发展、生态保护和环境改善是普遍的重点内容，乡村规划是重要切入点。

四　从美丽乡村建设目标和内容体系看美丽乡村建设主要内容的优先序

2013 年中央一号文件在"推进农村生态文明建设"部分提出要"努力建设美丽乡村"，强调"加强农村生态建设、环境保护和综合整治""推进荒漠化、石漠化、水土流失综合治理""加强农作物秸秆综合利用""搞好农村垃圾、污水处理和土壤环境治理，实施乡村清洁工程，加快农村河道、水环境综合整治""发展乡村旅游和休闲农业""创建生态文明示范县和示范村镇"。[2] 随着实践的推进，美丽乡村建设目标和内容体系进一步丰富和深入。美丽乡村建设是人与自然、物质与精神、传统与现代、生产与生活融合在一起的系统工程（赵洪祝，2012），涉及"三农"的方方面面，不仅涵盖以往新农村建设的相关内容，还涉及休闲农业、观光农业、乡村旅游等多方面的发展；不仅要实

---

①　见《中共浙江省委办公厅浙江省人民政府办公厅关于印发〈浙江省美丽乡村建设行动计划（2011—2015 年）〉的通知》，http：//www. mof. gov. cn/mofhome/nczhggbgs/zhuantilanmu/xcjssd/yd/201306/t20130613_ 917811. html。

②　见《中共中央国务院关于加快发展现代农业进一步增强农村发展活力的若干意见》，《人民日报》，http：//finance. people. com. cn/n/2013/0201/c153180 – 20400810. html。

现持续的产业发展，形成舒适的生活条件、良好的生态环境，还要建设和谐的社会民生和繁荣的乡村文化。而这其中的每一方面又都包含丰富的目标和内容（见图 5-1）。美丽乡村建设的长远目标综合来说就是要实现"四维协调"，即协调实现生态宜居、生产高效、生活美好、文化

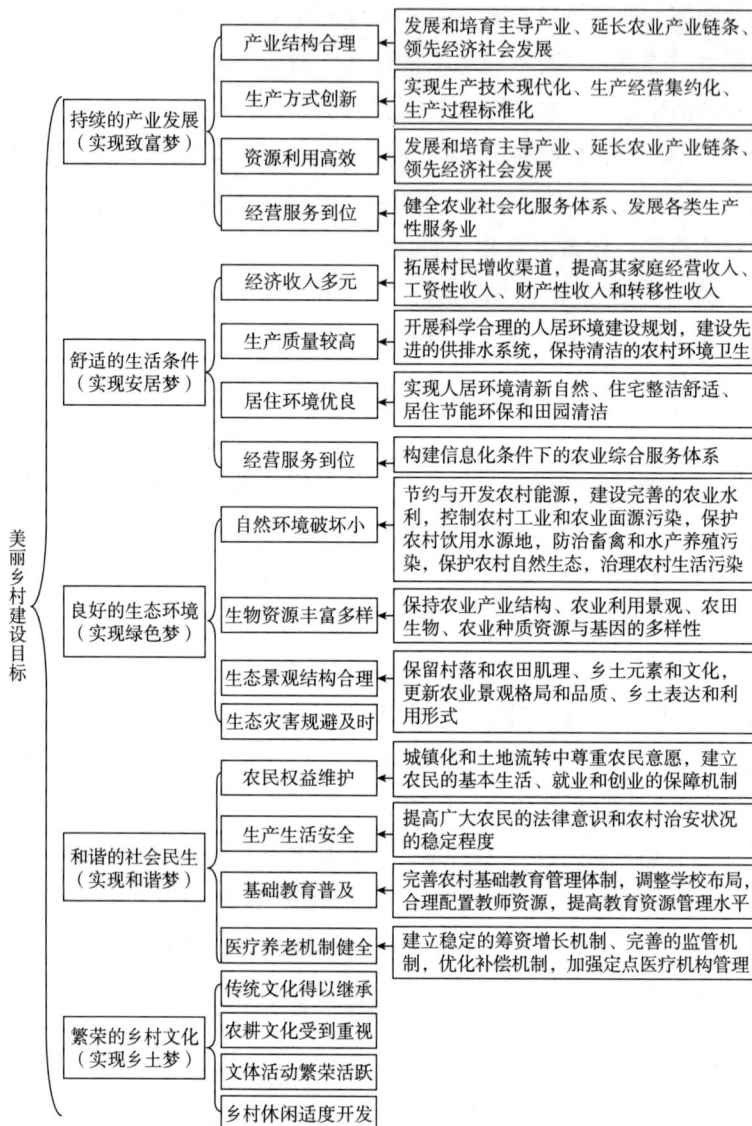

图 5-1　美丽乡村建设的目标与内容框架

注：根据唐柯等（2015）有关内容绘制。

繁荣，其中，生态宜居、村庄环境整洁优美是基本要求和核心；生产高效、经济发展是物质基础；生活美好、社会和谐是"以人为本"理念下的本质追求；文化繁荣是美丽乡村建设成果的体现形式。因此，从美丽乡村建设的目标与内容彼此间的关系看，美丽乡村建设应首先建设提质增效的产业体系，重点保育持续健康的生态环境，并特别重视健全公平民主的社会机制，提高公共服务水平。

要实现图 5-1 中的有关目标，科学规划是前提，即在开展美丽乡村建设之前，各地区应优先进行科学规划。"规划先行"已成为学界和政界在美丽乡村建设中的一个共识。2013 年，原农业部强调"规划先行，因地制宜"原则；在原农业部开展的美丽乡村创建活动中，科学规划的编制和实施不但是基本要求，更是试点评价的重要指标。"建设美丽乡村，如果没有科学的规划进行定位和引领，对政府和农民都会造成极大的浪费。"[1]

《美丽乡村建设指南》这一国家标准对美丽乡村建设十方面内容（生产基础设施、生活基础设施、生态基础设施、生活环境治理、生态环境保护、农业资源综合利用、村级公共服务、休闲农业与乡村旅游、文化传承与保护、村庄规划与基层组织等）下的有关对象在基础通用、技术、管理和服务 4 个标准子体系方面给出了有关标准，形成了较细致的指导。结合考虑美丽乡村建设内容涵盖乡村经济、政治、社会、文化、生态等多个方面，本书研究中将这十方面内容综合为以下 7 个方面：村庄规划、村庄设施建设、农村生态保护和环境治理、村庄产业发展、村庄公共服务完善、乡村文化发展、基层组织建设[2]。在这 7 个方面内容中，科学的村庄规划是前提；村庄设施建设是有力支撑，也是各地区村庄建设实践推进的主要方面；农村生态环境保护是重点；村庄产业发展是基础；村庄公共服务涉及教育、医疗、卫生等多个方面，村庄公共服务完善是落脚点；乡村文化发展是实现人的发展的重要方面；基层组织建设是重要保障。

---

① 河南省人大代表田秋琴的原话，转引自柯杨《美丽乡村建设要规划先行》，《河南日报》2015 年 1 月 30 日第 4 版。

② 可能难以涵盖《美丽乡村建设指南》各方面内容涉及的全部范畴，但涵盖了其主要范畴。

第二节 农民对美丽乡村建设主要内容 重要程度的认知现状

一 农民对美丽乡村建设 7 项内容重要程度的认知现状

（一）总体情况的分析

对于村庄建设的 7 个主要方面，调查中设计问题"您认为该项事情（任务）对于'建设美丽乡村'的重要程度如何?"，其答案选项包括"非常不重要""比较不重要""一般""比较重要"和"非常重要"，将其依次赋值为 1—5 分。基于调查数据统计结果（见表 5–1），可以发现：

表 5–1　　　　农民对美丽乡村建设主要内容重要程度的
评分均值与分布情况　　　单位：分、%

美丽乡村建设的主要内容	总体样本				非试点村样本				试点村样本			
	均值	一般	比较重要	非常重要	均值	一般	比较重要	非常重要	均值	一般	比较重要	非常重要
a 村庄规划	4.39	6.47	38.31	42.29	4.44	32.47	28.57	35.06	4.38	8.47	44.35	46.77
b 村庄设施建设	4.48	4.73	34.08	48.26	4.54	2.59	25.97	38.96	4.46	6.05	39.11	54.03
c 农村生态保护和环境治理	4.34	8.96	37.81	38.81	4.05	7.14	30.52	25.97	4.36	10.08	42.34	46.77
d 村庄产业发展	4.40	6.72	35.07	44.53	4.35	5.19	29.87	31.17	4.43	7.66	38.31	52.82
e 村庄公共服务完善	4.44	5.72	35.57	43.78	4.38	3.25	29.22	31.82	4.54	7.26	39.52	51.21
f 乡村文化发展	4.19	10.95	43.28	31.59	4.13	7.79	34.42	22.73	4.22	12.90	48.79	37.10
g 基层组织建设	4.36	7.96	39.05	39.8	4.38	5.19	29.22	32.47	4.35	9.68	45.16	44.76

注：有关比例加总不为 100% 的原因是存在数据缺失：在非试点村，由于农民对美丽乡村建设的认知少，对于其主要内容的重要程度评判，有较多样本回答"不知道"或没有做出回答，大多数指标缺失 50 个数据，个别指标缺失 51 或 57 个数据；而在试点村，数据缺失的情况很少。由于选择"非常不重要""比较不重要"的样本很少（不超过 5 个），本表没有报告这两个选项的有关结果。

第一，对于美丽乡村建设 7 个方面主要内容，农民普遍认为都比较重要。从均值水平看，这 7 个方面内容重要程度的评分均值都在 4 分以上，且彼此之间的差异较小；从总体样本的分布情况看，对于这 7 个方面内容，选择比例最高的选项要么是"比较重要"，要么是"非常重要"，选择"非常重要"和"比较重要"的样本合计所占比例都约在 75% 以上，很少有农民选择"非常不重要"或"比较不重要"。

第二，在 7 个方面主要内容中，"村庄设施建设"是农民认为最重要的方面。按照重要程度评分均值水平排序，在总体样本中，美丽乡村建设主要内容重要程度的排序为：村庄设施建设＞村庄公共服务完善＞村庄产业发展＞村庄规划＞基层组织建设＞农村生态保护和环境治理＞乡村文化发展。可见，农民对"村庄设施建设"重要程度的评分均值水平最高，排在首位。并且，这一结果并不因所在地区是否开展美丽乡村建设而有差异。

（二）试点村与非试点村的对比分析

农民对于美丽乡村建设主要内容重要程度的认知因所在自然村是否开展美丽乡村建设而有所不同，具体体现为：

第一，相比于非试点村，试点村农民对与自身福祉密切相关方面的重要程度评分更高。根据表 5 - 1 的结果可以看出，对于美丽乡村建设的 7 个方面，虽然无论在试点村还是在非试点村，其重要程度评分均值都约为 4 分及以上，但是，相比于非试点村的农民，试点村的农民对"农村生态保护和环境治理""村庄公共服务完善""村庄产业发展"和"乡村文化发展"重要程度的评分更高（这四个方面与农民的福祉密切相关），而对"村庄设施建设""村庄规划"和"基层组织建设"重要程度的评分更低。之所以呈现这样的差异，其原因可能是试点村在村庄设施和基层组织方面的基础较好，且大多在美丽乡村建设中开展了村庄规划。

第二，各主要方面的重要程度排序在两类村庄不同。按照重要程度评分均值进行排序，在非试点村，有关内容重要程度的排序为：b 村庄设施建设＞a 村庄规划＞e 村庄公共服务完善＞g 基层组织建设＞d 村庄产业发展＞f 乡村文化发展＞c 农村生态保护和环境治理；而在试点村，有关内容重要程度的排序为：e 村庄公共服务完善 > b 村庄设施建设 > d 村庄产业发展 > a 村庄规划 > c 农村生态保护和环境治理 > g 基层组织建设 > f 乡村文化发展。可见，两类村庄的农民虽然都较看重村庄设施建设，而较不看重乡村文化发展，但对各项内容优先序的认知有较大差异。

（三）对不同省份样本的对比分析

对于美丽乡村建设各主要方面的重要程度，不同省份的样本农民的认知既有相同之处，又存在一定差异（见表 5 - 2）。其相同点是：3 个省的样本农民都认为美丽乡村建设 7 个方面的内容重要，对每个方面内容重要程度评分均值都在 4.1 分以上，且认为各项内容重要的样本所占比例在 3 个省样本中都占八成以上。同时，3 个省样本农民都认为"乡村文化发展"相对不那么重要，安徽省和四川省样本农民对这一方面重要程度评分均值最低，而浙江省样本农民对其重要程度评分的均值也排倒数第二。

其不同之处是：其一，不同省份样本农民所看重的内容存在一定差异：无论是从重要程度评分均值水平还是认为某项内容重要的农民所占比例看，浙江省样本农民更看重"村庄公共服务完善"，而安徽省和四川省样本农民更看重"村庄设施建设"。其原因可能是，东部地区农村经济社会发展水平更高，村庄设施发展已较好，村民的需求层次更高，更看重与自身福祉密切相关的"村庄公共服务完善"；中西部地区农民则更看重与生产生活密切相关的村庄设施发展方面。其二，各项内容的重要程度均值评分排序在 3 省有所不同。按重要程度评分均值高低进行排序，浙江省样本农民对美丽乡村建设各主要内容重要程度的排序是：e 村庄公共服务完善 > c 农村生态保护和环境治理 > a 村庄规划 > d 村庄产业发展 > b 村庄设施建设 > f 乡村文化发展 > g 基层组织建设；安徽省样本农民的这一排序是：b 村庄设施建设 > g 基层组织建设 > a 村庄规划 > e 村庄公共服务完善 > d 村庄产业发展 > c 农村生态保护和环境治理 > f 乡村文化发展；四川省样本农民的这一排序是：b 村庄设施建设 > e 村庄公共服务完善 > d 村庄产业发展 > a 村庄规划 > g 基层组织建设 > c 农村生态保护和环境治理 > f 乡村文化发展。

表5－2　不同省份样本农民对美丽乡村建设主要方面重要程度认知的均值与分布情况

单位：分、%

	浙江省样本						安徽省样本						四川省样本					
	均值	非常不重要	比较不重要	一般	比较重要	非常重要	均值	非常不重要	比较不重要	一般	比较重要	非常重要	均值	非常不重要	比较不重要	一般	比较重要	非常重要
a	4.44	0.00	0.00	7.14	41.96	50.89	4.37	0.72	0.72	7.91	41.73	48.92	4.38	0.00	0.00	6.93	48.51	44.55
b	4.42	0.00	0.89	7.14	41.07	50.89	4.49	0.72	0.00	5.76	36.69	56.83	4.54	0.00	0.00	2.97	39.60	57.43
c	4.46	0.00	0.00	8.04	38.39	53.57	4.30	0.00	0.00	12.88	44.70	42.42	4.27	0.99	0.00	9.90	49.50	39.60
d	4.44	0.00	0.00	6.25	35.71	55.36	4.32	0.00	1.44	9.35	44.60	44.60	4.48	0.00	0.00	6.93	38.61	54.46
e	4.47	0.89	0.00	2.68	43.75	52.68	4.37	0.00	0.00	10.77	41.54	47.69	4.49	0.00	0.00	5.94	39.60	54.46
f	4.36	0.00	1.79	10.71	37.50	50.00	4.12	0.72	2.16	11.51	55.40	30.22	4.11	0.00	0.99	15.84	54.46	28.71
g	4.34	0.00	0.89	13.39	36.61	49.11	4.43	0.00	0.72	8.70	39.13	51.45	4.29	0.00	0.00	4.95	61.39	33.66

注：由于四舍五入，部分比例加总不完全为100%。

二 农民对农村生态保护和环境治理具体方面重要程度的认知现状

习近平总书记指出："要像保护眼睛一样保护生态环境，像对待生命一样对待生态环境，把不损害生态环境作为发展的底线。"[1] 可见，国家层面对生态环境的保护非常看重。早在 1983 年，环境保护就被确定为基本国策。因此，对于农村生态环境的保护和治理的重要性，作为农村微观主体和农村环境保护直接受益者的农民应该已经有所认识。从调查结果看（见表 5-1 和表 5-2），农民对农村生态保护和环境治理重要程度的评分均值为 4.34 分；并且，在社会经济发展水平更高的地区，农民对其重要程度的评分均值更高：四川、安徽和浙江样本的家庭平均收入水平分别为 1.87 万元、1.91 万元和 2.61 万元，他们对"农村生态保护和环境治理"重要程度的评分均值分别为 4.27 分、4.30 分和 4.46 分，可见，随着家庭收入水平的提高，样本农民对"农村生态保护和环境治理"重要程度的评分均值呈逐渐上升态势。

《美丽乡村建设指南》对环境质量、污染防治（包括农业污染防治、工业污染防治、生活污染防治）、生态保护与治理、村容整治（包括村容维护、环境绿化、厕所改造、病媒生物综合防治）4 个方面做出了有关指导。根据这一内容，本书研究中将农村生态保护和环境治理的具体内容总结为表 5-3 中的 5 个方面，并调查了农民对这些内容重要程度的认知。

基于调查结果（见表 5-3），可以看出：

第一，农民认为农村生态保护和环境治理的 5 个方面都比较重要，对其重要程度评分间的差距较小。从其评分均值水平的差距看，最高者与最低者之间仅相差 0.25 分；从认为有关内容重要（包括"比较重要"和"非常重要"）的样本所占比例的差距看，最高者与最低者之间仅相差 6.97 个百分点。

第二，在农村生态保护和环境治理 5 个方面内容中，农民较看重"生活污染的处理和整治"。对比各方面内容重要程度的评分均值，这

---

① 见《习近平系列重要讲话：绿水青山就是金山银山》，http://bj.people.com.cn/n2/2016/0509/c233086-28294543.html。

表 5 – 3　　　　　　　　农民对农村生态保护和环境治理具体方面
内容重要程度的评价结果　　　　单位：分、%

农村生态保护和环境治理相关内容	总体样本				非试点村样本				试点村样本			
	均值	比较重要	非常重要	两者合计	均值	比较重要	非常重要	两者合计	均值	比较重要	非常重要	两者合计
①大气、水体、土壤等环境质量的改善	4.46	40.55	35.07	75.62	4.97	31.82	27.92	59.74	4.24	46.37	39.52	85.89
②农业污染的防治	4.21	39.55	35.32	74.87	4.15	29.22	25.97	55.19	4.27	45.97	41.13	87.1
③生活污染的处理和整治	4.41	38.06	43.78	81.84	4.34	33.12	28.57	61.69	4.48	41.13	53.23	94.36
④生态保护与治理	4.24	46.27	32.34	78.61	4.21	33.12	25.32	58.44	4.26	54.44	36.69	91.13
⑤干净、有序的村庄容貌的整顿和治理	4.35	37.06	41.54	78.60	4.31	30.52	29.22	59.74	4.37	41.13	49.19	90.32

注：有关比例加总不为100％的原因是存在数据缺失：在非试点村，由于农民对美丽乡村建设有关内容的认知少，所以，对有关内容重要程度的判断中，有较多样本回答"不知道"或没有做出回答，大多数指标缺失50个数据，个别指标缺失51或57个数据；而在试点村，数据缺失情况很少。由于选择"非常不重要""比较不重要"的样本很少（不超过5个），本表没有报告这两个选项的有关结果。

一方面的重要程度评分均值在 5 个方面内容中排首位（基于试点村样本），即使是基于总体样本和非试点村样本，该均值也排第 2 位。从认为"生活污染的处理和整治"重要（包括"比较重要"和"非常重要"）的样本所占比例看，无论在试点村还是在非试点村，这一比例都高于其他 4 个方面内容的相应比例。

第三，试点村和非试点村农民对于农村生态保护和环境治理 5 个方面内容重要程度的认知有所不同。首先，非试点村农民最看重"大气、水体、土壤等环境质量的改善"，对其重要程度的评分均值高于试点村农民；而试点村农民最看重"生活污染的处理和整治"，且对除"大气、水体、土壤等环境质量的改善"以外的其他 4 个方面内容重要程

度的评分均值都高于非试点村农民。其次，对农村生态保护和环境治理
5个方面内容重要程度的排序不同。按重要程度评分均值高低进行排
序，在非试点村，5个方面内容重要程度的排序为：①大气、水体、土
壤等环境质量的改善 > ③生活污染的处理和整治 > ⑤干净、有序的村庄
容貌的整顿和治理 > ④生态保护与治理 > ②农业污染的防治；而在试点
村，这一排序为：③生活污染的处理和整治 > ⑤干净、有序的村庄容貌
的整顿和治理 > ②农业污染的防治 > ④生态保护与治理 > ①大气、水
体、土壤等环境质量的改善。造成这一差异的主要原因可能是，美丽乡
村建设试点村大多有较好的乡村建设基础，通过之前的新农村建设，已
经在村庄容貌整顿以及农村环境治理改善方面取得了一定成效，已在一
定程度上满足了当地农民这方面的需求。

三 农民对完善村庄各项公共服务重要程度的认知现状

实现城乡基本公共服务均等化是城乡一体化建设的重要内容，改善
农村公共服务是推进社会主义新农村建设和美丽乡村建设的重要构成和
关键环节。农民对于与自身福祉密切相关的完善村庄各项公共服务重要
程度的认知情况如何？根据调查分析结果（见表5-4），可以看出：

表5-4　　农民对完善村庄各项公共服务的重要程度评价比较

单位：分、%

村庄公共服务完善的主要方面	总体样本				非试点村样本				试点村样本			
	均值	比较重要	非常重要	两者合计	均值	比较重要	非常重要	两者合计	均值	比较重要	非常重要	两者合计
①完善医疗卫生	4.46	35.32	46.52	81.84	4.49	27.92	36.36	64.28	4.44	39.92	52.82	92.74
②完善公共教育	4.47	34.33	47.51	81.84	4.47	28.57	35.71	64.28	4.47	37.90	54.84	92.74
③完善文化体育	4.03	43.78	24.13	67.91	3.99	27.27	20.78	48.05	4.05	54.03	26.21	80.24
④完善社会保障	4.59	27.61	56.47	84.08	4.54	22.08	40.91	62.99	4.62	31.05	66.13	97.18
⑤完善劳动、就业	4.22	35.57	37.06	72.63	4.12	28.57	25.32	53.89	4.26	39.92	44.35	84.27
⑥完善便民服务	4.08	43.53	26.37	69.9	3.98	29.22	18.83	48.05	4.13	52.42	31.05	83.47

第一，社会保障是农民最看重的公共服务内容。无论是基于总体样

本还是基于试点村样本，抑或是基于非试点村样本，农民对"完善社会保障"重要程度的评分均值在 6 个方面农村公共服务的这一评分均值中最高，都在 4.5 分以上；从认为"完善社会保障"重要（包括"比较重要"和"非常重要"）的样本所占比例看，虽然在非试点村，这一方面的相应比例并不是最高，但是在试点村，认为"社会保障"重要的样本占 97.18%。

第二，除社会保障外，农民对公共教育、医疗卫生以及劳动、就业 3 个方面的公共服务也比较看重，而农民对文化体育方面的公共服务最不看重。从总体样本的分析结果看，无论从其重要程度评分均值看还是从认为其重要的样本所占比例看，在 6 个方面公共服务中，完善公共教育，医疗卫生以及劳动、就业 3 个方面的公共服务都排在第 2 位至第 4 位。并且，无论在试点村还是在非试点村，三者在重要程度上也都排在第 2 位至第 4 位。基于总体样本和试点村样本的分析结果表明，农民对"完善文化体育"方面公共服务的重要程度评分均值在六项中最低；在非试点村，农民对其重要程度的评分均值虽不是最低，但与最低评分均值相差很小。

第三，试点村和非试点村农民对于完善农村公共服务 6 个方面内容重要程度的认知不同。首先，除对"完善公共教育"重要程度的评分均值相同外，相比于试点村农民，非试点村农民对"完善医疗卫生"公共服务重要程度的评分均值更高，对完善其他 4 个方面村庄公共服务重要程度的评分则更低。这说明，在非试点村，医疗卫生方面公共服务水平可能还不高，还没能满足农民在这方面的需要。其次，对完善农村公共服务 6 个方面内容重要程度的排序不同。按重要程度评分均值高低进行排序，在非试点村，6 个方面公共服务重要程度的排序为：④完善社会保障＞①完善医疗卫生＞②完善公共教育＞⑤完善劳动、就业＞③完善文化体育＞⑥完善便民服务；而在试点村，有关方面重要程度的排序为：④完善社会保障＞②完善公共教育＞①完善医疗卫生＞⑤完善劳动、就业＞⑥完善便民服务＞③完善文化体育。相比于前一排序，后一排序仅第 2 项和第 3 项以及第 5 项和第 6 项互换了位置，可见，美丽乡村建设的开展并没有明显改变农民对完善各项村庄公共服务的优先序期待。

第三节　农民对美丽乡村建设主要内容重要
程度认知的影响因素分析

从上述分析可以看出，农民因地区、是否在试点村等的不同而对美丽乡村建设主要内容重要程度的认知有所不同。为区分具有不同特征的农民群体对美丽乡村建设主要内容重要程度的认知，这一部分进一步通过建立计量模型来分析其影响因素。

一　变量的测量与描述

（一）因变量的测量

这部分的分析包括 7 个因变量，y_2—y_8 分别表示农民对村庄规划、村庄设施建设、农村生态保护和环境治理、村庄产业发展、村庄公共服务完善、乡村文化发展、基层组织建设重要程度的认知，选项包括"非常不重要""比较不重要""一般""比较重要"和"非常重要"，依次赋值为 1—5。各因变量的含义及描述性统计分析结果见表 5–5。

表5–5　　　农民对美丽乡村建设主要内容重要程度认知影响
因素模型中的因变量含义与描述

因变量名称（代码）	调查问题	赋值	均值	标准差	样本量
对村庄规划重要程度的认知（y_2）	"您认为村庄进行科学规划对于建设美丽乡村的重要程度如何？"	非常不重要 =1，比较不重要 =2，一般 =3，比较重要 =4，非常重要 =5	4.40	0.66	349
对村庄设施建设重要程度的认知（y_3）	"您认为水利等生产设施和道路、饮水、供电及通信等生活设施建设对于建设美丽乡村的重要程度如何？"		4.48	0.64	349
对农村生态保护和环境治理重要程度的认知（y_4）	"您认为大气、水体、土壤等环境质量的改善，农业污染的防治，生活污染的处理和整治，生态保护与治理以及干净、有序的村庄容貌的整顿和治理对于建设美丽乡村的重要程度如何？"		4.34	0.68	342

续表

因变量名称（代码）	调查问题	赋值	均值	标准差	样本量
对村庄产业发展重要程度的认知（y_5）	"您认为村庄产业发展对于建设美丽乡村的重要程度如何？"	非常不重要＝1，比较不重要＝2，一般＝3，比较重要＝4，非常重要＝5	4.40	0.69	349
对村庄公共服务完善重要程度的认知（y_6）	"您认为为农民提供好的医疗卫生、公共教育、社会保障、劳动就业、文化体育、便民服务等公共服务对于建设美丽乡村的重要程度如何？"		4.44	0.64	341
对乡村文化发展重要程度的认知（y_7）	"您认为开展道德法治等教育，制定实施村规民约等乡村文化发展对于建设美丽乡村的重要程度如何？"		4.19	0.74	349
对基层组织建设重要程度的认知（y_8）	"您认为开展完善民主决策、管理、选举和监督，村务公开等基层组织建设对于建设美丽乡村的重要程度如何？"		4.36	0.68	349

（二）自变量的引入与测量

已有研究表明，个人及家庭特征、村庄特征以及对相关政策了解程度不同的农民，对某一政策中有关内容重要程度的评价不同。基于此，本书研究中引入农民个人特征变量、家庭特征变量、村庄特征变量以及农民对相关政策（指美丽乡村建设）的了解程度4类变量。

1. 农民个人特征变量

不同性别、年龄、受教育程度、职业、角色的农民对新农村建设的认识和需求存在差异（叶敬忠，2006；李春艳、叶敬忠，2007；王国敏、赵波，2008）。婚姻状态不同的农民在生活方面的主要需求有较多不同，从而可能影响农民对美丽乡村建设的主要期盼，影响他们对美丽乡村建设最重要内容的认知。农民的角色可以从不同角度来测量，本书研究中将其测量为"是否是户主""是否是党员"和"是否（或曾经）是村组干部"。户主是农户参与村庄公共活动的主要主体，作为户主和非户主的农民对村庄建设的主要期盼会有不同；作为党员和村组干部

（或曾经担任过）的农民参与村庄相关活动更多，对美丽乡村建设可能有更多认知，从而对其中最重要内容的认知可能与群众有所不同。因此，本书研究中引入性别（x_1）、年龄（x_2）、受教育程度（x_3）、婚姻状况（x_4）、主要从业领域（x_5）、是否是户主（x_6）、是否是党员（x_7）作为反映个人特征的变量。

2. 家庭特征变量

农民家庭特征的不同，会影响其认知能力和需求，进而使其形成对美丽乡村建设最重要内容的不同认识。本书研究中引入的家庭特征变量包括是否参加专业性合作组织（x_8）、是否是村里的种植（或养殖）大户（x_9）、家庭成员最高受教育程度（x_{10}）、家庭劳动力所占比例（x_{11}）、家庭收入水平（x_{12}）、家庭是否有成员外出务工（x_{13}）和所经营的耕地面积（x_{14}）。其中，前3个变量主要影响农民对美丽乡村建设相关政策信息的可得性，进而造成农民相关认知的差异。专业性合作组织成员或种植（养殖）大户与村委会、乡镇有关部门以及外部社会有更多的接触机会和信息交流，并且对与生产相关的村庄建设有更多需求。家庭成员有受过较高程度教育的农民可能对生态环境重要性的认识水平更高，从而可能认为美丽乡村建设中生态方面的内容如"生态保护和环境治理"重要。家庭劳动力占比和家庭收入水平反映了农民的经济状况。根据马斯洛的需求层次理论可知，经济状况越好，农民可能对美丽乡村建设中与生态、生活相关方面的需求水平越高。家庭外出务工人员占比反映了家庭成员在乡村的居留状态。家庭外出务工人员占比较高时，农民家庭的生活和生产重心都不在农村，其留守村庄的家庭成员可能对与生产、生活相关的村庄建设持无所谓态度，但有可能因家庭外出务工人员把家乡看成最终归宿而看重生态环境保护与乡村文化发展。家庭所经营的耕地面积体现了其农业生产与村庄生产条件的密切程度，家庭所经营耕地面积较大时，农民及其家庭成员的生活和生产重心可能主要在农村，他们可能更看重美丽乡村建设中与生产、生活相关的内容。

3. 村庄特征变量

不同地区、试点村与非试点村农民对新农村建设优先领域的选择存在差异（叶敬忠，2006）。本书研究中引入以下变量来反映村庄特征：村庄所在地区（x_{15}）以及美丽乡村建设开展状况变量。其中，衡量美丽乡村建设开展状况的变量有两个：一是"所在自然村是否已开展美丽乡村建设"（x_{16}）；二是在对试点村样本的研究中，引入"所在自然村开展美丽乡村建设的时间长短"①（x_{17}）。需要说明的是，在对全样本的分析中，只引入 x_{16}；而在对分组样本（所在自然村开展了美丽乡村建设地区的样本，即研究中言及的试点村样本）展开的分析中，x_{16} 是常量，不再引入，引入 x_{17} 进一步分析美丽乡村开展进度的不同带来的影响。

4. 农民对相关政策的了解程度

农民对美丽乡村建设相关政策的了解程度会影响他们对美丽乡村建设内容重要程度的认识。本书研究中，引入"是否听说过美丽乡村建设"（x_{18}）和"是否参加过相关政策的宣传教育或培训活动"（x_{19}）两个变量来反映农民对这一政策的了解程度。

（三）自变量的含义与描述性统计分析

本书研究中所引入的自变量的含义与描述性统计分析结果见表5-6。

表5-6　农民对美丽乡村建设主要方面重要程度和满意程度影响因素模型中变量的含义与描述性统计结果

类型	变量名称	代码	含义与赋值	均值	标准差
	性别	x_1	男=1，女=0	0.68	0.47
	年龄	x_2	受访者2015年的年龄（岁）	53.13	12.50
	受教育程度	x_3	农民的受教育年限（年）	8.08	1.97
	婚姻状况	x_4	已婚=1，未婚、离异或丧偶=0	0.92	0.27
农民个人特征	主要从业领域	x_5		—	—
	纯农业生产		纯农业生产=1，其余两项=0	0.40	0.49
	兼业（县域内）		兼业=1，其余两项=0	0.40	0.49
	务工		务工=1，其余两项=0	0.20	0.40
	是否是户主	x_6	是=1，否=0	0.68	0.47
	是否是党员	x_7	是=1，否=0	0.17	0.36

---

① 确定样本村开展美丽乡村建设起始年份的依据是：该村经有关部门考核成为美丽乡村建设的"试点村"或得到了政府在美丽乡村建设方面的明确项目投入。

续表

类型	变量名称	代码	含义与赋值	均值	标准差
农民家庭特征	是否参加专业性合作组织	x_8	是 =1，否 =0	0.27	0.45
	是否是村里的种植（或养殖）大户	x_9	是 =1，否 =0	0.09	0.28
	家庭成员最高受教育程度	x_{10}	家庭成员的最高受教育年限（年）	10.97	2.67
	家庭劳动力所占比例	x_{11}	家庭劳动力数量/家庭成员数（%）	0.64	0.24
	家庭收入水平	x_{12}	农户 2014 年的家庭总收入水平（万元）	6.28	5.54
	家庭是否有成员外出务工	x_{13}	是 =1，否 =0	0.55	0.50
	所经营的耕地面积	x_{14}	包括水田和旱地（亩）	5.97	13.52
村庄特征	村庄所在地区	x_{15}		—	—
	浙江省		浙江省 =1，其余 =0	0.32	0.47
	安徽省		安徽省 =1，其余 =0	0.39	0.49
	四川省		四川省 =1，其余 =0	0.29	0.45
	所在自然村是否已开展美丽乡村建设	x_{16}	是 =1，否 =0	0.70	0.46
	所在自然村开展美丽乡村建设的时间长短	x_{17}	2015 年减去所在自然村开始开展美丽乡村建设的年份（年）	3.14	2.35
农民对相关政策的了解程度	是否听说过"美丽乡村建设"	x_{18}	是 =1，否 =0	0.90	0.30
	是否参加过相关政策的宣传教育或培训活动	x_{19}	是 =1；否 =0	0.61	0.49

注：本表中除 x_{18} 外，其他变量的均值和标准差基于有效样本数来计算，x_{18} 的均值和标准差基于试点村的有效样本来计算。

二 理论模型

从表 5 – 5 中可以看出，农民对美丽乡村建设各主要内容重要程度的认知（y_2—y_8）是包括 5 个选项（非常不重要、比较不重要、一般、比较重要、非常重要）的多分类变量，且在程度上可以由低到高进行排列。因此，可以将重要程度作为序数，设定 Ordered Logit 模型（以下简称 Ologit 模型）来分析其影响因素。

y_{li} 表示农民 i 对美丽乡村建设各主要内容（l 为各项内容对应的序次项数代码，$l = 2$，$\cdots$，8）重要程度的认知，由隐变量 y_{li}^* 决定，假设 y_{li}^* 的值取决于一组自变量向量 X，即 $y_{li}^* = X_i\beta + \mu$，其中，$\beta$ 表示 $K \times 1$ 向量。设 γ_1—γ_{j-1} 为未知分割点，且 $\gamma_1 < \gamma_2 < \cdots < \gamma_{j-1}$，定义：

$$y_l = \begin{cases} 1, & y_i^* \leq \gamma_1 \\ 2, & \gamma_1 < y_{li}^* \leq \gamma_2 \\ 3, & \gamma_2 < y_{li}^* \leq \gamma_3 \\ 4, & \gamma_3 < y_{li}^* \leq \gamma_4 \\ 5, & \gamma_4 < y_{li}^* \leq \gamma_5 \end{cases} \qquad (5-1)$$

假设残差项 μ 服从 Logistic 分布，则可得 Ologit 模型的概率形式：

$$p(y_{li} > j) = \phi(\gamma_i - X_i\beta) = \frac{\exp(\gamma_i - X_i\beta)}{1 + \exp(\gamma_i - X_i\beta)} \qquad (5-2)$$

式（5-2）中，j 代表美丽乡村建设主要内容重要程度的等级，$j = 1$，2，3，4，5，下标 i 代表样本序号，X_i 为自变量向量，β 是待估计的参数。

三　估计结果与分析

使用 Stata12.0 分析软件，利用 VIF 方法对各解释变量进行多重共线性检验后发现，变量间不存在多重共线性问题。

（一）基于所有样本的估计结果及分析

运用 Ologit 模型估计农民对美丽乡村建设各主要方面重要程度认知的影响因素模型，结果显示，农民对村庄规划、村庄设施建设、乡村文化建设、基层组织建设重要程度认知的影响因素模型整体不显著（卡方值的显著性概率分别为 0.150、0.585、0.126 和 0.484），对乡村文化建设重要程度认知的影响因素模型不显著的原因有待进一步考察，其他三个模型不显著的原因可能是：样本中认为其不重要（包括"比较不重要"和"非常不重要"）的样本太少，仅 2 个。为检验结果的稳健性，研究中将这4个模型中的因变量的有关选项进行合并，将"非常不重要""比较不重要"和"一般"合并为"不重要或一般"，并将其赋值为1；将"比较重要"赋值为2；将"非常重要"赋值为3。如此处理后，对这4个模型重新进行拟合发现，模型的整体拟合状况虽有一定改善，但仍然不显著（卡方值的显著性概率分别为0.128、0.550、0.122和0.448）。以上模型拟合结果见表5-7。由于方程5-1、方程5-2、方程5-6、方程5-7整体不显著，这一小部分主要对整体显著的方程5-3、方程5-4、方程5-5的结果展开分析。

1. 农民对"农村生态保护和环境治理"重要程度认知的影响因素

从表5-7可以看出，纯农业生产和所在自然村是否开展美丽乡村建设变量显著负向影响农民对"村庄生态保护和环境治理"在美丽乡村建设中重要程度的认知，而家庭成员最高受教育程度和是否听说过美丽乡村建设变量具有显著的正向影响。这意味着，主要从业领域为务工、所在自然村没有开展美丽乡村建设、家庭成员最高受教育程度更高以及听说过"美丽乡村建设"的农民，更倾向于认为"农村生态保护和环境治理"在美丽乡村建设中重要。边际效应估计结果（见表5-8的第2列和第3列）显示，相比于主要从业领域为务工的农民，主要从事纯农业生产的农民认为"农村生态保护和环境治理"重要的概率低5.4个百分点（0.077-0.131）[1]；家庭成员最高受教育程度每增加1年，农民认为"村庄生态保护和环境治理"重要的概率上升0.9个百分点（0.022-0.013）；美丽乡村建设的开展使农民认为"农村生态保护和环境治理"重要的概率下降7.7个百分点（0.11-0.187）；听说过"美丽乡村建设"的农民认为"农村生态保护和环境治理"重要的概率高6.7个百分点（0.166-0.099）。其原因是，主要从业领域为务工的农民，在村庄的居住时间较少，绝大部分时间居住在城镇，对雾霾等环境污染更有体会，他们比常年居住在农村的农民对绿水青山有着更多的期盼；非试点村的农民则因为所在村庄可能没有开展村庄环境整

---

[1] 而认为其"比较重要"的概率高7.7%，但认为其"非常重要"的概率低13.1%，综合计算后，认为其重要的概率低5.4个百分点。后面结果的分析逻辑类似。

治，村庄生态环境相对较差，从而更倾向于认为"农村生态保护和环境治理"重要；而家庭成员最高受教育程度高以及听说过"美丽乡村建设"的农民可能本身对"村庄生态保护和环境治理"的重要程度就有较好的认识。

表 5 – 7　　全部样本农民对美丽乡村建设 7 项主要内容重要程度认知的影响因素模型拟合结果

自变量	方程 5 – 1（村庄规划）	方程 5 – 2（村庄设施建设）	方程 5 – 3（农村生态保护和环境治理）	方程 5 – 4（村庄产业发展）	方程 5 – 5（村庄公共服务的完善）	方程 5 – 6（乡村文化发展）	方程 5 – 7（基层组织建设）
性别	- 0. 229 (0. 344)	- 0. 003 (0. 350)	- 0. 270 (0. 348)	- 0. 314 (0. 357)	- 0. 412 (0. 353)	0. 329 (0. 348)	0. 304 (0. 348)
年龄	0. 008 (0. 011)	0. 006 (0. 011)	0. 005 (0. 011)	0. 003 (0. 011)	0. 012 (0. 011)	- 0. 010 (0. 011)	- 0. 008 (0. 010)
受教育程度	- 0. 010 (0. 063)	0. 078 (0. 066)	0. 009 (0. 065)	- 0. 089 (0. 064)	0. 058 (0. 068)	0. 016 (0. 062)	- 0. 006 (0. 062)
婚姻状况	- 0. 164 (0. 396)	- 0. 051 (0. 409)	0. 078 (0. 390)	- 0. 210 (0. 409)	0. 293 (0. 410)	- 0. 733 * (0. 402)	- 0. 837 ** (0. 401)
主要从业领域（以务工为参照组）							
纯农业生产	- 0. 350 (0. 324)	0. 478 (0. 340)	- 0. 580 * (0. 336)	- 0. 298 (0. 330)	- 0. 390 (0. 345)	- 0. 105 (0. 325)	0. 091 (0. 323)
兼业（县域内）	0. 132 (0. 324)	- 0. 086 (0. 337)	0. 070 (0. 328)	0. 217 (0. 329)	- 0. 033 (0. 340)	0. 147 (0. 317)	- 0. 141 (0. 321)
是否是户主	0. 760 ** (0. 347)	- 0. 170 (0. 352)	- 0. 023 (0. 348)	0. 119 (0. 355)	0. 186 (0. 351)	0. 194 (0. 344)	- 0. 232 (0. 346)
是否是党员	- 0. 210 (0. 325)	- 0. 370 (0. 319)	0. 307 (0. 319)	- 0. 001 (0. 319)	0. 179 (0. 330)	- 0. 070 (0. 306)	0. 323 (0. 322)
是否参加了专业性合作组织	- 0. 572 * (0. 295)	0. 097 (0. 303)	- 0. 010 (0. 305)	- 0. 348 (0. 301)	0. 080 (0. 309)	- 0. 071 (0. 296)	- 0. 106 (0. 288)

续表

自变量	方程 5 - 1（村庄规划）	方程 5 - 2（村庄设施建设）	方程 5 - 3（农村生态保护和环境治理）	方程 5 - 4（村庄产业发展）	方程 5 - 5（村庄公共服务的完善）	方程 5 - 6（乡村文化发展）	方程 5 - 7（基层组织建设）
是否是村里的种植（或养殖）大户	0.289	0.368	0.671	- 0.209	0.572	0.971 **	0.201
	(0.442)	(0.461)	(0.491)	(0.446)	(0.507)	(0.448)	(0.428)
家庭成员最高受教育程度	0.106 **	- 0.054	0.100 **	- 0.005	- 0.007	- 0.015	- 0.047
	(0.046)	(0.045)	(0.046)	(0.045)	(0.046)	(0.044)	(0.044)
家庭劳动力所占比例	0.062	0.398	- 0.441	0.266	1.131 **	- 0.071	0.404
	(0.488)	(0.504)	(0.494)	(0.489)	(0.507)	(0.481)	(0.489)
家庭收入水平	0.004	0.011	- 0.008	- 0.005	0.040	0.033	- 0.012
	(0.021)	(0.022)	(0.021)	(0.222)	(0.025)	(0.022)	(0.022)
家庭是否有成员外出务工	0.276	0.163	0.122	0.417 *	- 0.168	0.131	- 0.124
	(0.235)	(0.239)	(0.235)	(0.236)	(0.244)	(0.229)	(0.232)
所经营的耕地面积	- 0.014 *	- 0.004	- 0.008	- 0.004	- 0.015 *	- 0.011	- 0.011
	(0.008)	(0.009)	(0.009)	(0.011)	(0.009)	(0.008)	(0.008)
村庄所在地区（以四川省为参照组）							
浙江省	0.416	- 0.144	0.429	- 0.164	- 0.264	0.531	0.340
	(0.324)	(0.385)	(0.383)	(0.383)	(0.387)	(0.376)	(0.367)
安徽省	- 0.017	0.016	- 0.026	- 0.620 *	0.316	0.077	0.513
	(0.338)	(0.349)	(0.343)	(0.239)	(0.351)	(0.341)	(0.332)
所在自然村是否开展美丽乡村建设	0.061	- 0.567 **	- 0.830 ***	- 0.995 ***	- 0.546 ***	0.408 *	- 0.261
	(0.243)	(0.249)	(0.251)	(0.253)	(0.253)	(0.236)	(0.240)
是否听说过美丽乡村建设	0.424	- 0.019	0.740 *	0.464	1.046 ***	- 0.204	0.177
	(0.383)	(0.384)	(0.386)	(0.376)	(0.392)	(0.374)	(0.387)
是否参加过相关政策的宣传教育或培训活动	0.287	- 0.085	- 0.067	0.070	- 0.112	0.170	0.291
	(0.232)	(0.236)	(0.233)	(0.232)	(0.239)	(0.229)	(0.229)

续表

自变量	方程 5 - 1（村庄规划）	方程 5 - 2（村庄设施建设）	方程 5 - 3（农村生态保护和环境治理）	方程 5 - 4（村庄产业发展）	方程 5 - 5（村庄公共服务的完善）	方程 5 - 6（乡村文化发展）	方程 5 - 7（基层组织建设）
卡方统计值	27.260	18.570	37.410	32.450	38.150	27.490	20.16
卡方值的显著性概率	0.128	0.550	0.010	0.039	0.009	0.122	0.448
对数似然值	-305.906	-292.640	-314.492	-322.152	-289.248	-333.493	-325.774
观测值	349	349	342	349	340	349	349

注：*、**、***分别表示10%、5%、1%的显著性水平；系数下括号内为标准差；方程 5 - 1、方程 5 - 2、方程 5 - 6 和方程 5 - 7 为对因变量进行重新赋值后的模型拟合结果。

表 5 - 8　　　　各因素影响农民对美丽乡村建设主要内容重要程度认知的边际效应（基于全部样本的分析）

自变量	方程 5 - 3（农村生态保护和环境治理）		方程 5 - 4（村庄产业发展）		方程 5 - 5（村庄公共服务完善）	
	$p(y_4=4)$	$p(y_4=5)$	$p(y_5=4)$	$p(y_5=5)$	$p(y_6=4)$	$p(y_6=5)$
性别	0.036	-0.061	0.046	-0.072	0.068	-0.093
年龄	-0.001	0.001	-0.0003	0.0006	-0.002	0.003
受教育程度	-0.001	0.002	0.013	-0.020	-0.010	0.013
婚姻状况	-0.010	0.017	0.031	-0.048	-0.048	0.066
主要从业领域（以务工为参照组）						
纯农业生产	0.077*	-0.131*	0.044	-0.068	0.064	-0.088
兼业（县域内）	-0.009	0.016	-0.032	0.050	0.006	-0.008
是否是户主	0.003	-0.005	-0.017	0.027	-0.031	0.042
是否是党员	-0.041	0.069	0.0002	-0.0003	-0.030	0.041
是否参加了专业性合作组织	0.013	-0.023	0.052	-0.080	-0.013	0.018
是否是村里的种植（或养殖）大户	-0.089	0.151	0.031	-0.048	-0.094	0.129

续表

自变量	方程5-3（农村生态保护和环境治理）		方程5-4（村庄产业发展）		方程5-5（村庄公共服务完善）	
	$p(y_4=4)$	$p(y_4=5)$	$p(y_5=4)$	$p(y_5=5)$	$p(y_6=4)$	$p(y_6=5)$
家庭成员最高受教育水平	-0.013**	0.022**	0.0008	-0.001	0.001	-0.002
家庭劳动力所占比例	0.059	-0.099	-0.039	0.061	-0.187**	0.256**
家庭收入水平	0.001	-0.002	0.0008	-0.001	-0.007	0.009
家庭是否有成员外出务工	-0.016	0.027	-0.062*	0.096*	0.028	-0.038
所经营的耕地面积	0.001	-0.002	0.0005	-0.0008	0.0025*	-0.0034*
村庄所在地区（以四川省为参照组）						
浙江省	-0.057	0.096	0.024	0.038	0.044	-0.060
安徽省	0.003	-0.006	0.092*	-0.142*	0.052	-0.072
所在自然村是否已开展美丽乡村建设	0.110***	-0.187***	0.147***	0.228***	0.090**	-0.124**
是否听说过美丽乡村建设	-0.099*	0.166*	-0.069	0.106	-0.173***	0.237***
是否参加过相关政策的宣传教育或培训活动	0.009	-0.015	-0.010	0.016	0.020	-0.028

注：这部分研究主要关注农民对美丽乡村建设主要内容重要程度的认知，且样本中选取"比较不重要""非常不重要"的样本很少，因此，表中仅给出有关因素对农民认为某项内容"比较重要""非常重要"影响的概率结果，下同。考虑到篇幅问题，本表没有报告标准差，下同。

2. 农民对"村庄产业发展"重要程度认知的影响因素

在所有自变量中，仅3个变量显著影响农民对"村庄产业发展"在美丽乡村建设中重要程度的认知，其中，家庭是否有成员外出务工具有显著的正向影响，村庄所在地区变量中的安徽省以及所在自然村是否开展美丽乡村建设变量有显著的负向影响。也就是说，相比于家庭没有成员外出务工的农民，家庭有成员外出务工的农民更倾向于认为"村庄产业发展"在美丽乡村建设中重要；相比于所在自然村没有开展美丽乡村建设或四川省的样本农民，所在自然村开展了美丽乡村建设或安徽省的样本农民认为"村庄产业发展"在美丽乡村建设中重要的概率更低。边际效应估计结果（见表 5 - 8 的第 4 列和第 5 列）显示，家庭成员外出务工使农民认为村庄产业发展重要的概率上升 3.4 个百分点（0.096 - 0.062）；相比于四川省的样本农民，安徽省的样本农民认为"村庄产业发展"重要的概率低 5 个百分点（0.092 - 0.142）；美丽乡村建设的开展使农民认为"村庄产业发展"重要的概率上升 37.5 个百分点（0.147 + 0.228）。其原因可能是，家庭有成员外出务工的农民可能对所在村庄与其他村庄在产业发展方面的差距有更多的了解；而开展了美丽乡村建设的村庄在村庄设施等方面已有了较大改善，因而，农民会进一步重视"村庄产业发展"；相比于四川省，安徽省开展美好乡村建设的时间更早，且邻近上海、浙江、江苏等东部发达省份，更便于承接产业转移，其村庄产业已有一定程度的发展，因而，安徽省农民认为"村庄产业发展"重要的概率相对更低。

3. 农民对"村庄公共服务完善"重要程度认知的影响因素

从表 5 - 7 可以发现，家庭劳动力所占比例、是否听说过美丽乡村建设变量显著正向影响农民对"村庄公共服务完善"重要程度的认知，而所经营的耕地面积、所在自然村是否开展美丽乡村建设变量有显著的负向影响。也就是说，家庭劳动力所占比例越高、所经营的耕地面积越小，农民越倾向于认为"村庄公共服务完善"重要；听说过美丽乡村建设或所在自然村没有开展美丽乡村建设的农民，更倾向于认为"村庄公共服务完善"重要。其原因是，家庭劳动力所占比例较高时，农民家庭多处于生命周期中的"成长期"或"成熟期"，更倾向于看重劳动就业、教育、医疗等方面村庄公共服务的完善；所经营的耕地面积较小时，农民在外出务工的同时也希望能通过完善的公共服务获得生活保障，因而，更倾向于看重劳动就业、社会保障、医疗等方面村庄公共服务的完善；听说过美丽乡村建设的农民可能对完善村庄公共服务的意义有更多了解，而非试点村的农民可能对同一乡镇或县域内试点村农民受益更完善村庄公共服务的情况有深切的对比，因而，也会倾向于看重村庄公共服务完善。从其边际影响看（见表 5 - 8 的第 6 列和第 7 列），家庭劳动力所占比例每上升 1 个百分点，所经营的耕地面积每增加 1 亩，农民认为"村庄公共服务完善"重要的概率分别上升 6.9 个百分点（0.256 - 0.187）和下降 0.9 个百分点（0.0025 - 0.0034）；美丽乡村建设的开展使农民认为"村庄公共服务完善"重要的概率下降 3.4 个百分点（0.090 - 0.124）；听说过"美丽乡村建设"的农民认为"村庄公共服务完善"重要的概率高 6.4 个百分点（0.237 - 0.173）。

（二）基于试点村样本的估计结果及对比分析

以"所在自然村开展美丽乡村建设的时间长短"变量（x_{17}）替代"所在自然村是否开展美丽乡村建设"变量（x_{16}），基于试点村样本数据，同样运用 Ologit 模型进行估计，得到结果见表 5 - 9。

就模型整体显著性情况而言，对比表 5 - 7 和表 5 - 9，可以看出：

第一，在基于试点村样本来分析时，方程 5 - 1#、方程 5 - 2#、方程 5 - 5#和方程 5 - 6#整体通过了显著性检验。可见，对于农民在"村庄规划""村庄设施建设"和"乡村文化发展"重要程度上认知的不同，全部样本农民在所有自变量上的有关差异虽不能解释，但是，试点村样本农民在所有自变量上的有关差异却能解释试点村农民的上述不同，这在一定程度上印证了"是否开展美丽乡村建设"对农民关于"村庄规划"和"村庄设施建设"重要程度认知的影响（在方程 5 - 2 中，这一变量在 5% 的统计水平上显著，且符号为负）。

第二，基于全部样本来分析时通过了显著性检验的方程 5 - 3 和方程 5 - 4，在基于试点村样本来分析时，整体不再显著。这说明，对于农民在"农村生态保护和环境治理"以及"村庄产业发展"重要程度认知上的不同，试点村农民在所有自变量上的有关差异不能解释，基于全部样本农民来分析的模型整体显著得益于非试点村农民有关方面的异质性。这意味着，美丽乡村建设的开展会显著改变农民在这两方面重要程度的认知（这可以从表 5 - 7 中"是否开展美丽乡村建设"变量在方程 5 - 3 和方程 5 - 4 中通过了 1% 统计水平的显著性检验且符号为负得到体现）。

由于方程 5 - 3#、方程 5 - 4#和方程 5 - 7#在整体上不显著，下文主要对方程 5 - 1#、方程 5 - 2#、方程 5 - 5#和方程 5 - 6#的结果展开分析，并将对比分析方程 5 - 5 和方程 5 - 5#的结果。

表5-9　试点村农民对美丽乡村建设7项主要内容重要程度认知的影响因素模型拟合结果

自变量	方程5-1# (村庄规划)	方程5-2# (村庄设施建设)	方程5-3# (农村生态环境保护和环境治理)	方程5-4# (村庄产业发展)	方程5-5# (村庄公共服务完善)	方程5-6# (乡村文化发展)	方程5-7# (基层组织建设)
性别	-0.358 (0.446)	0.254 (0.438)	-0.395 (0.421)	0.047 (0.445)	-0.142 (0.439)	0.534 (0.430)	0.350 (0.435)
年龄	0.010 (0.013)	-0.005 (0.014)	0.005 (0.013)	-0.004 (0.013)	0.008 (0.014)	-0.011 (0.014)	-0.021 (0.013)
受教育程度	0.006 (0.084)	0.010 (0.088)	0.067 (0.084)	-0.094 (0.084)	0.045 (0.088)	-0.056 (0.084)	0.023 (0.083)
婚姻状况	-0.295 (0.546)	-0.729 (0.611)	0.052 (0.538)	-0.281 (0.561)	-0.087 (0.568)	-0.963* (0.568)	-1.287** (0.570)
主要从业领域（以务工为参照组）							
纯农业生产	-0.925** (0.407)	-0.774* (0.420)	-0.795* (0.412)	-0.611 (0.401)	-0.103 (0.415)	-0.311 (0.405)	0.010 (0.402)
兼业（县域内）	0.189 (0.410)	-0.137 (0.425)	0.029 (0.408)	0.503 (0.405)	0.972** (0.427)	0.011 (0.402)	0.340 (0.408)
是否是户主	0.730 (0.448)	-0.349 (0.444)	-0.052 (0.424)	-0.118 (0.440)	0.351 (0.436)	0.197 (0.434)	0.103 (0.432)

续表

自变量	方程 5-1#（村庄规划）	方程 5-2#（村庄设施建设）	方程 5-3#（农村生态环境保护和环境治理）	方程 5-4#（村庄产业发展）	方程 5-5#（村庄公共服务完善）	方程 5-6#（乡村文化发展）	方程 5-7#（基层组织建设）
是否是党员	-0.910** (0.438)	-0.936** (0.436)	-0.128 (0.420)	0.440 (0.447)	0.237 (0.461)	-0.452 (0.425)	-0.083 (0.439)
是否参加了专业性合作组织	-0.781* (0.440)	0.182 (0.448)	-0.141 (0.450)	-0.702 (0.449)	0.669 (0.455)	0.041 (0.437)	-0.013 (0.421)
是否是村里的种植（或养殖）大户	0.928 (0.816)	0.219 (0.791)	0.409 (0.799)	-1.297* (0.772)	1.044 (0.842)	1.097 (0.803)	0.380 (0.725)
家庭成员最高受教育程度	0.113* (0.062)	-0.019 (0.058)	0.074 (0.058)	-0.030 (0.058)	-0.011 (0.061)	-0.054 (0.058)	-0.021 (0.057)
家庭劳动力所占比例	0.462 (0.593)	0.392 (0.599)	-0.048 (0.597)	0.403 (0.589)	1.317** (0.607)	0.204 (0.596)	0.482 (0.590)
家庭收入水平	0.055 (0.034)	0.056* (0.034)	-0.004 (0.032)	-0.0001 (0.033)	0.049 (0.034)	0.105*** (0.036)	-0.009 (0.033)
家庭是否有成员外出务工	0.501 (0.308)	-0.060 (0.304)	-0.274 (0.297)	0.239 (0.300)	-0.104 (0.309)	-0.135 (0.296)	-0.123 (0.296)
所经营的耕地面积	-0.017 (0.011)	-0.005 (0.011)	-0.008 (0.011)	0.015 (0.012)	-0.011 (0.011)	-0.015 (0.011)	-0.010 (0.010)

续表

自变量	方程5-1#（村庄规划）	方程5-2#（村庄设施建设）	方程5-3#（农村生态环境保护和环境治理）	方程5-4#（村庄产业发展）	方程5-5#（村庄公共服务完善）	方程5-6#（乡村文化发展）	方程5-7#（基层组织建设）
村庄所在地区（以四川省为参照组）							
浙江省	-0.119 (0.573)	0.078 (0.580)	-0.143 (0.578)	-0.838 (0.572)	-0.159 (0.578)	0.630 (0.582)	-0.119 (0.550)
安徽省	0.141 (0.502)	-0.310 (0.503)	-0.573 (0.501)	-0.945* (0.503)	-0.542 (0.511)	0.056 (0.494)	0.362 (0.483)
所在自然村开展美丽乡村建设的时间长短	-0.085 (0.080)	-0.052 (0.078)	-0.074 (0.077)	0.029 (0.080)	-0.050 (0.078)	0.022 (0.082)	0.073 (0.081)
是否听说过美丽乡村建设	0.197 (0.549)	-0.491 (0.548)	0.463 (0.535)	0.590 (0.524)	0.925* (0.534)	-0.980* (0.547)	0.347 (0.559)
是否参加过相关政策的宣传教育或培训活动	0.296 (0.320)	0.117 (0.320)	-0.095 (0.306)	-0.159 (0.310)	-0.098 (0.320)	0.411 (0.314)	0.456 (0.313)
卡方统计值	31.880	29.340	26.010	27.700	40.860	38.700	21.100
卡方值的显著性概率	0.045	0.081	0.166	0.117	0.004	0.007	0.391
对数似然值	-191.980	-193.632	-201.687	-210.822	-186.556	-202.753	-204.034
观测值	219	219	219	219	219	219	219

注：*、**、***分别表示10%、5%、1%的显著性水平；系数下括号内为标准差。

1. 试点村农民对村庄规划重要程度认知的影响因素分析

表 5-9 的结果显示，主要从业领域下的纯农业生产、是否是党员、是否参加了专业性合作组织变量显著负向影响试点村农民对"村庄规划"重要程度的认知。也就是说，相比于主要从业领域为务工、非党员、没有参加专业性合作组织的农民，主要从事纯农业生产、党员或参加了专业性合作组织的农民认为"村庄规划"重要的概率总体上更低。边际效应估计结果（见表 5-10 的第 2 列和第 3 列）显示，相比于务工的农民，主要从事农业生产的农民认为"村庄规划"重要的概率低 7.26 个百分点（0.1298 - 0.2024）；相比于非党员农民，作为党员的农民认为"村庄规划"重要的概率低 7.16 个百分点（0.1276 - 0.1992）；相比于没有参加专业性合作组织的农民，参加了专业性合作组织的农民认为"村庄规划"重要的概率低 6.14 个百分点（0.1095 - 0.1709）。从事纯农业生产的农民在这一概率上更低这一点好理解，但党员或参加了专业性合作组织的农民在这一概率上更低与理论上的一般预期不符，这为实践中针对从事纯农业生产、党员和参加了专业性合作组织的农民在这方面强化宣传和加强培训提供了启示。

家庭成员最高受教育程度显著正向影响试点村农民对"村庄规划"重要程度的认知。这一结果很好理解，家庭成员最高受教育程度越高，农民因此可能对村庄规划的意义有更多了解，更倾向于看重"村庄规划"。边际效应估计结果（见表 5-10 的第 2 列和第 3 列）显示，家庭成员最高受教育水平每增加 1 年，农民认为"村庄规划"重要的概率上升 0.88 个百分点（0.0246 - 0.0158）。

2. 试点村农民对"村庄设施建设"重要程度认知的影响因素分析

在所有自变量中，主要从业领域下的纯农业生产和是否是党员变量显著负向影响试点村农民对"村庄设施建设"重要程度的认知，而家庭收入水平变量则具有显著的正向影响。也就是说，相比于主要从业领域为务工或非党员的农民，主要从事纯农业生产或是党员的农民认为"村庄设施建设"重要的概率更低。边际效应估计结果（见表 5-10 的第 4 列和第 5 列）显示，主要从事农业生产的农民、作为党员的农民认为"村庄设施建设"重要的概率分别低 5.46 个百分点（0.1174 - 0.1720）和 6.6 个百分点（0.1419 - 0.2079）；家庭收入每增加 1 万元，

表 5 - 10　各自变量影响农民对美丽乡村建设主要内容重要程度认知的边际效应（基于分组样本的分析）

自变量	方程 5 - 1# (村庄规划)		方程 5 - 2# (村庄设施建设)		方程 5 - 5# (村庄公共服务完善)		方程 5 - 6# (乡村文化发展)	
	$p\,(y_2=4)$	$p\,(y_2=5)$	$p\,(y_3=4)$	$p\,(y_3=5)$	$p\,(y_6=4)$	$p\,(y_6=5)$	$p\,(y_7=4)$	$p\,(y_7=5)$
性别	0.0503	-0.0785	-0.0385	0.0564	0.0200	-0.0301	-0.0510	0.1092
年龄	-0.0014	0.0022	0.0007	-0.0011	-0.0011	0.0017	0.0011	-0.0023
受教育程度	-0.0009	0.0014	-0.0151	0.0221	-0.0064	0.0096	0.0054	-0.0115
婚姻状况	0.0414	-0.0646	0.1105	-0.1619	0.1227	-0.0184	0.0921 *	-0.1970 *
主要从业领域（以务工为参照组）								
纯农业生产	0.1298 **	-0.2024 **	0.1174 *	-0.1720 *	0.0146	-0.0219	0.0298	-0.0637
兼业（县域内）	-0.0266	0.0414	0.0208	-0.0304	-0.1375 *	0.2067 *	-0.0011	0.2067
是否是户主	-0.1024 *	0.1597 *	0.0529	0.0774	-0.0496	0.0746	-0.0188	0.0023
是否是党员	0.1276 **	-0.1992 **	0.1419 **	-0.2079 **	-0.0335	-0.0504	0.0432	0.0403
是否参加了专业性合作组织	0.1095 *	-0.1709 *	-0.0276	0.0405	-0.0946	0.1422	-0.0039	-0.0924
是否是村里的种植（或养殖）大户	-0.1302	0.2032	-0.0332	0.0487	-0.1476	0.2219	-0.1048	0.0083
家庭成员最高受教育程度	-0.0158 *	0.0246 *	0.0028	-0.0041	0.0016	-0.0024	0.0052	0.2241
家庭劳动力所占比例	-0.0648	0.1012	-0.0594	0.0870	-0.1863 **	0.2800 **	-0.0194	-0.0110

续表

自变量	方程 5-1#（村庄规划）		方程 5-2#（村庄设施建设）		方程 5-5#（村庄公共服务完善）		方程 5-6#（乡村文化发展）	
	$p(y_2=4)$	$p(y_2=5)$	$p(y_3=4)$	$p(y_3=5)$	$p(y_6=4)$	$p(y_6=5)$	$p(y_7=4)$	$p(y_7=5)$
家庭收入水平	-0.0077	0.0121*	-0.0085*	0.0125*	-0.0070	0.0105	-0.0100***	0.0416***
家庭是否有成员外出务工	-0.0703	0.1097*	0.0092	-0.0134	0.0147	-0.0222	0.0129	0.0215
所经营的耕地面积	0.0024	-0.0037	0.0007	-0.0011	0.0015	-0.0022	0.0014	-0.0276
村庄所在地区（以四川省为参照组）								
浙江省	0.0167	-0.0260	-0.0118	0.0173	0.0225	-0.0339	-0.0602	-0.0030
安徽省	-0.0198	0.3082	0.0470	-0.0688	0.0767	-0.1152	-0.0054	0.1288
所在自然村是否开展美丽乡村建设	0.1196	-0.0187	0.0079	-0.0116	0.0071	-0.0106	-0.0021	0.0114
是否听说过美丽乡村建设	-0.0276	0.0431	0.0744	-0.1090	-0.1308*	0.1966*	0.0937*	-0.2003*
是否参加过相关政策的宣传教育或培训活动	-0.0415	0.0648	-0.0177	0.0259	0.0138	-0.0208	-0.0392	0.0839

注：这部分研究主要关注农民对美丽乡村建设主要内容重要程度的认知，目样本中选取"比较不重要""非常不重要"的样本很少，因此，表中仅给出有关因素对农民认可某项内容"比较重要""非常重要"影响的概率结果，下同。考虑到篇幅问题，本表没有报告标准差，下同。

农民认为"村庄设施建设"重要的概率上升 0.4 个百分点（0.0125 - 0.0085）。后面两个变量的结果比较好理解，此处不再做深入分析。从事纯农业生产的农民的主要收入来源是农业生产，绝大部分时间也生活在农村，村庄设施建设与其生计和生活质量密切相关，农民应该是非常重视村庄设施建设的。统计结果显示，认为"村庄设施建设"在美丽乡村建设中重要（包括"非常重要"和"比较重要"）的农民占 90% 以上。之所以会出现主要从事纯农业生产的农民认为这一方面重要的概率更低的结果，其原因可能是，试点村的村庄设施建设已得到一定程度的发展，已在一定程度上满足了从事纯农业生产的农民在这方面的需要。

3. 农民对"村庄公共服务完善"重要程度认知的影响因素的结果对比分析

家庭劳动力所占比例、是否听说过美丽乡村建设变量显著正向影响试点村农民对"村庄公共服务完善"重要程度的认知，这一结果与表 5 - 7 中这两个变量的结果在显著性和影响方向上一致。不过，两者的边际效应稍小一些。而所经营的耕地面积变量在基于试点村样本农民来分析时不再显著，这一结果出人意料。事实上，试点村样本农民在所经营的耕地面积上的差异更大（最大值为 200 亩，最小值为 0），基于统计结果看，无论是不种田的农民所占比例（18.72%）还是所经营的耕地面积为 1—3 亩抑或是 3—10 亩的农民所占比例（分别为 42.01% 和 31.51%），都明显高于非试点村农民的相应比例。从理论上来说，由于缺乏或仅有较少耕地作为保障，且由于不耕种或少耕种，农民对与生产相关的村庄建设方面会更不重视，而会更重视与生活密切相关的村庄公共服务方面。造成与理论分析相矛盾的前一结果出现的原因有待在后续做更深入的探索。

同时，在试点村，相比于外出务工的农民，兼业（县域内）农民更倾向于认为"村庄公共服务完善"重要，认为其重要的概率高 6.92 个百分点（0.2067 - 0.1375）。这一结果可能与兼业农民一年中在村庄的生活时间比外出务工的农民更多，孩子就学、就医也主要在村庄，且他们需要得到更多劳动就业方面的信息有关。

4. 农民对"乡村文化发展"重要程度认知的影响因素

所有自变量中，仅 3 个自变量显著影响试点村农民对"乡村文化发展"重要程度的认知。其中，农民的婚姻状况和是否听说过"美丽乡村建设"有显著的负向影响，家庭收入水平有显著的正向影响。相比于单身的农民，已婚农民认为"乡村文化发展"重要的概率低 10.49 个百分点（0.0921 - 0.1970）。其原因是，单身的农民通常闲暇时间更多，其中的未婚者多为年轻人，而离异或丧偶的农民则由于缺乏婚姻生活而生活相对较单调，因而，单身的农民更倾向于看重"乡村文化发展"。相比于没有听说过"美丽乡村建设"的农民，听说过"美丽乡村建设"的农民认为"乡村文化发展"重要的概率低 10.66 个百分点（0.0937 - 0.2003）；家庭收入水平每增加 1 万元，农民认为"乡村文化发展"重要的概率上升 3.16 个百分点（0.0416 - 0.0100）。这两个结果比较容易理解，在此不再分析。

特别地，"所在自然村开展美丽乡村建设的时间长短"变量在表 5 - 9 的所有方程中都不显著，这说明，开展美丽乡村建设的时间长短暂没有显著影响农民对美丽乡村建设主要内容重要程度的认知。

第四节　小结

综合前文的有关分析，可以得到以下几点结论和启示：

第一，农民对于美丽乡村建设主要方面重要程度的排序是：村庄设施建设 > 村庄公共服务完善 > 村庄产业发展 > 村庄规划 > 基层组织建设 > 农村生态保护和环境治理 > 乡村文化发展。这一排序虽然因所在自然村是否开展美丽乡村建设而有所不同，但"村庄设施建设"都是排第一的内容，"乡村文化发展"都是排位较靠后的内容。这说明，尽管村庄设施建设在近十年的新农村建设中得到了较大程度的发展，但仍是农民目前最看重的方面。受需求层次仍不高的影响，农民对"乡村文化发展"总体上并不看重。各地在美丽乡村建设实践中，有必要综合考虑农民对美丽乡村建设主要内容的优先序，以更好地满足最广大农民的期盼，提高相关政策实施的实际效果。

第二，在"农村生态保护和环境治理"方面，农民较看重"生活污染的处理和整治"；而在"村庄公共服务完善"方面，农民最看重与其利益密切相关的"社会保障"。可见，在美丽乡村建设中，要特别重视解决农民迫切想解决的农村生活污染问题，并加大对农村养老保障、医疗保障与农民生活保障等方面的政策扶持和财政扶持力度。特别是在农地流转使土地所提供的基础性保障水平下降、劳动力转移使农民获得的家庭保障有限的情况下，农民亟待获得更高水平的社会保障。

第三，美丽乡村建设的开展显著改变了农民对"农村生态保护和环境治理""村庄产业发展"和"村庄公共服务完善"重要程度的认知。相比于试点村农民，非试点村农民更倾向于看重这三方面内容。这说明，美丽乡村建设的开展在一定程度上满足了试点村农民对这三方面的需要，从而降低了他们对这三方面村庄建设的期待。

第四，对于美丽乡村建设中不同内容在重要程度上的优先序，不同特征的农民群体有不同认知，要激发农民在村庄各方面建设中的参与热情，要首先重视调动在有关方面有更多需求的农民的积极性。从全体样本看，主要从业领域为务工、所在自然村没有开展美丽乡村建设、家庭成员最高受教育程度较高以及听说过美丽乡村建设的农民，更倾向于认为"村庄生态保护环境和环境治理"重要；家庭有成员外出务工、所在自然村没有开展美丽乡村建设以及中部地区的农民，更倾向于认为"村庄产业发展"重要；家庭劳动力所占比例较高、所经营的耕地面积较小、听说过"美丽乡村建设"或所在自然村没有开展美丽乡村建设的农民，更倾向于认为"村庄公共服务完善"重要。可见，无论是试点村还是非试点村，要提高农民在以上 3 个方面村庄建设中的参与水平，要首先重视调动务工、家庭有成员外出务工、家庭劳动力较多或所经营的耕地面积较小、家庭成员最高受教育程度较高的农民家庭的参与积极性，并加强相关政策的宣传和推广，提高农民的相关认知水平。

在试点村，主要从业领域为务工的农民以及非党员农民更倾向于认为"村庄规划""村庄设施建设"重要；没有参加专业性合作组织的农民也倾向于认为"村庄规划"重要；家庭收入水平更高的农民更倾向于认为"村庄设施建设""乡村文化发展"重要；兼业（县域内）、家庭劳动力所占比例较高、听说过"美丽乡村建设"的农民更倾向于认为"村庄公共服务完善"重要；单身、没有听说过"美丽乡村建设"

的农民更倾向于认为"乡村文化发展"重要。可见，目前，在试点村，要强化村庄规划，可以通过当地专业性合作组织调动其成员的积极性，并重视集聚外出务工人员的力量；要进一步推动村庄设施建设，应重视调动外出务工农民或家庭收入水平较高农民的积极性；要推动村庄公共服务的完善，需重视发挥兼业（县域内）、家庭劳动力所占比例较高的农民群体的作用；要加强乡村文化发展，则应强化对单身或家庭收入水平较高农民群体在这方面需求的重视，充分调动其积极性。

第六章　美丽乡村建设成效

——农民对村庄建设现状的 满意程度及其影响 因素分析

尊重农民意愿、维护农民利益、增进农民福祉是社会主义新农村建设和美丽乡村建设中要遵循的原则和要实现的目标，也是贯彻"以农民为主体"原则的体现。各地的美丽乡村建设实践做到了以农民真正受益为目的还是部分被办成了"形象工程""政绩工程"？这从农民对村庄建设现状的满意状况能得到体现。农民既是美丽乡村建设的主体，又是相关政策和措施的最终服务对象，分析作为需求方和受益主体的农民对村庄建设现状的满意程度，可以更好地了解农民未得到较好满足的需求和期盼，找到最广大农民群众最关心、最迫切需要解决的问题。在前文基于农民对美丽乡村建设主要内容重要程度认知来分析建设优先序的基础上，本章研究将通过分析农民对村庄建设主要方面现状满意程度的评价来分析美丽乡村建设成效，并进一步通过建立 Ologit 模型分析其影响因素。

第一节　农民对村庄建设现状满意程度的分析

围绕农民对村庄建设主要方面现状的满意程度，相关调查内容包括以下三个方面：第一，调查农民对 7 个方面村庄建设现状的满意程度；第二，进一步调查农民对"农村生态保护和环境治理"和"村庄公共服务"下各方面现状的满意程度；第三，调查农民对村庄有关方面现状的评价。

一　农民对 7 个方面村庄建设现状满意程度的分析

（一）总体情况的分析

问卷调查了农民对村庄规划、村庄设施建设、农村生态保护和环境治理、村庄产业发展、村庄公共服务完善、乡村文化发展和基层组织建设 7 个方面村庄建设现状的满意程度，其答案选项包括"非常不满意""比较不满意""一般""比较满意"和"非常满意"，将其依次赋值为 1—5 分。调查共发放问卷 420 份，这一章回归分析中的有效问卷为 352 份，问卷有效率为 83.81%①。从样本在美丽乡村建设开展情况方面的分布看，所在村没开展美丽乡村建设的样本农户为 104 户，占 29.55%；所在村开展美丽乡村建设的农户有 248 户（占 70.45%），其中，开展美丽乡村建设时长为 1 年、2 年、3 年和 4 年或以上的样本农户分别占 18.18%、20.74%、19.32% 和 12.21%。总体上看，样本具有一定程度的代表性。

统计分析结果（见表 6-1）表明：

第一，农民对村庄建设 7 个方面现状的满意程度整体上都处于中等或中等偏上水平。从满意程度得分的均值水平看，7 个方面的这一得分均值都大于 3.4 分，其中有 6 个方面的这一得分在 3.6 分以上；从分别对村庄 7 个方面现状表示满意（包括"比较满意"和"非常满意"）的农民所占比例看，除对"村庄产业发展"现状表示满意的农民不足一半外，农民对其他 6 个方面村庄现状表示满意的农民所占比例均超过了 55%，对于"乡村文化发展"则有约七成农民表示满意。不过，在对村庄 7 个方面现状表示满意的农民中，多数农民（66% 以上）的满意程度为"比较满意"，表示"非常满意"的农民所占比例在各方面现状评价中都较低。

第二，对于村庄 7 个方面现状，农民对"乡村文化发展"方面的满意程度最高，而对"村庄产业发展"的满意程度最低（均值和有关

---

① 样本有效率没达到九成以上的原因是所在村没开展美丽乡村建设的部分农民没有对村庄建设主要方面的满意程度做出明确评价。

比例都最低）。按照满意程度的评分均值进行排序，样本农民对于村庄7个方面现状满意程度的排序由高到低依次是：f 乡村文化发展 > g 基层组织建设 > b 村庄设施建设 > c 农村生态保护和环境治理 > e 村庄公共服务完善 > a 村庄规划 > d 村庄产业发展；按照表示满意的农民所占比例进行排序，有关排序是：f 乡村文化发展 > b 村庄设施建设 > g 基层组织建设 > e 村庄公共服务完善 > c 农村生态保护和环境治理 > a 村庄规划 > d 村庄产业发展。可见，无论按哪种方式排序，农民对"乡村文化发展""村庄设施建设"和"基层组织建设"3个方面村庄现状的满意程度都排在前三位，而对"村庄规划""村庄产业发展"方面现状的满意程度都排在最后两位。特别地，农民对"村庄产业发展"方面的现状最不满意，无论是满意程度的评分均值水平（3.40 分）还是对这方面表示满意的农民所占比例（47.73%），都明显比其他方面更低。

表6-1　农民对村庄主要方面现状满意程度的评分均值与分布情况

村庄建设的 主要方面	有效 样本量 （个）	均值 （分）	非常 不满意 （%）	比较不 满意 （%）	一般 （%）	比较 满意 （%）	非常 满意 （%）
a 村庄规划	352	3.61	2.84	10.51	28.98	38.64	19.03
b 村庄设施建设	352	3.78	3.41	6.82	20.17	48.01	21.59
c 农村生态保护和环境治理	345	3.69	2.03	6.67	28.41	46.38	16.52
d 村庄产业发展	352	3.40	3.98	13.07	35.23	34.66	13.07
e 村庄公共服务完善	342	3.69	0.58	8.48	26.90	49.42	14.62
f 乡村文化发展	352	3.85	0.57	3.98	25.28	50.57	19.60
g 基层组织建设	351	3.80	2.84	5.97	23.01	45.45	22.73

（二）对不同省份样本的对比分析

对于村庄7个方面现状，3个省份农民的满意程度同中有异（见表6-2）。从相同方面看：第一，3个省份样本农民对村庄7个方面现状的满意程度都偏向于"比较满意"。浙江省、安徽省和四川省样本农民对村庄7个方面现状表示满意的样本所占比例均在57%以上，满意程度得分均值也都在3.5分以上；并且，在3个省，选择"比较满意"

的农民所占比例为最高的方面居多数，特别是四川省，对村庄7个方面现状的满意程度评价中，选择"比较满意"的农民所占比例都最高。第二，3个省份的样本农民都对"村庄产业发展"最不满意，"村庄产业发展"方面的满意程度得分在3个省基本都处于最低状况（仅四川省这方面的满意程度得分均值排倒数第二）。在3个省份中，浙江省农民对这一方面村庄现状的满意程度得分最低，四川省的这一得分最高。安徽省和四川省样本农民在这一方面的满意程度低比较容易理解，而处于发达地区且农村产业发展水平更高的浙江省样本农民对"村庄产业发展"现状的满意程度也最低，而且比安徽省和四川省的这一水平反而更低，其原因可能是，农民对村庄现状的评价有时是基于村庄在近几年各方面的改善情况来作出的，而东部发达地区农村产业发展已达到一定程度，在解决所面临的结构性、深层次问题上短期内没有明显突破，从而使浙江省农民在这方面的满意程度不高。

从不同方面看：第一，各省样本农民对于村庄现状最满意的方面和最不满意的方面有一定不同。浙江省样本农民对"乡村文化发展"最满意，其次是"农村生态保护和环境治理""村庄公共服务完善"，对"村庄产业发展"和"村庄规划"的满意程度排在后两位；而安徽省和四川省样本农民虽然都对"基层组织建设"最满意，且满意程度排前三位的都是"基层组织建设""村庄设施建设"和"乡村文化发展"，但安徽省样本农民最不满意的方面是"村庄产业发展"，四川省样本农民最不满意的方面则是"村庄公共服务完善"。按照满意程度得分均值的高低进行排序，浙江省样本农民对村庄主要方面现状的满意程度的排序是：f 乡村文化发展 > c 农村生态保护和环境治理 > e 村庄公共服务完善 > g 基层组织建设 > b 村庄设施建设 > a 村庄规划 > d 村庄产业发展；安徽省样本农民的这一排序是：g 基层组织建设 > b 村庄设施建设 > f 乡村文化发展 > e 村庄公共服务完善 > a 村庄规划 > c 农村生态保护和环境治理 > d 村庄产业发展；四川省样本农民的这一排序是：g 基层组织建设 > b 村庄设施建设 > f 乡村文化发展 > a 村庄规划 > c 农村生态保护和环境治理 > d 村庄产业发展 > e 村庄公共服务完善。第二，四川省样本农民对村庄7个方面现状的满意程度比较均衡，而浙江省则最不均衡。从满意程度得分均值高低的比较来看，四川省样本农民对村庄7个

表6-2 3个省份样本农民对村庄主要方面现状满意程度的均值与分布情况

单位：分、%

	浙江省样本						安徽省样本						四川省样本					
	均值	非常不满意	比较不满意	一般	比较满意	非常满意	均值	非常不满意	比较不满意	一般	比较满意	非常满意	均值	非常不满意	比较不满意	一般	比较满意	非常满意
a	3.40	3.57	14.29	29.46	43.75	8.93	3.51	4.32	11.51	30.94	35.25	17.99	3.96	0.00	4.95	25.74	37.62	31.68
b	3.54	5.36	8.93	25.89	45.54	14.29	3.75	3.60	7.91	20.14	46.76	21.58	4.07	0.99	2.97	13.86	52.48	29.70
c	3.87	0.00	2.68	26.79	51.79	18.75	3.38	5.30	11.36	36.36	34.09	12.88	3.89	0.00	4.95	19.80	56.44	18.81
d	3.15	5.36	16.96	40.18	32.14	5.36	3.33	5.76	14.39	34.53	31.65	13.67	3.76	0.00	6.93	30.69	41.58	20.79
e	3.80	0.00	4.46	23.21	59.82	12.50	3.56	1.55	12.40	30.23	40.31	15.50	3.73	0.00	7.92	26.73	49.50	15.84
f	3.96	0.00	1.79	25.89	46.43	25.89	3.62	1.44	6.47	31.65	49.64	10.79	4.03	0.00	2.97	15.84	56.44	24.75
g	3.68	2.68	8.93	25.00	44.64	18.75	3.85	2.88	5.76	21.58	43.17	26.62	4.20	2.97	2.97	21.78	50.50	21.78

方面现状的满意程度最高，且各方面的有关水平相差不大；安徽省样本农民对村庄7个方面现状的满意程度最低；而浙江省样本农民对村庄各方面现状的满意程度相差较大。浙江省、安徽省和四川省样本农民对村庄7个方面现状的满意程度得分均值分别为3.63分、3.57分和3.95分，表示满意的样本所占比例平均为61.23%、57.13%和72.56%；比较3省样本农民对村庄7个方面现状的满意程度结果（见表6-2），浙江省有关结果的差异最大，7个方面现状满意程度得分均值最高者与最低者间相差0.81分；而四川省有关结果的差异最小，仅相差0.47分。浙江省的农村经济社会发展状况普遍更好，村庄各方面发展更为均衡，为什么浙江省农民对村庄各方面现状的满意程度反而更不均衡？其原因有待后续做更深层次的研究。

二 农民对农村生态保护和环境治理具体现状满意程度的评价

良好的自然环境是美丽乡村建设的"底图"。村容村貌整洁、生态环境良好的自然之美是乡村各层次美的基础。因此，各地在美丽乡村建设实践中都采取了如环境整治、乡村清洁等多种措施，村庄的生态环境因此有了一定程度的改善。那么，农民对此是否比较满意？又对其中哪些方面感到不满意？问卷进一步围绕农民对农村生态保护和环境治理具体方面现状满意程度的评价展开了调查。统计结果（见表6-3）显示：

表6-3　　　农民对农村生态保护和环境治理具体方面
现状满意程度的评价比较　　单位：个、分、%

农村生态保护和环境治理的有关方面	有效样本量	均值	非常不满意	比较不满意	一般	比较满意	非常满意
①大气、水体、土壤等环境质量的改善	352	3.62	3.41	10.51	22.73	46.88	63.36
②农业污染的防治	351	3.67	1.99	7.12	28.49	46.72	62.39
③生活污染的处理和整治	352	3.82	1.99	6.82	21.88	46.02	69.32
④生态保护与治理	352	3.76	1.42	5.97	27.27	46.31	65.34
⑤干净、有序的村庄容貌的整顿和治理	351	3.86	0.85	5.13	23.36	45.87	70.66

第一，农民对农村生态保护和环境治理5个方面现状满意程度评价间的差距较小，都偏向于比较满意。农民对"生活污染的处理和整治""生态保护与治理""干净、有序的村庄容貌的整顿和治理""农业污染的防治"以及"大气、水体、土壤等环境质量的改善"5个方面现状的满意程度得分均值为3.6分以上，而这一均值最高者与最低者之间仅相差0.24分；对这5个方面现状表示满意（包括"比较满意"和"非常满意"）的农民所占比例都在62%以上，而这一比例最高者与最低者之间仅相差8.27个百分点。

第二，对于村庄生态保护和环境治理5个方面的现状，农民满意程度的排序为：⑤干净、有序的村庄容貌的整顿和治理 > ③生活污染的处理和整治 > ④生态保护与治理 > ②农业污染的防治 > ①大气、水体、土壤等环境质量的改善，农民觉得最满意的是干净、有序的村庄容貌的整顿和治理。不仅这方面的满意程度得分均值（3.86）在5个方面中最高，而且表示满意的农民所占比例也最高，达到70%以上。同时，无论是试点村还是非试点村，这一结论都基本成立，虽然试点村样本的有关均值和比例更高，但是，两类村庄间这两个指标间的差异并不大，这体现了过去十年各地区社会主义新农村建设在村庄容貌的整顿和治理实践中所取得的成效。农民觉得最不满意的是"大气、水体、土壤等环境质量的改善"。可见，从农民的角度看，农村环境质量的改善亟待加强。

三　农民对村庄各项公共服务现状满意程度的评价

村庄公共服务发展状况与农民在生产生活中的切身利益密切相关，农民对村庄各项公共服务现状满意程度的评价是村庄社会治理状况和公共服务水平的直接反映。从调查分析结果（见表6-4）看：

表6-4　农民对村庄公共服务具体方面现状满意程度的评价比较

单位：个、分、%

村庄公共 服务具体方面	有效 样本量	均值	非常 不满意	比较 不满意	一般	比较 满意	非常 满意
①医疗卫生	352	3.80	1.70	5.97	24.43	46.31	21.59
②公共教育	351	3.77	0.57	6.27	27.07	46.44	19.66

村庄公共服务具体方面	有效样本量	均值	非常不满意	比较不满意	一般	比较满意	非常满意
③文化体育	352	3.72	1.42	5.68	29.83	45.74	17.33
④社会保障	351	3.82	2.56	6.55	20.80	45.58	24.50
⑤劳动、就业	352	3.43	3.98	10.23	36.93	36.65	12.22
⑥便民服务	352	3.69	1.70	7.10	31.53	39.49	20.17

第一，农民对 6 个方面村庄公共服务现状的满意程度评价处于中等水平，基本偏向于一般，但各方面现状的满意程度得分间有一定差距。农民对村庄公共服务 6 个方面的现状满意程度得分均值为 3.4 分以上，这一得分最高者（社会保障方面）与最低者（劳动、就业方面）之间的差距为 0.39 分。

第二，农民对村庄"社会保障"方面的公共服务现状感到最满意，而对村庄在"劳动、就业"方面的公共服务现状感到最不满意。在总体样本和非试点村样本中，农民对村庄"社会保障"方面现状的满意程度得分最高，且感到满意的农民所占比例在 6 个方面公共服务中也都是最高，在 70% 以上。并且，非试点村农民对"社会保障"方面现状的满意程度反而高于试点村农民，其原因有待后续做进一步研究。无论是基于总体样本还是基于试点村或非试点村样本来分析，农民对村庄"劳动、就业"方面公共服务现状的满意程度都最低，其得分均值水平都在 3.5 分以下，对这方面感到满意的农民所占比例也都在 50% 以下。此外，农民对村庄"公共教育""医疗卫生"方面的公共服务现状也比较满意，无论是试点村还是非试点村，对这两方面现状满意程度的得分均值或感到满意的农民所占比例都在 6 个方面村庄公共服务中排在前三位。

四　农民对村庄现状的评价及对比分析

目前各地的美丽乡村建设实践评价多通过构建综合性的评价指标体系来开展，以一些总体层面的指标（例如村庄绿化覆盖率、危房改造率、农村生活污水治理率、村庄道路硬化率等）来体现有关成效。有关指标体系虽然确实在量的方面体现了相关实践进展，却忽略了美丽乡村建设实践质的方面。而对于村庄建设实践的质量，农民作为受益主体是最有发言权的，有关评价也是最可信的。为了更深入、更细致地分析农民对村庄现状具体方面的满意状况，本书研究试图基于农民对村庄现状的评价来直接体现村庄建设中好或不足的方面。有关村庄现状的调查涉及了9个调查问题，包括对居住环境、治安状况、信息化程度、新型农村合作医疗的效果、新型农村社会养老保险参保情况、村庄基本公共卫生服务状况、邻里关系、闲暇时间活动的丰富状况以及村委会民主管理状况的评价。

从有关分析结果（见表6-5）看，农民对村庄9个方面现状的评价以正面、积极评价为主，认为有关方面较好（较高、较多、比较丰富）和很好（很高、很多、很丰富）的农民都占有效样本的六成以上，而做出负面、消极评价的农民都不超过1/6。其中，农民对邻里关系和新型农村社会养老保险参保率的评价以非常肯定的为最多，而对村庄其余7个方面现状的评价以比较肯定的为最多。

表6-5　　　　　　　　　农民对村庄现状的评价结果　　　　　单位：分、%

调查问题	均值	选项1	选项2	选项3	选项4	选项5	后两项合计
①村里的居住环境如何？	3.93	0.75	3.48	19.9	53.73	22.14	75.87
②村里的治安状况如何？	4.04	0.75	2.49	14.18	57.21	25.37	82.58
③村里的信息化（网络、通信等的发展）程度如何？	3.95	1.0	3.48	20.15	50.25	25.12	75.37
④新型农村合作医疗的效果如何？	3.94	1.73	4.23	16.92	52.74	24.38	77.12
⑤村里购买新型农村社会养老保险的人多吗？	4.29	1.25	5.22	8.46	33.08	51.99	85.07
⑥村里提供的基本公共卫生服务能满足农民的要求吗？	3.74	2.49	7.21	23.13	48.26	18.91	67.17
⑦村里的邻里关系如何？	4.44	—	0.25	9.45	36.07	54.23	90.3
⑧农民在闲暇时间的活动丰富吗？	3.53	3.49	12.22	23.44	49.88	10.97	60.85

调查问题	均值	选项1	选项2	选项3	选项4	选项5	后两项合计
⑨您对村委会民主管理水平的总体评价如何？	3.78	1.0	3.24	29.44	49.88	16.46	66.34

注：对于问题①②④⑦⑨，选项1—5分别为很差、较差、一般、较好和很好；对于问题③，选项1—5分别为很低、较低、一般、较高和很高；对于问题⑤，选项1—5分别为很少、较少、一般、较多和很多；对于问题⑥，选项1—5分别为很不能满足、较不能满足、一般、较能满足和很能满足；对于问题⑧，选项1—5分别为非常单一、比较单一、一般、比较丰富和非常丰富。均值基于对选项1—5分别赋值为1—5分计算得到。为确保调查质量，调查中调查员会详尽地向农民解释有关方面的具体含义。例如，将基本公共卫生服务解释为计划免疫、传染病防治及儿童、孕产妇、老人保健等。除第⑧、⑨题的有效样本数为401外，其他问题的有效样本数均为402。

依据评分均值大小进行排序，农民对村庄9个方面现状的评价由高到低依次是：⑦邻里关系＞⑤新型农村社会养老保险的参保率＞②治安状况＞③信息化程度＞④新型农村合作医疗的效果＞①居住环境＞⑨村委会民主管理状况＞⑥村庄基本公共卫生服务状况＞⑧闲暇时间活动的丰富状况。其中，农民评价最高的方面是"邻里关系"，不管是其均值水平还是做出正面评价的农民所占比例都最高；农民评价最差的三方面依次是闲暇时间活动的丰富状况、村庄基本公共卫生服务状况和村委会民主管理状况，在这三方面评价为很差（很不能满足很不丰富）、较差（较不能满足较不丰富）和一般的农民分别占39.15%、32.83%和33.66%。可见，在进一步展开的乡村振兴实践中，要更重视乡村政治建设和文化建设，组织开展多样化的文娱活动，改善村庄治理和村庄公共卫生服务。

第二节　美丽乡村建设成效：基于两类村庄农民对村庄建设现状满意程度的对比

这一部分主要通过对比分析试点村和非试点村农民的有关满意程度来探讨美丽乡村建设的成效。

一 两类村庄农民对 7 个方面村庄建设现状满意程度的对比

根据开展美丽乡村建设和没有开展美丽乡村建设两类村庄农民对 7 个方面村庄建设现状满意程度的对比结果（见表 6-6），可以发现：

第一，美丽乡村建设提高了农民对 7 个方面村庄建设现状满意程度的总体均值。尽管两类村庄农民的这一总体均值（非试点村的这一均值为 3.44 分）差距不大（相差约 0.37 分），但试点村农民的这一总体均值（3.81 分）更高。并且，试点村对 7 个方面村庄建设现状感到满意的农民所占比例的总体平均值（67.67%）也高于非试点村的这一指标（52.67%）。试点村不仅通过实施相关村庄建设项目从而在生产发展、生活富裕、生态良好方面有了一定的进展，而且其村庄经济社会发展基础或自然、人文资源禀赋通常较好，因而，这些村庄的农民对村庄建设主要方面现状的满意程度更高。两者间差异不大的原因可能是：在试点村样本中，约 3/4 的样本所在自然村开展美丽乡村建设的时长为 3 年或以下，而部分建设项目并不能在短期内让农民感受到成效，因而不能大幅改善他们对村庄建设现状的满意程度。

第二，美丽乡村建设的开展提高了农民对村庄规划、村庄设施建设、农村生态保护和环境治理、村庄产业发展、村庄公共服务完善与乡村文化发展现状的满意程度均值。试点村农民对这 6 个方面满意程度的均值水平分别比非试点村农民高 0.49 分、0.27 分、0.50 分、0.54 分、0.32 分和 0.19 分，且这一差别均在 1% 或 5% 的统计水平上显著，对这 6 个方面表示满意的试点村样本农民所占比例比非试点村样本农民都高出 11 个百分点以上。可见，美丽乡村建设的开展显著改善了试点村在这 6 个方面的现状，提高了农民在这 6 个方面的满意程度。这一状况在村庄产业发展、农村生态保护和环境治理、村庄规划方面表现得尤为突出，两类村庄农民在这 3 个方面的满意程度均值差或表示满意的农民所占比例差在 7 个方面中排前 3 位。

第三，美丽乡村建设的开展没有显著提高农民对基层组织建设现状的满意程度。从结果看，相比于试点村，非试点村样本农民对基层组织建设的满意程度略高，其满意程度评分均值与试点村样本农民相比没有显著差异。其原因可能是，随着近些年乡村治理和基层组织建设的推进，

表6-6　试点村和非试点村农民对村庄主要方面现状满意程度的均值与分布情况

单位：分、%

村庄建设的主要方面	非试点村样本							试点村样本						
	均值	均值排序	非常不满意	比较不满意	一般	比较满意	非常满意	均值	均值排序	非常不满意	比较不满意	一般	比较满意	非常满意
村庄规划	3.26	6	6.73	17.31	29.81	35.58	10.58	3.75***	6	1.21	7.66	28.63	39.92	22.58
村庄设施建设	3.59	3	3.85	6.73	27.88	50	11.54	3.86***	3	3.23	6.85	16.94	47.18	25.81
农村生态保护和环境治理	3.33	5	6.12	14.29	32.65	34.69	12.24	3.83***	4	0.4	3.64	26.72	51.01	18.22
村庄产业发展	3.02	7	7.69	22.12	39.42	22.12	8.65	3.56***	7	2.42	9.27	33.47	39.92	14.92
村庄公共服务完善	3.46	4	2.06	13.4	32.99	39.18	12.37	3.78***	5	0	6.53	24.49	53.47	15.51
乡村文化发展	3.71	1	0.96	6.73	26.92	50.96	14.42	3.90**	2	0.4	2.82	24.6	50.4	21.77
基层组织建设	3.71	1	3.85	9.62	20.19	44.23	22.12	3.97	1	2.42	4.44	23.79	49.97	22.98

注：***、** 表示试点村样本有关满意程度评分均值分别在1%和5%的统计水平显著高于非试点村样本。

两类村庄在这方面的差异较小，且美丽乡村建设也没有专门采取有关措施来强化基层组织建设。

第四，美丽乡村建设基本没有改变农民对 7 个方面村庄建设现状的满意程度排序。从农民对村庄 7 个方面建设现状的满意程度得分均值的排序看，非试点村的这一排序是：基层组织建设、乡村文化发展 > 村庄设施建设 > 村庄公共服务完善 > 农村生态保护和环境治理 > 村庄规划 > 村庄产业发展；试点村的这一排序除排名第 4 项和第 5 项相反外，其他方面满意程度得分均值的排序与非试点村一致。可见，无论是否开展美丽乡村建设，农民对村庄建设各方面现状的满意程度排序基本一致，都对"村庄产业发展"现状最不满意——尽管试点村农民的这一满意程度均值更高。这说明，农民对 7 个方面村庄建设现状的满意程度排序并没有因美丽乡村建设的开展而改变，实现农民生活富裕仍应该是全国各地推进乡村建设的重点目标，特别是在还没开展美丽乡村建设的村庄。

二　试点村和非试点村农民对村庄现状评价的对比

从表 6 - 7 可以看出，对于村庄 9 个方面现状，无论是试点村还是非试点村，农民的有关评价都以积极、正面的居多，且两类村庄农民评价最好与最差的方面都相同，都对村里的邻里关系有最高的评价，而对闲暇时间活动丰富状况的评价都最差。

尽管存在上述相同之处，但两类村庄农民对村庄现状的评价仍有较多不同，从中可看出美丽乡村建设的成效。

第一，美丽乡村建设使村庄状况发生了较大改善，除在"新型农村社会养老保险的参保率"方面外，试点村农民对其他 8 个方面现状的有关评价明显好于非试点村。对比表 6 - 7 中两类村庄对村庄 9 个方面现状评价结果的均值和有关比例可以发现，相比于非试点村农民，试点村农民对村庄其他 8 个方面现状的评价都明显更好，不仅均值水平更高，而且给出负面评价和评价为"一般"的农民所占比例明显更低；有关评价的差距排前四位的方面依次是"居住环境""闲暇时间活动的丰富状况""信息化程度"和"治安状况"，试点村农民在这 4 个方面的评分均值比非试点村农民高出约 0.3 分及以上。可见，美丽乡村建设明显改善了村庄状况，特别是改善了村庄的居住环境、信息化程度和治

表6-7　试点村与非试点村样本农民对村庄现状的评价比较

村庄现状	非试点村样本 (n=154)							试点村样本 (n=248)						
	均值	后两项	选项1	选项2	选项3	选项4	选项5	均值	后两项	选项1	选项2	选项3	选项4	选项5
①	3.59	61.04	1.95	8.44	28.57	50.65	10.39	4.13	84.68	0	0.81	14.52	55.65	29.03
②	3.86	73.37	1.3	4.55	20.78	53.24	20.13	4.15	87.9	0.4	1.21	10.48	59.27	28.63
③	3.71	62.99	1.95	5.19	29.87	45.45	17.54	4.1	83.07	0.4	2.42	14.11	53.23	29.84
④	3.79	70.78	3.9	8.44	16.88	46.75	24.03	4.02	80.65	0.4	2.02	16.94	56.05	24.6
⑤	4.36	88.3	2.6	4.55	4.55	30.52	57.78	4.24	83.07	0.4	6.05	10.48	34.68	48.39
⑥	3.68	61.04	4.55	5.19	29.22	39.61	21.43	3.77	70.57	1.21	8.47	19.76	53.23	17.34
⑦	4.42	92.86	0	0.65	6.49	43.51	49.35	4.46	88.71	0	0	11.29	31.45	57.26
⑧	3.26	49.36	7.14	17.53	25.97	40.91	8.45	3.68	67.74	1.21	8.87	21.77	54.84	12.9
⑨	3.65	62.5	1.32	2.63	32.89	48.03	14.47	3.79	68.15	0.81	3.63	27.02	50.81	17.34

注：调查问题①—⑨与有关选项下的说明见表6-5；由于存在缺省值，部分题项下的有关比例加总不为100%。

安状况，丰富了农民的文化娱乐活动。

第二，两类村庄对村庄现状有关方面评价的排序不同，乡村建设要侧重改善的方面存在一定差异。依据评分均值的大小进行排序，试点村村民对村庄这9个方面现状的评价高低顺序依次是：⑦邻里关系＞⑤新型农村社会养老保险的参保率＞②治安状况＞①居住环境＞③信息化程度＞④新型农村合作医疗的效果＞⑨村委会民主管理状况＞⑥村庄公共卫生服务状况＞⑧闲暇时间活动的丰富状况；而在非试点村，排前3位、排第5位、排第7位和排第9位的方面虽然与试点村一致，但对居住环境的评价均值排到了第8位。可见，两类村庄除都需重视丰富农民日常文化生活和改善村庄的民主管理外，非试点村还应侧重改善村庄居住环境。

第三节　农民对村庄建设主要方面现状满意程度的影响因素分析

上述分析已表明，不同地区、试点村和非试点村农民对村庄现状的评价既有相同之处，又有诸多不同，那么，哪些因素会影响农民对村庄建设主要方面现状的满意程度？为区分具有不同特征的农民群体对村庄建设主要方面现状的满意程度进而更好地分析美丽乡村建设成效，这一部分进一步通过建立计量模型分析其影响因素，为采取针对性措施进一步推进村庄建设提供启示。

一　变量的测量与描述

（一）因变量的测量与描述

这部分的分析包括7个因变量，y_9—y_{15}分别表示农民对村庄规划、村庄设施建设、农村生态保护和环境治理、村庄产业发展、村庄公共服务完善、乡村文化发展、基层组织建设的满意程度评价，选项包括"非常不满意""比较不满意""一般""比较满意"和"非常满意"，依次赋值为1—5分。各因变量的含义及描述性统计分析结果见表6-8。

表6－8　　反映农民对村庄建设主要方面现状满意程度情况的变量含义与描述

因变量名称（代码）	调查问题	赋值	均值	标准差	有效样本量	分组样本均值
对村庄规划满意程度的认知（y_9）	"您对您所在村庄进行科学规划的满意程度如何?"		3.61	1.00	352	3.61
对村庄设施建设满意程度的认知（y_{10}）	"您对您所在村庄水利等生产设施和道路、饮水、供电及通信等生活设施建设的满意程度如何?"		3.78	0.97	352	3.77
对农村生态保护和环境治理满意程度的认知（y_{11}）	"您对您所在村庄大气、水体、土壤等环境质量的改善，农业污染的防治，生活污染的处理和整治，生态保护与治理以及干净、有序的村庄容貌的整顿和治理的满意程度如何?"	非常不满意＝1，比较不满意＝2，一般＝3，比较满意＝4，非常满意＝5	3.69	0.89	345	3.77
对村庄产业发展满意程度的认知（y_{12}）	"您对您所在村庄经济与产业发展的满意程度如何?"		3.40	1	352	3.42
对村庄公共服务完善满意程度的认知（y_{13}）	"您对您所在村庄为农民提供好的医疗卫生、公共教育、社会保障、劳动就业、文化体育、便民服务等公共服务的满意程度如何?"		3.69	0.84	342	3.68
对乡村文化发展满意程度的认知（y_{14}）	"您对您所在村庄开展道德法治等教育、约等乡村文化发展的满意程度如何?"		3.85	0.8	352	3.87
对基层组织建设满意程度的认知（y_{15}）	"您对您所在村庄开展改善村民决策、管理、选举和监督，制定实施村规民约，村务公开等基层组织建设的满意程度如何?"		3.91	0.96	352	3.79

注：最后一列的分组样本为试点村样本，$n＝248$。

（二）自变量的引入

理论上推测，农民个人及农户自身条件的不同会影响其满意程度。例如，随着年龄增长以及外出务工增多等，农民可能见识更多、眼界更宽，对村庄建设现状的评价可能因此改变。同时，不同特征的村庄在各方面的现状都不一样，必然会使农民的有关满意程度产生差异。并且，农民对美丽乡村建设相关政策的了解程度会影响农民有关认知的参照对象和标准，从而也可能影响其对村庄有关方面现状的满意程度。因此，这一部分研究中同样引入前文提出的五类因素 19 个变量为自变量，这些变量的含义见表 5 – 6。

二　理论模型

农民对村庄建设各方面现状的满意程度（y_9—y_{15}）是包括有 5 个选项（非常不满意、比较不满意、一般、比较满意、非常满意）的多分类变量，且在程度上可以由低到高进行排列。因此，与上一章一样，这一章同样通过建立 Ologit 模型来分析农民对村庄建设主要方面现状满意程度的影响因素。

y_{li} 指农民 i 对村庄建设主要方面现状（l 为村庄建设主要方面对应的序次项数代码，$l = 9$，…，15）的满意程度变量，由隐变量 y_{li} 决定，假设 y_{li} 的值取决于一组自变量向量 X，即 $y_{li}^* = X_i \beta + \mu$，其中，$\beta$ 表示 $K \times 1$ 向量。设 γ_1—γ_{j-1} 为未知分割点，且 $\gamma_1 < \gamma_2 < \cdots < \gamma_{j-1}$，定义：

$$y_l = \begin{cases} 1, & y_i^* \leqslant \gamma_1 \\ 2, & \gamma_1 < y_{li}^* \leqslant \gamma_2 \\ 3, & \gamma_2 < y_{li}^* \leqslant \gamma_3 \\ 4, & \gamma_3 < y_{li}^* \leqslant \gamma_4 \\ 5, & \gamma_4 < y_{li}^* \leqslant \gamma_5 \end{cases} \qquad (6-1)$$

假设残差项 μ 服从 Logistics 是概率分布，则可得 Ologit 模型的概率形式：

$$p(y_{li} > j) = \varphi(\gamma_i - X_i \beta) = \frac{\exp(\gamma_i - X_i \beta)}{1 + \exp(\gamma_i - X_i \beta)} \qquad (6-2)$$

式（6-2）中，j 代表对村庄建设主要方面现状满意程度的等级，

$j=1$，2，3，4，5，下标 i 代表样本序号，X_i 为自变量向量，β 是待估计的参数。

三 估计结果与分析

使用 Stata12.0 分析软件，利用 VIF 方法对各解释变量进行多重共线性检验后发现，变量间不存在严重的多重共线性问题。运用 Ologit 模型，分析全部有效样本和试点村样本农民对村庄建设相关方面现状满意程度的影响因素，得到结果分别见表 6-9 和表 6-10。结果显示，基于全部有效样本来分析时，农民对村庄公共服务改善现状满意程度的影响因素模型（方程 6-5）整体不显著（卡方统计值的显著性概率为0.164），而方程 6-1 至方程 6-4 以及方程 6-6 和方程 6-7 都通过了显著性检验；基于试点村样本农民进行分析时，农民对村庄组织建设现状满意程度的影响因素模型（方程 6-7#）整体不显著（卡方统计值的显著性概率为 0.487），而方程 6-1# 至方程 6-6# 整体通过了显著性检验。进一步对整体显著的方程中各自变量的边际效应进行计算，得到结果见表 6-11 至表 6-16。

表 6-9　　　　　　　全部样本农民对村庄建设相关方面现状
满意程度的影响因素模型拟合结果

自变量	方程 6-1（村庄规划）	方程 6-2（村庄设施建设）	方程 6-3（农村生态保护和环境治理）	方程 6-4（村庄产业发展）	方程 6-5（村庄公共服务完善）	方程 6-6（乡村文化发展）	方程 6-7（基层组织建设）
性别	0.607* (0.321)	-0.219 (0.328)	0.313 (0.930)	0.070 (0.319)	-0.036 (0.337)	0.520 (0.339)	0.271 (0.321)
年龄	0.009 (0.010)	0.024** (0.011)	0.016 (0.011)	-0.015 (0.010)	-0.017 (0.011)	-0.005 (0.011)	0.012 (0.010)
受教育程度	-0.078 (0.060)	-0.022 (0.062)	-0.026 (0.062)	-0.093 (0.061)	-0.115* (0.065)	-0.079 (0.062)	-0.060 (0.061)
婚姻状况	-0.610* (0.367)	-0.538 (0.383)	-0.361 (0.378)	0.029 (0.372)	-0.308 (0.386)	-0.529 (0.392)	-0.108 (0.379)

续表

自变量	方程6-1 (村庄 规划)	方程6-2 (村庄设 施建设)	方程6-3 (农村生态 保护和环 境治理)	方程6-4 (村庄产 业发展)	方程6-5 (村庄公 共服务 完善)	方程6-6 (乡村文 化发展)	方程6-7 (基层组 织建设)
主要从业领域 (以务工为参照组)							
纯农业生产	-0.547* (0.309)	-0.327 (0.316)	-0.224 (0.316)	0.066 (0.310)	-0.375 (0.324)	0.094 (0.325)	-0.013 (0.318)
兼业(县域内)	-0.268 (0.308)	-0.223 (0.312)	-0.244 (0.312)	-0.505* (0.305)	-0.407 (0.319)	-0.293 (0.317)	-0.414 (0.316)
是否是户主	0.180 (0.320)	0.472 (0.332)	-0.086 (0.324)	0.381 (0.320)	0.161 (0.338)	0.384 (0.342)	-0.008 (0.323)
是否是党员	-0.104 (0.293)	-0.056 (0.300)	0.043 (0.312)	-0.508* (0.296)	0.357 (0.307)	-0.145 (0.304)	0.021 (0.311)
是否参加了专业 性合作组织	-0.027 (0.274)	-0.013 (0.277)	-0.179 (0.287)	0.168 (0.275)	0.846*** (0.296)	-0.225 (0.295)	-0.555** (0.281)
是否是村里的种 植(或养殖)大户	0.299 (0.420)	0.510 (0.428)	1.016** (0.438)	0.673* (0.401)	-0.067 (0.467)	0.427 (0.424)	1.392*** (0.428)
家庭成员最高受 教育程度	-0.0003 (0.042)	0.045 (0.042)	0.039 (0.043)	0.064 (0.042)	0.032 (0.043)	-0.015 (0.043)	0.015 (0.042)
家庭劳动力所占 比例	0.962** (0.466)	0.427 (0466)	0.273 (0.481)	0.646 (0.466)	0.111 (0.481)	0.263 (0.478)	0.454 (0.472)
家庭收入水平	0.030 (0.020)	0.025 (0.020)	0.037* (0.020)	0.031 (0.021)	0.014 (0.021)	0.025 (0.020)	0.030 (0.022)
家庭是否有成员 外出务工	-0.377* (0.219)	-0.160 (0.226)	-0.153 (0.223)	0.159 (0.218)	0.083 (0.228)	-0.151 (0.227)	-0.052 (0.223)
所经营的耕地 面积	-0.012 (0.007)	-0.006 (0.008)	-0.020** (0.008)	-0.021*** (0.008)	-0.012 (0.008)	-0.012 (0.008)	-0.016** (0.008)
村庄所在地区 (以四川省为参照组)							
浙江省	-1.461*** (0.360)	-1.231*** (0.359)	-0.399 (0.367)	-1.188*** (0.353)	0.726** (0.359)	-0.664* (0.374)	-0.824** (0.353)

续表

自变量	方程6-1 （村庄 规划）	方程6-2 （村庄设 施建设）	方程6-3 （农村生态 保护和环 境治理）	方程6-4 （村庄产 业发展）	方程6-5 （村庄公 共服务 完善）	方程6-6 （乡村文 化发展）	方程6-7 （基层组 织建设）
安徽省	-0.799** (0.321)	-0.560* (0.323)	-1.028*** (0.336)	-0.546* (0.316)	0.145 (0.331)	-1.309*** (0.348)	-0.292 (0.323)
所在自然村是否 开展美丽乡村建设	0.067 (0.226)	0.116 (0.228)	0.447* (0.233)	0.186 (0.227)	-0.161 (0.235)	0.002 (0.234)	0.005 (0.229)
是否听说过美丽 乡村建设	0.059 (0.360)	0.081 (0.383)	-0.095 (0.360)	0.301 (0.354)	-0.036 (0.386)	0.036 (0.373)	0.416 (0.365)
是否参加过相关 政策的宣传教育或 培训活动	0.758*** (0.218)	0.180 (0.221)	0.198 (0.224)	0.202 (0.215)	0.112 (0.226)	0.382* (0.224)	0.279 (0.218)
卡方统计值	58.820	33.970	45.67	46.840	26.050	40.640	33.030
卡方值的显著性概率	0.000	0.0264	0.0009	0.0006	0.164	0.004	0.034
对数似然值	-450.582	-436.003	-410.889	-463.448	-401.541	-388.601	-437.533
观测值	349	349	342	349	339	349	349

注：*、**、***分别表示10%、5%、1%的显著性水平；系数下括号内为标准差；方程6-1、方程6-2、方程6-6和方程6-7为对因变量进行重新赋值后的模型拟合结果。

表6-10 　　试点村农民对村庄建设相关方面现状满意程度的影响因素模型拟合结果

自变量	方程6-1# （村庄 规划）	方程6-2# （村庄设施 建设）	方程6-3# （农村生态 保护和环境 治理）	方程6-4# （农村产业 发展）	方程6-5# （村庄公共 服务完善）	方程6-6# （乡村文化 发展）	方程6-7# （基层组 织建设）
性别	0.560 (0.414)	-0.387 (0.414)	0.253 (0.415)	-0.181 (0.410)	0.286 (0.419)	0.447 (0.420)	0.297 (0.405)
年龄	-0.013 (0.013)	0.015 (0.013)	-0.001 (0.013)	-0.021* (0.013)	-0.039*** (0.014)	-0.017 (0.013)	0.003 (0.013)
受教育程度	-0.206** (0.081)	-0.028 (0.081)	-0.125 (0.080)	-0.171** (0.083)	-0.302*** (0.085)	-0.192** (0.082)	-0.083 (0.081)

续表

自变量	方程6-1# （村庄规划）	方程6-2# （村庄设施建设）	方程6-3# （农村生态保护和环境治理）	方程6-4# （农村产业发展）	方程6-5# （村庄公共服务完善）	方程6-6# （乡村文化发展）	方程6-7# （基层组织建设）
婚姻状况	-1.490***	-1.225**	-0.678	-0.528	-0.861	-1.166**	-0.355
	(0.546)	(0.557)	(0.533)	(0.538)	(0.535)	(0.545)	(0.535)
主要从业领域 （以务工为参照组）							
纯农业生产	-0.537	-0.291	-0.772*	-0.185	-0.689*	0.093	-0.047
	(0.384)	(0.390)	(0.395)	(0.391)	(0.402)	(0.404)	(0.393)
兼业（县域内）	-0.111	-0.080	0.482	-0.847**	-0.551	-0.193	-0.447
	(0.391)	(0.393)	(0.396)	(0.390)	(0.397)	(0.398)	(0.390)
是否是户主	0.350	0.618	0.290	0.466	0.075	0.424	0.008
	(0.410)	(0.424)	(0.409)	(0.414)	(0.423)	(0.418)	(0.408)
是否是党员	-0.201	-0.283	-0.188	-0.912**	0.216	-0.073	-0.248
	(0.406)	(0.408)	(0.412)	(0.424)	(0.413)	(0.423)	(0.435)
是否参加了专业性合作组织	0.209	0.178	0.153	0.525	1.617***	0.105	-0.665
	(0.414)	(0.407)	(0.437)	(0.419)	(0.460)	(0.446)	(0.427)
是否是村里的种植（或养殖）大户	-0.397	0.082	0.898	0.924	-0.454	0.448	0.834
	(0.708)	(0.698)	(0.689)	(0.678)	(0.711)	(0.691)	(0.714)
家庭成员最高受教育程度	0.028	0.064	0.003	0.082	0.045	-0.076	0.007
	(0.055)	(0.056)	(0.055)	(0.054)	(0.056)	(0.056)	(0.054)
家庭劳动力所占比例	1.167**	0.505	0.673	0.648	0.310	0.357	0.929
	(0.575)	(0.552)	(0.576)	(0.565)	(0.572)	(0.579)	(0.575)
家庭收入水平	0.071**	0.052*	0.091***	0.093***	0.049	0.079**	0.062**
	(0.030)	(0.031)	(0.031)	(0.030)	(0.030)	(0.032)	(0.031)
家庭是否有成员外出务工	-0.367	-0.116	0.027	0.571**	0.109	-0.133	-0.111
	(0.282)	(0.285)	(0.283)	(0.284)	(0.289)	(0.289)	(0.285)
所经营的耕地面积	-0.008	-0.001	-0.017*	-0.027***	-0.009	-0.016	-0.018*
	(0.010)	(0.010)	(0.010)	(0.010)	(0.010)	(0.010)	(0.010)
村庄所在地区 （以四川省为参照组）							

续表

自变量	方程6-1#（村庄规划）	方程6-2#（村庄设施建设）	方程6-3#（农村生态保护和环境治理）	方程6-4#（农村产业发展）	方程6-5#（村庄公共服务完善）	方程6-6#（乡村文化发展）	方程6-7#（基层组织建设）
浙江省	-1.844***	-1.564***	0.279	-1.108**	1.457***	-0.325	-0.732
	(0.537)	(0.539)	(0.551)	(0.533)	(0.550)	(0.549)	(0.537)
安徽省	-0.355	-0.444	-0.273	-0.203	1.097**	-0.586	-0.215
	(0.464)	(0.467)	(0.483)	(0.463)	(0.502)	(0.498)	(0.479)
所在自然村开展美丽乡村建设的时间长短	0.108	0.123*	-0.066	0.070	-0.008	-0.042	-0.040
	(0.071)	(0.072)	(0.072)	(0.070)	(0.072)	(0.073)	(0.073)
是否听说过美丽乡村建设	0.285	0.382	0.295	1.189**	0.415	0.436	0.189
	(0.524)	(0.552)	(0.490)	(0.496)	(0.532)	(0.525)	(0.523)
是否参加过相关政策的宣传教育或培训活动	1.431***	0.500*	0.859***	0.547*	0.613**	0.421	0.340
	(0.304)	(0.296)	(0.303)	(0.293)	(0.299)	(0.299)	(0.294)
卡方统计值	68.060	30.720	39.530	58.06	43.200	30.730	19.540
卡方值的显著性概率	0.000	0.059	0.006	0.000	0.002	0.059	0.487
对数似然值	272.246	-279.086	-253.479	-278.645	-248.644	-238.743	-264.86
观测值	219	219	219	219	219	219	219

注：*、**、***分别表示10%、5%、1%的显著性水平；系数下括号内为标准差。

（一）农民对村庄规划现状满意程度的影响因素分析

表6-9的结果显示，在基于全部有效样本进行分析时，性别、家庭劳动力所占比例、是否参加过相关政策的宣传教育或培训活动变量影响显著且系数为正，而婚姻状况、纯农业生产、家庭是否有成员外出务工以及村庄所在地区变量影响显著且系数为负。结合表6-11中的有关结果，从具有正向影响的因素看，相比于女性农民，男性农民更倾向于对村庄规划现状感到满意，认为满意（包括"比较满意"和"非常满意"，

表6-11　各因素影响农民对村庄规划、村庄设施建设现状满意程度的边际效应（基于全部样本）

自变量	方程6-1（村庄规划）				方程6-2（村庄设施建设）			
	$p\,(y_9=1)$	$p\,(y_9=2)$	$p\,(y_9=4)$	$p\,(y_9=5)$	$p\,(y_{10}=1)$	$p\,(y_{10}=2)$	$p\,(y_{10}=4)$	$p\,(y_{10}=5)$
性别	-0.0168*	-0.0474*	0.0442*	0.0859*	0.0073	0.0115	-0.0082	-0.0350
年龄	-0.0003	-0.0007	0.0007	0.0013	-0.0008*	-0.0012**	0.0009*	0.0038**
受教育程度	0.0022	0.0061	-0.0057	-0.0111	0.0007	0.0012	-0.0008	-0.0036
婚姻状况	0.0169	0.0476	-0.0444	-0.0864*	0.0178	0.0283	-0.0201	-0.0859
主要从业领域（以务工为参照组）								
纯农业生产	0.0152	0.0427*	-0.0398*	-0.0774*	0.0108	0.0172	-0.0122	-0.0521
兼业（县域内）	0.0074	0.0209	-0.0195	-0.0379	0.0074	0.0117	-0.0084	-0.0356
是否是户主	-0.0050	-0.0140	0.0131	0.0254	-0.0156	-0.0249	0.0177	0.0754
是否是党员	0.0029	0.0081	-0.0076	-0.0148	0.0019	0.0030	-0.0021	-0.0090
是否参加了专业性合作组织	0.0008	0.0021	-0.0020	-0.0039	0.0004	0.0007	-0.0005	-0.0021
是否村里的种植（或养殖）大户	-0.0082	-0.0234	0.0218	0.0424	-0.0169	-0.0268	0.1905	0.0813
家庭成员最高受教育程度	8.51e-06	-0.00002	-0.00002	-0.00004	-0.0015	-0.0024	0.0017	0.0072

续表

自变量	方程 6-1（村庄规划）				方程 6-2（村庄设施建设）			
	$p(y_9=1)$	$p(y_9=2)$	$p(y_9=4)$	$p(y_9=5)$	$p(y_{10}=1)$	$p(y_{10}=2)$	$p(y_{10}=4)$	$p(y_{10}=5)$
家庭劳动力所占比例	-0.0266*	-0.0751**	0.0700**	0.1362**	-0.0141	-0.0224	0.0159	0.0682
家庭收入水平	-0.0008	-0.0023	0.0022	0.0042	-0.0008	-0.0013	0.0009	0.0040
家庭是否有成员外出务工	0.0104	0.0294*	-0.0275*	-0.0534*	0.0053	0.0084	-0.0059	-0.0256
所经营的耕地面积	0.0003	0.0009	-0.0008	-0.0017	0.0002	0.0003	-0.0002	-0.0010
村庄所在地区（以四川省为参照组）								
浙江省	0.0405***	0.1141***	-0.1064***	-0.2069***	0.0407***	0.0648***	-0.0460**	-0.1964**
安徽省	0.0221**	0.0623**	-0.0582**	-0.1131**	0.0185	0.0295	-0.0209	-0.0894*
所在自然村是否开展美丽乡村建设	-0.0018	-0.0053	0.0049	0.0096	-0.0038	-0.0061	0.0043	0.0186
是否听说过美丽乡村建设	-0.0016	-0.0046	0.0043	0.0084	-0.0026	-0.0042	0.0030	0.0130
是否参加过相关政策的宣传教育或培训活动	-0.0210***	-0.0592***	0.0552***	0.1074***	-0.0059	-0.0095	0.0067	0.0287

注：因版面方面的考虑，文中没有给出对满意程度为"一般"的边际效应结果。

表6-12　各因素影响农民对村庄规划、村庄设施建设现状满意程度的边际效应（基于试点村样本）

自变量	方程6-1#（村庄规划）				方程6-2#（村庄设施建设）			
	$p(y_9=1)$	$p(y_9=2)$	$p(y_9=4)$	$p(y_9=5)$	$p(y_{10}=1)$	$p(y_{10}=2)$	$p(y_{10}=4)$	$p(y_{10}=5)$
性别	-0.0167	-0.0383	0.0298	0.0795	0.0168	0.0205	-0.0109	-0.0639
年龄	0.0004	0.0009	-0.0007	-0.0019	-0.0006	-0.0008	0.0004	0.0024
受教育程度	0.0061**	0.0141**	-0.0109**	-0.0292***	0.0012	0.0015	-0.0008	-0.0046
婚姻状况	0.0444**	0.1019**	-0.0792**	-0.2117***	0.0532*	0.0650**	-0.0345	-0.2022**
主要从业领域（以务工为参照组）								
纯农业生产	0.0159	0.0367	-0.0285	-0.0763	0.0127	0.0155	-0.0082	-0.0481
兼业（县域内）	0.0033	0.0076	-0.0059	-0.0157	0.0035	0.0043	-0.0023	-0.0133
是否是户主	-0.0104	-0.0239	0.0186	0.0497	-0.0268	-0.0328	0.0174	0.1020
是否是党员	0.0060	0.0138	-0.0107	-0.0286	0.0123	0.0150	-0.0080	-0.0467
是否参加了专业性合作组织	-0.0062	-0.0143	0.0111	0.0297	-0.0077	-0.0095	0.0050	0.0294
是否是村里的种植（或养殖）大户	0.0118	0.0271	-0.0211	-0.0564	-0.0035	-0.0043	0.0023	0.0135
家庭成员最高受教育程度	0.0008	0.0019	-0.0015	-0.0040	-0.0027	-0.0034	0.0018	0.0106

续表

自变量	方程 6-1# （村庄规划）				方程 6-2# （村庄设施建设）			
	$p(y_9=1)$	$p(y_9=2)$	$p(y_9=4)$	$p(y_9=5)$	$p(y_{10}=1)$	$p(y_{10}=2)$	$p(y_{10}=4)$	$p(y_{10}=5)$
家庭劳动力所占比例	-0.0348*	-0.0798**	0.0620*	0.1658**	-0.0219	-0.0268	0.0142	0.0834
家庭收入水平	-0.0021*	-0.0049**	0.0038**	0.0101**	-0.0022	-0.0027	0.0015	0.0085*
家庭是否有成员外出务工	0.0109	0.0251	-0.0195	-0.0521	0.0050	0.0062	-0.0033	-0.0191
所经营的耕地面积	0.0002	0.0006	-0.0004	-0.0011	0.00004	0.00006	-0.00003	-0.0002
村庄所在地区（以四川省为参照组）								
浙江省	0.0549**	0.1261***	-0.0980***	-0.2619***	0.0679**	0.0830**	-0.0440	-0.2581***
安徽省	0.0106	0.0243	-0.0189	-0.0504	0.0193	0.0235	-0.0125	-0.0732
所在自然村开展美丽乡村建设的时间长短	-0.0032	-0.0074	0.0057	0.0153	-0.0053	-0.0065	0.0034	0.0202*
是否听说过美丽乡村建设	-0.0085	-0.0195	0.0151	0.0405	-0.0165	-0.0202	0.0107	0.0631
是否参加过相关政策的宣传教育或培训活动	-0.0426**	-0.0979***	0.0761***	0.2033***	-0.0217	-0.0265	0.0140	0.0826*

注：因版面方面的考虑，文中没有给出对满意程度为"一般"的边际效应结果。

表6-13　各因素影响农民对农村生态保护和环境治理、村庄产业发展现状满意程度的边际效应（基于全部样本）

自变量	方程6-3（农村生态保护和环境治理）				方程6-4（村庄产业发展）			
	$p(y_{11}=1)$	$p(y_{11}=2)$	$p(y_{11}=4)$	$p(y_{11}=5)$	$p(y_{12}=1)$	$p(y_{12}=2)$	$p(y_{12}=4)$	$p(y_{12}=5)$
性别	-0.0061	-0.0169	0.0252	0.0407	-0.0026	-0.0065	0.0080	0.0076
年龄	-0.0003	-0.0009	0.0013	0.0021	0.0005	0.0014	-0.0017	-0.0016
受教育程度	0.0005	0.0014	-0.0021	-0.0033	0.0035	0.0087	-0.0106	-0.0102
婚姻状况	0.0071	0.0196	-0.0291	-0.0469	-0.0011	-0.0027	0.0033	0.0032
主要从业领域（以务工为参照组）								
纯农业生产	0.0044	0.0121	-0.0181	-0.0291	-0.0025	-0.0061	0.0075	0.0072
兼业（县域内）	0.0048	0.0132	-0.0196	-0.0317	0.0191	0.0472*	-0.0578*	-0.0555
是否是户主	0.0017	0.0047	-0.0069	-0.0112	-0.0144	-0.0356	0.0437	0.0419
是否是党员	-0.0008	-0.0023	0.0035	0.0056	0.0192	0.0474*	-0.0582*	-0.0558*
是否参加了专业性合作组织	0.0035	0.0097	-0.0144	-0.0233	-0.0063	-0.0157	0.0193	0.0185
是否是村里的种植（或养殖）大户	-0.0199*	-0.0550**	0.0818**	0.1319**	-0.0254	-0.0629*	0.0771*	0.0740*
家庭成员最高受教育程度	-0.0007	-0.0021	0.0032	0.0051	-0.0024	-0.0060	0.0074	0.0071

续表

自变量	方程6-3（农村生态保护和环境治理）				方程6-4（村庄产业发展）				
	$p(y_{11}=1)$	$p(y_{11}=2)$	$p(y_{11}=4)$	$p(y_{11}=5)$	$p(y_{12}=1)$	$p(y_{12}=2)$	$p(y_{12}=4)$	$p(y_{12}=5)$
家庭劳动力所占比例	-0.0053	-0.0148	0.0220	0.0355	-0.0244	-0.0603	0.0740	0.0710
家庭收入水平	-0.0007	-0.0020*	0.0029*	0.0047*	-0.0012	-0.0029	0.0036	0.0034
家庭是否有成员外出务工	0.0030	0.0083	-0.0123	-0.0198	-0.0060	-0.0148	0.0182	0.0175
所经营的耕地面积	0.0004*	0.0011**	-0.0016**	-0.0027**	0.0008**	0.0019***	-0.0024***	-0.0023**
村庄所在地区（以四川省为参照组）								
浙江省	0.0078	0.0216	-0.0322	-0.0518	0.0448***	0.1110***	-0.1362***	-0.1307***
安徽省	0.0201**	0.0557***	-0.0828***	-0.1334***	0.0206	0.0511*	-0.0626*	-0.0601*
所在自然村是否开展美丽乡村建设	-0.0088	-0.0242*	0.0360*	0.0581*	-0.0070	-0.0174	0.0214	0.0205
是否听说过美丽乡村建设	0.0019	0.0051	-0.0076	0.0123	-0.0113	-0.0281	0.0345	0.0331
是否参加过相关政策的宣传教育或培训活动	-0.0039	-0.0107	0.0160	0.0257	-0.0076	-0.0188	0.0231	0.0222

注：因版面方面的考虑，文中没有给出对满意程度为"一般"的边际效应结果。

表6-14 各因素影响农民对农村生态保护和环境治理、村庄产业发展现状满意程度的边际效应（基于试点村样本）

自变量	方程6-3#（农村生态保护和环境治理）				方程6-4#（村庄产业发展）			
	$P(y_{11}=1)$	$P(y_{11}=2)$	$P(y_{11}=4)$	$P(y_{11}=5)$	$P(y_{12}=1)$	$P(y_{12}=2)$	$P(y_{12}=4)$	$P(y_{12}=5)$
性别	-0.0054	-0.0087	0.0125	0.0364	0.0075	0.0146	-0.0172	-0.0196
年龄	0.0003	0.00005	-0.00007	-0.0002	0.0009	0.0017	-0.0020	-0.0023
受教育程度	0.0027	0.0043	-0.0062	-0.0180	0.0070*	0.0138**	-0.0162**	-0.0186**
婚姻状况	0.0146	0.0234	-0.0335	-0.0977	0.0218	0.0426	-0.0500	-0.0572
主要从业领域（以务工为参照组）								
纯农业生产	0.0166	0.0266*	-0.0381*	-0.1112*	0.0076	0.0149	-0.0175	-0.0200
兼业（县域内）	0.0104	0.0166	-0.0239	-0.0696	0.0350*	0.0684**	-0.0802**	-0.0918**
是否是户主	-0.0062	-0.0100	0.0143	0.0418	-0.0193	-0.0376	0.0441	0.0505
是否是党员	0.0041	0.0065	-0.0093	-0.0272	0.0377*	0.0737**	-0.0864**	-0.0988**
是否参加了专业性合作组织	-0.0033	-0.0053	0.0075	0.0220	-0.0217	-0.0424	0.0498	0.0569
是否是村里的种植（或养殖）大户	-0.0193	-0.0310	0.0444	0.1294	-0.0382	-0.0746	0.0875	0.1001
家庭成员最高受教育程度	-0.00006	-0.0001	0.0001	0.0004	-0.0034	-0.0066	0.0077	0.0088

自变量	方程6-3#（农村生态保护和环境治理）				方程6-4#（村庄产业发展）			
	$p(y_{11}=1)$	$p(y_{11}=2)$	$p(y_{11}=4)$	$p(y_{11}=5)$	$p(y_{12}=1)$	$p(y_{12}=2)$	$p(y_{12}=4)$	$p(y_{12}=5)$
家庭劳动力所占比例	-0.0145	-0.0231	0.0332	0.0969	-0.0268	-0.0523	0.0613	0.0702
家庭收入水平	-0.0020*	-0.0031**	0.0045**	0.0131***	-0.0039**	-0.0075***	0.0088***	0.0101***
家庭是否有成员外出务工	0.0006	0.0009	-0.0013	-0.0038	-0.0236*	-0.0461**	0.0541**	0.0619*
所经营的耕地面积	0.0004	0.0006	-0.0008	-0.0024*	0.0011*	0.0022***	-0.0026***	-0.0029***
村庄所在地区（以四川省为参照组）								
浙江省	-0.0060	-0.0096	0.0138	0.0402	0.0458*	0.0895**	-0.1049**	-0.1200**
安徽省	0.0059	0.0094	-0.0135	-0.0393	0.0084	0.0164	-0.0193	-0.0220
所在自然村开展美丽乡村建设的时间长短	0.0014	0.0023	0.0033	0.0096	-0.0029	-0.0056	0.0066	0.0076
是否听说过美丽乡村建设	-0.0063	-0.0102	0.0146	0.0425	-0.0492	-0.0960**	0.1126**	0.1288**
是否参加过相关政策的宣传教育或培训活动	-0.0185*	-0.0296**	0.0424**	0.1237***	-0.0226**	-0.0442*	0.0518*	0.0593*

注：因版面方面的考虑，文中没有给出对满意程度为"一般"的边际效应结果。

表6-15　各因素影响农民对村庄公共服务完善、乡村文化发展现状满意程度的边际效应（基于试点村样本）

自变量	方程6-5# （村庄公共服务完善）			方程6-6# （乡村文化发展）			
	$p(y_{13}=2)$	$p(y_{13}=4)$	$p(y_{13}=5)$	$p(y_{14}=1)$	$p(y_{14}=2)$	$p(y_{14}=4)$	$p(y_{14}=5)$
性别	-0.0248	0.0228	0.0344	-0.0020	-0.0152	0.0164	0.0667
年龄	0.0034***	-0.0031***	-0.0047***	0.0001	0.0006	-0.0006	-0.0025
受教育程度	0.0262***	-0.0242***	-0.0364***	0.0009	0.0065*	-0.0070	-0.0285**
婚姻状况	0.0746	-0.0688	-0.1037	0.0053	0.0397*	-0.0427	-0.1738**
主要从业领域（以务工为参照组）							
纯农业生产	0.0597*	-0.0551*	-0.0830*	-0.0004	-0.0032	0.0034	0.0139
兼业（县域内）	0.0477	-0.0440	-0.0663	0.0009	0.0066	-0.0071	-0.0288
是否是户主	-0.0065	0.0060	0.0090	-0.0019	-0.0144	0.0155	0.0632
是否是党员	-0.0187	0.0173	0.0260	0.0003	0.0025	-0.0027	-0.0109
是否参加了专业性合作组织	-0.1402***	0.1293***	0.1948***	-0.0005	-0.0036	0.0038	0.0156
是否是村里的种植（或养殖）大户	0.0393	-0.0363	-0.0547	-0.0020	-0.0152	0.0164	0.0667
家庭成员最高受教育程度	-0.0039	0.0036	0.0054	0.0003	0.0026	-0.0028	-0.0113

续表

自变量	方程6-5#（村庄公共服务完善）			方程6-6#（乡村文化发展）			
	$p(y_{13}=2)$	$p(y_{13}=4)$	$p(y_{13}=5)$	$p(y_{14}=1)$	$p(y_{14}=2)$	$p(y_{14}=4)$	$p(y_{14}=5)$
家庭劳动力所占比例	-0.0269	0.0248	0.0373	-0.0016	-0.0121	0.0131	0.0532
家庭收入水平	-0.0042	0.0039	0.0058	-0.0004	-0.0027*	0.0029	0.0118**
家庭是否有成员外出务工	-0.0094	0.0087	0.0130	0.0006	0.0045	-0.0049	-0.0199
所经营的耕地面积	0.0008	-0.0007	-0.0011	0.0001	0.0005	-0.0006	-0.0023
村庄所在地区（以四川省为参照组）							
浙江省	-0.1263**	0.1165**	0.1755***	0.0015	0.0110	-0.0119	-0.0484
安徽省	-0.0951**	0.0877**	0.1321**	0.0026	0.0200	-0.0215	-0.0874
所在自然村开展美丽乡村建设的时间长短	0.0007	-0.0007	-0.0010	0.0002	0.0014	-0.0015	-0.0062
是否听说过美丽乡村建设	-0.0360	0.0332	0.0500	-0.0020	-0.0148	0.0160	0.0650
是否参加过相关政策的宣传教育或教育培训活动	-0.0532**	0.0490*	0.0739**	-0.0019	-0.0143	0.0154	0.0627

注：因版面方面的考虑，文中没有给出对满意程度为"一般"的边际效应结果；对于"村庄公共服务完善"，样本农民没有认为"非常不满意"，因而，方程6-5#下的 $p(y_{12}=1)$ 没有边际效应结果。

表 6－16　各因素影响农民对乡村文化发展、基层组织建设现状满意程度的边际效应（基于全部样本）

自变量	方程6－6（乡村文化发展）				方程6－7（基层组织建设）			
	$p(y_{14}=1)$	$p(y_{14}=2)$	$p(y_{14}=4)$	$p(y_{14}=5)$	$p(y_{15}=1)$	$p(y_{15}=2)$	$p(y_{15}=4)$	$p(y_{15}=5)$
性别	-0.0030	-0.0194	0.0232	0.0768	-0.0074	-0.0139	0.0101	0.0446
年龄	0.00003	0.0002	-0.0002	-0.0008	-0.0003	-0.0006	0.0005	0.0020
受教育程度	0.0005	0.0029	-0.0035	-0.0116	0.0017	0.0031	-0.0023	-0.0010
婚姻状况	0.0030	0.0197	-0.0236	-0.0782	0.0030	0.0055	-0.0040	-0.0179
主要从业领域（以务工为参照组）								
纯农业生产	-0.0005	-0.0035	0.0042	0.0139	0.0003	0.0007	-0.0005	-0.0022
兼业（县域内）	0.0017	0.0110	-0.0131	-0.0434	0.0114	0.0212	-0.0154	-0.0683
是否是户主	-0.0022	-0.0143	0.0171	0.0567	0.0002	0.0004	-0.0003	-0.0013
是否是党员	0.0008	0.0054	-0.0065	-0.0215	-0.0006	-0.0011	0.0008	0.0035
是否参加了专业性合作组织	0.0013	0.0084	-0.0100	-0.0332	0.0152*	0.0284*	-0.0207	-0.0915**
是否是村里的种植（或养殖）大户	-0.0024	-0.0159	0.0190	0.0630	-0.0382**	-0.0712***	0.0519*	0.2295***
家庭成员最高受教育程度	0.00008	0.0006	-0.0007	-0.0023	-0.0004	-0.0008	0.0005	0.0024

续表

自变量	方程 6-6（乡村文化发展）				方程 6-7（基层组织建设）			
	$p(y_{14}=1)$	$p(y_{14}=2)$	$p(y_{14}=4)$	$p(y_{14}=5)$	$p(y_{15}=1)$	$p(y_{15}=2)$	$p(y_{15}=4)$	$p(y_{15}=5)$
家庭劳动力所占比例	-0.0015	-0.0098	0.0117	0.0389	-0.0124	-0.0233	0.0169	0.0749
家庭收入水平	-0.0001	-0.0009	0.0011	0.0037	-0.0008	-0.0015	0.0011	0.0050
家庭是否有成员外出务工	0.0009	0.0056	-0.0067	-0.0223	0.0014	0.0027	-0.0019	-0.0086
所经营的耕地面积	0.00007	0.0004	-0.0005	-0.0018	0.0004*	0.0008*	-0.0006	-0.0027**
村庄所在地区（以四川省为参照组）								
浙江省	0.0038	0.0248	-0.0297	-0.0981*	0.0226*	0.0422**	-0.0307*	-0.1358**
安徽省	0.0075	0.0489***	-0.0585***	-0.1934***	0.0080	0.0149	-0.0109	-0.0481
所在自然村是否开展美丽乡村建设	-0.00001	-0.000008	0.00009	0.0003	-0.0001	-0.0002	0.0001	0.0008
是否听说过美丽乡村建设	0.0002	0.0013	0.0016	0.0053	-0.0114	-0.0212	0.0155	0.0685
是否参加过相关政策的宣传教育或培训活动	-0.0022	-0.0143	0.0171	0.0566*	-0.0076	-0.0143	0.0104	0.0459

注：因篇幅方面的考虑，文中没有给出对满意程度为"一般"的边际效应结果。

下同）的概率高 13.01 个百分点 （0.0442 ＋ 0.0859），而认为不满意
（包括"非常不满意"和"比较不满意"，下同）的概率低 6.42 个百分
点 （－0.0168 － 0.0474）。其原因可能是，相比于女性农民，男性农民
在村庄规划方面的期待稍微低一些。家庭劳动力所占比例越高，农民对
村庄规划现状越满意：家庭劳动力所占比例每增加 1 个百分点，农民对
村庄规划现状感到满意的概率上升 20.62 个百分点 （0.0700 ＋ 0.1362），
而感到不满意的概率下降 10.17 个百分点 （－0.0266 － 0.0751）。出现
这一结果的原因可能是，劳动力比例较高的家庭多处于家庭生命周期的
"成长期"和"成熟期"，对村庄规划方面的需求相对较小。参加过相
关政策的宣传教育或培训活动的农民对村庄规划现状感到满意的可能性
更高，感到满意的概率高 16.26 个百分点 （0.0552 ＋ 0.1074），而感到
不满意的概率低 8.02 个百分点 （－0.0210 － 0.0592）。这一结果比较容
易理解，参加过相关宣传教育或培训活动的农民可能对村庄在村庄规划
方面的进展有更多了解。在相关信息更充分的情况下，他们可能会降低
自己的期望值，从而在这方面更有可能感到满意。

　　从负向影响因素看，相比于单身、以务工为主、没有成员外出务工
或西部地区的农民，已婚、主要从事纯农业生产、有家庭成员外出务工
或中东部地区的农民对村庄规划现状更倾向于认为不满意。相比于单身
农民，已婚农民对村庄规划现状认为"非常满意"的概率低 8.64 个百
分点，这可能缘于已婚农民在村庄规划方面的需求水平更高。相比于以
务工为主的农民，主要从事纯农业生产的农民对村庄规划感到"比较不
满意"的概率高 4.27 个百分点，而感到满意的概率低 11.72 个百分点
（－0.0398 － 0.0774）。其原因是，从事纯农业生产的农民常年生活在村
庄，在村庄规划方面的期望和需求更高。相比于家庭成员没有外出务工
的农民，家庭有成员外出务工的农民对村庄规划感到"比较不满意"的
概率高 2.94 个百分点，而感到满意的概率低 8.09 个百分点 （－0.0275 －
0.0534）。其原因是，在有家庭成员外出务工时，留守在家的农民因外
界联系增多而可能见识更广，且他们也希望乡村中的家对外出务工的家
庭成员更有吸引力，他们对建设美好家园有更大的期盼，对村庄规划有
更高的期待。相比于西部四川省样本农民，东部浙江省、中部安徽省样
本农民对村庄规划现状感到不满意的概率分别高 15.46 个百分点

（0.0405+0.1141）、8.44个百分点（0.0221+0.0623），而感到满意的概率分别低31.33个百分点（-0.1064-0.2069）、17.13个百分点（-0.0582-0.1131）。这一结果与中东部地区的经济社会发展水平更高从而农民在村庄规划方面的需求水平更高有关。

对比有关结果（见表6-9和表6-10），在试点村，农民对村庄规划现状的满意程度不再因性别、主要从业领域、家庭是否有成员外出务工、中西部地区的不同而有显著差异，除同样受婚姻状况、地区变量（浙江省安吉县）的显著负向影响和家庭劳动力所占比例、是否参加过相关政策的宣传教育或培训活动的显著正向影响外，还受农民受教育程度的显著负向影响和家庭收入水平的显著正向影响。从表6-12的边际效应结果看，在试点村，农民的受教育程度每增加1年，农民对村庄规划现状感到不满意的概率分别提高2.02个百分点（0.0061+0.0141），而感到满意的概率下降4.01个百分点（-0.0109-0.0292）；家庭收入水平每增加1万元，农民对村庄规划现状感到不满意的概率下降0.7个百分点（-0.0021-0.0049），而感到满意的概率提高1.39个百分点（0.0038+0.0101）。前一变量的结果比较容易理解，而后一结果与理论推测相反。一般而言，家庭收入水平越高，农民对村庄规划会有更大的需求和更高的期望，从而会越不满意。为什么会出现这一相反的结果，尚待以后展开进一步的调查。

（二）农民对村庄设施建设现状满意程度的影响因素分析

基于全部有效样本进行分析得到的结果显示（见表6-9），年龄变量影响显著且系数为正，而村庄所在地区变量影响显著且系数为负。结合表6-11中的有关结果，年龄越大，农民对村庄设施建设现状更倾向于感到满意：年龄每增加1岁，农民感到满意的概率上升0.47个百分点（0.0009+0.0038），而感到不满意的概率降低0.2个百分点（-0.0008-0.0012）。这一结果与较年长农民思想更保守、更安于现状，对村庄设施的需求水平更低有关。对于村庄设施建设现状，相比于西部四川省样本农民，东部浙江省、中部安徽省样本农民更倾向于感到不满意：东部浙江省样本感到不满意的概率分别高10.55个百分点（0.0407+0.0648），而感到满意的概率低24.24个百分点（-0.0460-0.1964），而中部安徽省样本农民感到"非常满意"的概率低8.94个百分点。中东部地区的村庄在设施建设方面一般好于西部地区的村庄，但农民在这方面感到满意的概率却更低，这可能与中东部地区村庄农民因为经济社会发展水平更高而对村庄设施建设有更高需求有关。

对比有关结果（见表6-9和表6-10），在试点村，农民对村庄设施建设现状的满意程度不再因年龄、中西部地区的不同而有显著差异，除同样因村庄处于西部、东部地区的不同而有显著差异（比基于全部样本分析得到的边际效应大）外，家庭收入水平、所在自然村开展美丽乡村建设的时长和是否参加过相关政策的宣传教育或培训活动对其影响显著且系数为正，婚姻状况对其影响显著且系数为负。从表6-12的边际效应结果看，在试点村，家庭收入水平越高，所在自然村开展美丽乡村建设的时间越长，农民越倾向于对村庄设施建设现状感到满意：家庭收入水平每增加1万元，农民感到"非常满意"的概率提高0.85个百分点；所在自然村开展美丽乡村建设的时间每增加1年，农民感到"非常满意"的概率高2.02个百分点，这与开展美丽乡村建设时间越长村庄设施状况改善程度越大有关。参加过相关政策的宣传教育或培训活动的农民更倾向于对村庄设施建设现状感到满意，认为"非常满意"的概率高8.26个百分点。相比于单身农民，已婚农民对村庄设施建设现状更倾向于感到不满意，感到不满意的概率高11.82个百分点（0.0532+0.0650），而感到"非常满意"的概率低20.22个百分点，这可能缘于已婚农民对村庄生产生活设施建设等方面的需求水平更高。

（三）农民对农村生态保护和环境治理现状满意程度的影响因素

表6-9中基于全部有效样本的分析结果显示，是否是村里的种植（或养殖）大户、家庭收入水平和所在自然村是否开展美丽乡村建设显著正向影响农民对农村生态保护和环境治理现状的满意程度，而所经营的耕地面积和地区变量中的中部地区变量有显著的负向影响。结合表6-13中的有关结果，是村里种植（或养殖）大户或所在自然村已开展了美丽乡村建设的农民对村庄生态保护和环境治理现状更倾向于感到满意：是村里种植（或养殖）大户的农民感到满意的概率高21.37个百分点（0.0818+0.1319），而感到不满意的概率低7.49个百分点（-0.0199-0.0550）。其原因可能是，村里种植（或养殖）大户本身可能是村庄环境污染的重要主体，他们基于利益最大化的考虑，并不太愿意主动在这方

面承担自身的责任，因而，其作为污染造成者对村庄生态保护和环境治理现状的满意程度会高于作为受害者的其他农民。所在自然村已开展了美丽乡村建设的农民感到"比较不满意"的概率低 2.42 个百分点，而感到满意的概率高 9.41 个百分点（0.0360 + 0.0581），这比较容易理解，美丽乡村建设的开展使村庄生态环境状况得到了改善，从而使当地农民在这方面的满意程度更高。家庭收入水平越高或所经营的耕地面积越小，农民对农村生态和保护环境现状越倾向于感到满意：家庭收入水平每增加 1 万元，农民感到满意的概率提高 0.76 个百分点（0.0029 + 0.0047），感到"比较不满意"的概率下降 0.2 个百分点；所经营的耕地面积每增加 1 亩，农民感到不满意的概率提高 0.15 个百分点（0.0004 + 0.0011），而感到满意的概率下降 0.43 个百分点（ − 0.0016 − 0.0027），其原因与前文中是否是村里种植（或养殖）大户的影响机制相似。相比于西部四川省，中部安徽省样本农民对农村生态保护和环境治理现状感到满意的概率显著更低，这与中部地区农村环境污染及生态破坏现状比西部地区更严重有关。

对比有关结果（见表 6 − 9 和表 6 − 10），在试点村，农民对村庄生态保护和环境治理现状的满意程度不再因是否是种植（或养殖）大户而有显著差异，其原因可能是：种植（或养殖）大户的农药化肥施用行为或牲畜粪便处理行为在试点村因美丽乡村建设的开展而得到了规范和管理；并且，这一满意程度也在中西部试点村之间不再有显著差异，这与美丽乡村建设的开展在各地都较好地改善了农村生态保护和环境治理状况有关。除同样受家庭收入水平的显著正向影响和所经营耕地面积的显著负向影响外，在试点村，农民对农村生态保护和环境治理现状的满意程度还受纯农业生产的显著负向影响和是否参加过相关政策的宣传教育或培训活动的显著正向影响。表 6 − 14 的结果显示，相比于主要从业领域为"务工"的农民，主要从事纯农业生产的农民对农村生态保护和环境治理现状更倾向于感到不满意，其中，感到"比较不满意"的概率高 2.66 个百分点，而感到满意的概率低 14.93 个百分点（ − 0.0381 − 0.1112）。这一结果与主要从事纯农业生产的农民常年居住在村庄，对农村生态保护和环境治理方面的期望和需求水平更高有关。相比于没参加过相关政策的宣传教育或培训活动的农民，参加过的农民更倾向于对

农村生态保护和环境治理现状感到满意，其中，感到满意的概率高
16.61个百分点（0.0424＋0.1237），而感到不满意的概率低4.81个百
分点（－0.0185－0.0296）。

（四）农民对村庄产业发展现状满意程度的影响因素分析

无论东部、中部还是西部地区，也无论是否已开展美丽乡村建设，
对于村庄建设主要方面现状，村庄产业发展是让农民感到最不满意的方
面。从其影响因素看，基于全部有效样本的分析结果（见表6－9）显
示，兼业、是否是党员、所经营的耕地面积和村庄所在地区变量显著影
响农民对村庄产业发展现状的满意程度，且方向为负；是否是村里的种
植（或养殖）大户则具有显著的正向影响。

结合表6－13中的有关结果来分析，分别相比于以务工为主的农民、
非党员农民，主要处于兼业从业状态的农民、党员农民对村庄产业发展
现状感到满意的概率总体更低，其中，主要处于兼业从业状态的农民感
到"比较满意"的概率低5.78个百分点，而感到"比较不满意"的概率
高4.72个百分点；非党员农民感到满意的概率低11.4个百分点
（－0.0582－0.0558），而感到"比较不满意"的概率高4.74个百分点。
其原因可能是，主要处于兼业状态的农民的收入高低与村庄产业发展状
况的联系更紧密，而党员农民因为经常参与村党组织活动而对村庄产业
发展现状或目标等有更多了解，两类农民在这方面的期待和需求水平都
更高，因而，对村庄产业发展现状更倾向于感到不满意。所经营的耕地
面积越大，农民对村庄产业发展现状越倾向于感到不满意，所经营的耕
地面积每增加1亩，农民感到不满意的概率上升0.27个百分点
（0.0008＋0.0019），而认为满意的概率下降0.47个百分点（－0.0024－
0.0023），其可能原因是，所经营的耕地面积越小，意味着农民越可能
处于外出务工或兼业状态，其生产生活状况受村庄产业发展的影响相对
更小，因而，他们更倾向于感到满意。相比于西部地区四川省的样本农
民，中东部地区样本农民对村庄产业发展感到满意的概率更低，安徽省
样本农民感到满意的概率低12.27个百分点（－0.0626－0.0601），而
感到"比较不满意"的概率高5.11个百分点；浙江省样本农民认为满
意的概率低26.69个百分点（－0.1362－0.1307），而感到不满意的概
率高15.58个百分点（0.0448＋0.1110）。这可能与中东部地区同一县

城甚至同一乡镇内部各村庄的产业发展不均衡状况较明显有关。作为村里种植（或养殖）大户的农民对村庄产业发展现状感到满意的概率总体上更高：感到满意的概率高 15.11 个百分点（0.0771 + 0.0740），而感到"比较不满意"的概率低 6.29 个百分点。这一结果较容易理解，作为村里的种植（或养殖）大户，他们是对村庄产业发展做出重要贡献的主体，他们在这方面获得了较大成就感和地位感，因而更可能有满足感。

在试点村，农民对村庄产业发展现状的满意程度呈现明显更多维度上的群体差异。从表 6 - 10 可以看出，有 10 个变量显著影响试点村农民对村庄产业发展现状的满意程度，是这一章所有 14 个模型中影响显著的变量数量最多的。比较表 6 - 9 和表 6 - 10 中方程 6 - 4 和方程 6 - 4#的结果，在试点村，农民对村庄产业发展现状的满意程度同样受兼业、是否是党员、所经营的耕地面积和村庄所在地区（仅东部地区变量）的负向影响（但边际效应更大），但是否是村里的种植（或养殖）大户以及中部地区变量的影响已不再显著，同时，还受农民的年龄、受教育程度的显著负向影响以及家庭收入水平、是否有成员外出务工、是否听说过"美丽乡村建设"、是否参加过相关政策的宣传教育或培训活动的显著正向影响。受这些变量影响的原因较容易理解，不再做分析。从这些新增的影响显著的变量的边际效应（见表 6 - 14）看，在试点村，对于村庄产业发展现状，受教育程度每增加 1 年，农民感到满意的概率下降 3.48 个百分点（- 0.0162 - 0.0186），而感到不满意的概率上升 2.08 个百分点（0.0070 + 0.0138）；家庭收入水平每增加 1 万元，农民感到满意的概率上升 1.89 个百分点（0.0088 + 0.0101），而感到不满意的概率下降 1.14 个百分点（- 0.0039 - 0.0075）；有家庭成员外出务工的农民感到满意的概率更高，感到满意的概率上升 11.6 个百分点（0.0541 + 0.0619），而感到不满意的概率下降 6.97 个百分点（- 0.0236 - 0.0461）；听说过"美丽乡村建设"的农民感到满意的概率也更高，感到满意的概率高 24.14 个百分点（0.1126 + 0.1288），感到"比较不满意"的概率低 9.6 个百分点；参加过相关政策的宣传教育或培训的农民感到满意的概率同样更高，感到满意的概率高 11.11 个百分点（0.0518 + 0.0593），而感到不满意的概率低 6.68 个百分点

（－0.0226－0.0442）；而年龄变量虽然在模型拟合中显著，但其边际效应在哪一水平的满意程度上都不显著。

（五）农民对村庄公共服务完善现状满意程度的影响因素分析

农民对村庄公共服务完善现状满意程度的影响因素模型，基于全部有效样本拟合得到的方程 6－5 在整体上不显著，而基于试点村样本拟合得到的方程 6－5$^{\#}$ 整体上显著，这说明，美丽乡村建设显著改变了农民对村庄公共服务完善现状的满意程度，在试点村，农民在这方面满意程度的群体性差异更明显。

表 6－10 的结果显示，农民的年龄、受教育程度、纯农业生产变量显著负向影响农民对村庄公共服务完善现状的满意程度，而是否参加了专业性合作组织、村庄所在地区和是否参加过相关政策的宣传教育或培训活动变量则对其有显著正向影响。从具有负向影响的变量看，表 6－15 中方程 6－5$^{\#}$ 的结果显示，在试点村，年龄越大，受教育程度越高，农民对村庄公共服务完善现状越倾向于感到不满意：年龄每增长 1 岁，农民感到"比较不满意"的概率上升 0.34 个百分点，而认为满意的概率下降 0.78 个百分点（－0.0031－0.0047）；受教育程度每增加 1 年，农民感到"比较不满意"的概率上升 2.62 个百分点，而感到满意的概率下降 6.06 个百分点（－0.0242－0.0364）。其原因是，年龄越大，农民对养老、医疗、社会保障等方面公共服务的需求越多；受教育程度越高，农民对村庄公共服务发展现状可能越了解，有关期望可能越高，从而会越可能感到不满意。相比于主要从事务工的农民，主要从事纯农业生产的农民对村庄公共服务改善现状更倾向于感到不满意。这一结果容易理解，主要从事务工的农民全年多数时间生活在本镇以外，甚少在村庄接受公共服务。从边际效应看，主要从事纯农业生产的农民感到"比较不满意"的概率高 5.97 个百分点，而感到满意的概率低 13.81 个百分点（－0.0551－0.0830）。

从具有正向影响的因素看，表 6－15 中方程 6－5$^{\#}$ 的结果显示，在试点村，参加了专业性合作组织、参加过相关政策的宣传教育或培训活动的农民对村庄公共服务完善现状更倾向于感到满意：参加了专业性合作组织的农民感到满意的概率高 32.41 个百分点（0.1293＋0.1948），而感到"比较不满意"的概率低 14.02 个百分点；参加过相关政策的宣传教育或培训活动的农民感到满意的概率高 12.29 个百分点（0.0490 + 0.0739），而感到"比较不满意"的概率低 5.32 个百分点。其原因是，村庄中的有些公共服务是通过专业性合作组织来提供的，例如代购配方肥、种子等，参加了专业性合作组织的农民可能享受了更多的村庄公共服务，从而更可能感到满意；而参加过相关政策的宣传教育或培训活动的农民可能对村庄公共服务完善的有关进展更了解，因而感到满意的可能性更高。相比于西部地区四川省，东部地区浙江省、中部地区安徽省农民对村庄公共服务完善现状更倾向于感到满意：东部地区浙江省农民感到满意的概率高 29.2 个百分点（0.1165 + 0.1755），感到"比较不满意"的概率低 12.63 个百分点；中部地区安徽省农民感到满意的概率高 21.98 个百分点（0.0877 + 0.1321），感到"比较不满意"的概率低 9.51 个百分点。这说明，在美丽乡村建设中，西部地区村庄在公共服务完善方面的推进比不上东部地区和中部地区。

（六）农民对乡村文化发展现状满意程度的影响因素分析

前文基于全体有效样本或试点村样本的统计分析结果表明，乡村文化发展是农民感到最满意的方面。而表 6 - 9 中方程 6 - 6 的结果表明，农民对乡村文化发展现状满意程度受是否参加过相关政策的宣传教育或培训活动显著正向影响，受村庄所在地区显著负向影响。结合表 6 - 16 中方程 6 - 6 的结果来分析，参加过相关政策的宣传教育或培训活动的农民对乡村文化发展现状更倾向于感到满意：感到"非常满意"的概率高 5.66 个百分点，其原因可能是这类农民对村庄的文化发展状况有更多的了解；相比于西部地区的四川省，东部地区浙江省、中部地区安徽省农民对乡村文化发展现状更倾向于不满意：东部地区浙江省农民感到"非常满意"的概率低 9.81 个百分点；中部地区安徽省农民感到"比较不满意"的概率高 4.89 个百分点，感到满意的概率低 25.19 个百分点（-0.0585 - 0.1934）。其原因可能是，西部地区村庄的传统文化较有特色，且多元化情况更明显，西部地区村庄在新农村建设中依据村庄自身特点可能更重视传承并发展具有优势和特色的地方传统文化，因而使当地农民有更高的满意程度。

而在试点村，农民对乡村文化发展现状的满意程度在地区间的差异已不再显著，而具有与农民自身特征相关的群体性特征。表 6 - 10 中方

程 6 - 6#的结果表明，农民对乡村文化发展的满意程度受其受教育程度
和婚姻状况显著负向影响，受家庭收入水平显著正向影响。即受教育程
度越高，农民对乡村文化发展现状越倾向于不满意；相比于已婚农民，
单身农民更倾向于对乡村文化发展现状感到不满意；家庭收入水平越
高，农民对乡村文化发展现状越倾向于感到满意。从边际效应看，
表 6 - 15 中方程 6 - 6#的结果显示，在试点村，对于乡村文化发展现
状，受教育程度每增加 1 年，农民感到"比较不满意"的概率上升
0. 65 个百分点，而感到"非常满意"的概率下降 2. 85 个百分点；相比
于已婚的农民，单身状态的农民认为"比较不满意"的概率上升 3. 97
个百分点，而认为"非常满意"的概率下降 17. 38 个百分点；家庭收
入水平每增加 1 万元，农民认为"比较不满意"的概率下降 0. 27 个百
分点，而认为"非常满意"的概率上升 1. 18 个百分点。

（七）农民对基层组织建设现状满意程度的影响因素分析

农民对村庄基层组织建设现状满意程度的影响因素模型，基于试点
村样本拟合得到的方程 6 - 7#在整体上不显著，而基于全部有效样本拟
合得到的方程 6 - 7 在整体上显著，这说明，没有开展美丽乡村建设地
区的农民在这方面满意程度的群体性差异更明显。

表 6 - 9 的结果显示，是否参加了专业性合作组织、所经营的耕地
面积和村庄所在地区中浙江省变量显著负向影响农民对基层组织建设现
状的满意程度，而是否是村里的种植（或养殖）大户有显著的正向影
响。即参加了专业性合作组织、所经营的耕地面积较大但不是村里的种
植（或养殖）大户以及浙江省样本农民对村庄基层组织建设现状更倾
向于感到不满意。其原因是，参加了专业性合作组织的农民可能对村庄
组织建设中存在的问题有更多了解，因而更可能感到不满意；村里的种
植（或养殖）大户一般在村庄中的社会经济地位较高，且很多是村民
小组组长或村委会成员，因而更可能感到满意；而那些所经营的耕地面
积较大却又没能成为种植（或养殖）大户的农民大多不是村委会成员，
他们大多希望在村集体决策中有更大的自主权，因而更可能感到不满
意；东部地区由于集体经济发展迅速，集体资产较多，村委会选举竞争
激烈，其中的矛盾和问题也很多，因而，处于东部地区的浙江省农民对
村庄基层组织建设现状更倾向于感到不满意。

从边际效应看，表 6 – 16 中方程 6 – 7 的结果显示，对于村庄基层组织建设现状，相比于没参加专业性合作组织的农民，参加了专业性合作组织的农民感到不满意的概率高 4. 36 个百分点（0. 0152 + 0. 0284），而认为"非常满意"的概率低 9. 15 个百分点；所经营的耕地面积每增加 1 亩，农民感到不满意的概率上升 0. 12 个百分点（0. 0004 + 0. 0008），而感到"非常满意"的概率下降 0. 27 个百分点；相比于四川省样本农民，浙江省样本农民认为不满意的概率高 6. 48 个百分点（0. 0226 + 0. 0422），而认为满意的概率低 16. 65 个百分点（ – 0. 0307 – 0. 1358）；是村里的种植（或养殖）大户的农民认为满意的概率高 28. 14 个百分点（0. 0519 + 0. 2295），认为不满意的概率低 10. 94 个百分点（ – 0. 0382 – 0. 0712）。

特别值得分析的是，无论是基于全部有效样本还是仅基于试点村样本农民来分析，对于村庄 7 个方面现状的满意程度，家庭收入水平表现出显著影响时，其系数都为正——即使按照理论来推测，其预期影响本应为负。其原因可能是，在目前的村庄发展水平下，较高的家庭经济收入使农民形成了更高的幸福感和对生活现状的满意程度，从而使本应随着收入水平的上升而下降的对村庄某方面现状（例如乡村文化发展、农村生态环境保护和环境治理等）的满意程度反而上升。这与中国农民具有"小富即安"的生活观念密切相关。家庭收入水平的上升能提高农民对村庄各方面现状的满意程度，这一结果说明，提高农民的收入水平有利于从根本上使农民获得幸福和满足感。

（八）从试点村样本和全部样本的模型拟合结果比较看美丽乡村建设的成效

结合表 6 – 9 和表 6 – 10，对比农民对村庄建设各方面现状满意程度的影响因素模型拟合结果，可以发现：

第一，美丽乡村建设强化了家庭收入水平对农民对于村庄建设各方面现状的满意程度的影响。表 6 – 9 显示，家庭收入水平仅显著影响全部样本农民对农村生态保护和环境治理现状的满意程度；而表 6 – 10 显示，家庭收入水平的这一正向影响在相应模型中的显著性水平上升了，且对试点村样本农民对于村庄规划、村庄设施建设、村庄产业发展、乡村文化发展与基层组织建设现状的满意程度均有显著的正向影响。也就是说，在开展美丽乡村建设的地区，农民的家庭收入水平越高，其对除村庄公共服务完善现状以外其他 6 个方面村庄建设现状的满意程度越高。

第二，美丽乡村建设消弭了主要从业领域对农民对于村庄规范、村庄产业发展方面现状的满意程度的影响。对于全体样本，这一影响在 10% 的统计水平上显著（见表 6-9）；而对于试点村样本，无论是农民对哪一方面村庄建设现状的满意程度，都不再受农民主要从业领域的影响。这意味着，美丽乡村建设的开展使不同主要从业领域农民对于村庄建设各方面现状的满意程度间的差异变小了。

第三，美丽乡村建设扩大了开展相关政策的宣传教育或培训活动的影响范围。在开展美丽乡村建设的地区，开展相关政策的宣传教育或培训活动不仅仍正向显著影响农民对村庄规划、乡村文化发展现状的满意程度（与基于全部样本的拟合结果一致），还显著正向影响农民对农村生态保护和环境治理现状的满意程度。这意味着，在开展美丽乡村建设的地区，通过加强相关政策的宣传教育或培训活动，能显著提高农民对农村生态保护和环境治理现状的满意程度。

第四节　小结与启示

综合前文关于农民对村庄建设现状的满意程度及其影响因素的分析，可以得出以下几点结论和启示：

第一，农民对村庄现状的评价以正面、积极评价为主，对村庄建设 7 个方面现状的满意程度整体上处于中等或中等偏上水平。无论按满意程度均值水平还是按表示满意的农民所占比例来排序，农民对"基层组织建设""乡村文化发展"和"村庄设施建设"3 个方面村庄现状的满意程度都排在前三位，而对"村庄规划""村庄产业发展"方面现状的满意程度都排在最后两位。农民对村庄现状具体方面的评价得分由高到低依次是：⑦邻里关系＞⑤新型农村社会养老保险的参保率＞②治安状况＞③信息化程度＞④新型农村合作医疗的效果＞①居住环境＞⑨村委会民主管理状况＞⑥村庄基本公共卫生服务状况＞⑧闲暇时间活动的丰富状况。

第二，美丽乡村建设的开展提高了农民对村庄建设主要方面现状整体的满意程度和有关评价。美丽乡村建设使村庄状况发生了较大改善，改善了村庄的居住环境、信息化程度和治安状况，丰富了农民的文化娱乐活动，明显提高了农民对"农村生态保护和环境治理""农村产业发展"与"乡村文化发展"现状的满意程度，特别是显著正向影响了农民对"农村生态保护和环境治理"现状的满意程度。但是，非试点村样本农民对"村庄设施建设""村庄规划""村庄公共服务完善"和"基层组织建设"4个方面现状的满意程度仍略高，试点村需重视改进这4个方面的村庄建设，更好地满足农民在这4个方面的需求。

第三，无论是否已开展美丽乡村建设，"村庄产业发展"现状是不同地区（除四川省样本农民对"村庄公共服务完善"现状最不满意外）农民感到最不满意的方面。可见，农民的致富梦还没能得到完全实现，农民在这方面的满意程度还较低，应通过推动优势特色产业、乡村休闲农业、生态产业的发展，在乡村建立提质增效的产业体系。在推进策略方面，要重视激活处于兼业从业状态的农民、党员农民和所经营的耕地面积较大（但还没达到种植大户的标准）农民的主动性，他们在这方面的满意程度更低，从而更有动力去改善村庄这一方面的状况。在试点村，农民这方面的满意程度明显呈现出更多维度上的群体差异，应重视发挥受教育程度较高、家庭收入水平较低、没有家庭成员外出务工的农民的积极性，并加强对相关政策的宣传教育和培训。

第四，农村"基层组织建设"现状是农民整体、非试点村农民和中西部地区农民感到最满意的方面。可见，近年来，包括村党组织、村民委员会、村集体经济组织等农村基层组织的发展以及村民自治、村务公开等制度的完善取得了较好成效。后续美丽乡村建设中的基层组织建设，应更多地发挥参加了专业性合作组织、所经营的耕地面积较大但还不是种植（或养殖）大户的农民对村庄治理的监督作用，使更多有能力、有积极性的农民参与到村庄治理中。

第五，农民对"农村生态保护和环境治理"现状满意程度的评价总体上偏向于比较满意，在对村庄7个方面现状的满意程度中排位居中，农民觉得最满意的方面是"村庄容貌的整顿和治理"，最不满意的方面是"农业污染的防治"（在非试点村，最不满意的方面是"生态保护与治理"）。可见，经过近些年的努力，农村生态环境保护和治理已能在总体上使农民满意，但仍需强化对农业污染的防治以及自然资源生态保育、水土流失治理、坑塘河道整治、土壤环境改善等生态保护与治理。在推进策略方面，要重视发挥小规模种植（或养殖）户、非种植（或养殖）户以及家庭收入水平较低农民的参与积极性，强化他们在村庄环境污染监督举报等方面的作用。在已开展美丽乡村建设的地区，还要重视主要从事纯农业生产的农民群体在其中的作用，并加强相关政策的宣传教育或培训。

第六，农民对"村庄公共服务完善"现状满意程度评价处于中等水平，在对村庄7个方面现状的满意程度中同样排位居中，农民觉得最满意的是"社会保障"方面的公共服务现状，最不满意的是"劳动、就业"方面的公共服务现状，且这一结论在非试点村表现得更突出。根据有关影响因素的结果，在后续进一步采取措施改善村庄公共服务的过程中，其一，要重视使受教育程度较高、主要从事纯农业生产的农民积极参与进来；其二，要特别重视满足年龄较长农民的公共服务需求（突出体现在养老、医疗、社会保障等方面），特别是在青壮年劳动力大量外出、老龄化村庄较多的中西部地区；其三，应提高农民的组织化程度，多开展相关政策的宣传教育或培训，以提高农民对村庄公共服务改善现状的满意程度为目标；其四，在完善村庄公共服务方面，需更重视改善劳动、就业方面的公共服务状况，尤其是在还没有开展美丽乡村建设的地区。

第七，美丽乡村建设的开展并没能明显改善"村庄规划"现状，村庄规划是农民第二最不满意的方面，不过，农民对村庄规划现状的满意程度将随着美丽乡村建设开展时间的延长而提升。可见，后续的村庄建设要进一步加快推进村庄规划，并提高农民对村庄规划现状的满意程度。从推进策略看，一方面，应加强对美丽乡村建设相关政策的宣传和培训以及对村庄建设有关进展的宣传；另一方面，要强化农民在村庄规划中的参与，特别重视采取措施吸引女性、已婚、从事纯农业生产、家庭劳动力所占比例较低、有成员外出务工或受教育程度较高的农民参与进来。

第八，"乡村文化发展"现状是农民整体觉得最满意的方面，美丽乡村建设的开展虽然使乡村文化发展的地区间差异缩小了，但是，仍需重视中部和东部没有开展美丽乡村建设地区的乡村文化建设。要进一步提高农民在乡村文化发展方面的满意程度，一方面，需重视激发受教育程度较高、单身农民的主动性，使他们积极参与进来；另一方面，要加强对相关政策的宣传教育或培训，通过举办各种活动，扩大对乡村文化建设进展的宣传，强化对乡风文明的传承。

第九，在村庄7个方面现状满意程度的排序中，农民对"村庄设施建设"现状的满意程度同样排位居中，不过，"村庄设施建设"却是非试点村农民认为最满意的方面和中西部地区农民认为第二最满意的方面。试点村和东部地区农村的村庄设施发展状况在很多情况下都好于非试点村和中西部地区，但农民的满意程度却更低，这反映出村庄设施建设要着力于满足农民在这方面的更高层次的需求，在考虑便利于生产和生活的同时，要在村庄规划中强调有关设施建设与生态环境间的协调。在推进策略上，要重视满足年轻农民、单身农民在这方面的需求，加强对农民进行相关政策的宣传教育或培训。

第十，美丽乡村建设强化了家庭收入水平对农民在村庄建设主要方面满意程度的正向影响，扩大了参与相关政策的宣传教育或培训活动的影响范围，消弭了主要从业领域对农民对于村庄规范、村庄产业发展现状的满意程度的影响。可见，尽管开展时间还不长，但美丽乡村建设总体上提高了农民的村庄满意程度，在一定程度上增进了农民的福祉。

第七章　综合分析与总结

　　吸引农民广泛参与的乡村治理机制是美丽乡村建设的内生动力。美丽乡村建设是农民自主创建属于自己美好家园的一个有效平台（吴理财，2014）。政府推动和支持美丽乡村建设，不能搞成政府一厢情愿的建设，更不能是"政绩工程"和"形象工程"，政府在美丽乡村建设中的主要工作是帮农民实现他们心中的美丽乡村蓝图进而实现乡村振兴，所以，在村庄规划、建设、经营和管理的各个环节，始终都要切实以农民为主体和本位，保证农民实现充分参与，予农民所需，行农民所盼。在这个过程中，最关键的是结合农民的诉求来抓重点，补短板，即以农民最关心和认为最重要的事情为重点，以农民最不满意的村庄建设相关方面的完善为着力点。基于第五章和第六章的有关分析，本章将从农民视角综合分析美丽乡村建设的成效、重点及其推进策略，并对全书做出总结。

第一节　美丽乡村建设的成效、重点及其
推进策略：农民视角的分析

一　基于两类村庄农民有关评价的对比看美丽乡村建设的成效

　　农民对村庄建设、农村生态保护与环境治理以及村庄公共服务完善主要方面的重要程度与满意程度评分及排序结果分别见表7-1至表7-3。对比试点村与非试点村的有关结果，可以看出，在村庄建设的7个主要方面中，美丽乡村建设促进了农村生态保护与环境治理，特

别是在"生活污染的处理和整治"以及"大气、水体、土壤等环境质量的改善"方面具有较好成效。表 7 - 1 的结果显示，相比于没有开展美丽乡村建设的非试点村，试点村农民对"农村生态保护与环境治理"重要程度和满意程度的评价得分（以下简称"评分"）都有相对较大程度的提高，且其在 7 个方面主要内容重要程度和满意程度排序中分别上升了 2 个和 3 个位次，可见，美丽乡村建设的开展不仅提高了农民的环保意识，还明显提高了农民在这方面的满意程度，取得了较好成效。表 7 - 2 的结果印证了这一观点，相比于非试点村农民，试点村农民对"农村生态保护与环境治理"中 4 个具体方面重要程度的评分更高，且对其下 5 个具体方面满意程度的评分均值明显更高。表 7 - 2 的结果还显示，美丽乡村建设不仅提高了农民对"生活污染的处理和整治""生态保护与治理""干净、有序的村庄容貌的整顿和治理"重要程度的认知（其重要程度评分均上升，位次均前移或不变），而且还明显提高了农民在这 3 个方面的满意程度（满意程度评分均值均上升，位次同样均前移或不变）。

表 7 - 1   农民对村庄建设主要方面重要程度与
满意程度的评分及排序结果对比

村庄建设的主要方面	总体样本				非试点村样本				试点村样本			
	重要程度		满意程度		重要程度		满意程度		重要程度		满意程度	
	评分	排序	评分	排序	评分	排序	评分	排序	评分	排序	评分	排序
村庄规划	4.39	4	3.61	6	4.44	2	3.61	5	4.38	4	3.60	6
村庄设施建设	4.48	1	3.78	3	4.54	1	3.80	2	4.46	2	3.76	4
农村生态保护与环境治理	4.34	6	3.69	4	4.05	7	3.53	6	4.36	5	3.78	3
村庄产业发展	4.40	3	3.40	7	4.35	5	3.36	7	4.43	3	3.42	7
村庄公共服务完善	4.44	2	3.69	5	4.38	3	3.70	4	4.54	1	3.69	5
乡村文化发展	4.19	7	3.85	1	4.13	6	3.80	2	4.22	7	3.87	1

村庄建设的主要方面	总体样本				非试点村样本				试点村样本			
	重要程度		满意程度		重要程度		满意程度		重要程度		满意程度	
	评分	排序	评分	排序	评分	排序	评分	排序	评分	排序	评分	排序
基层组织建设	4.36	5	3.80	2	4.38	3	3.81	1	4.35	6	3.79	2

注：表中的评分结果为均值。

表7-2　　　　农民对农村生态保护与环境治理主要方面重要
程度与满意程度的评分及排序结果

农村生态保护与环境治理的主要方面	总体样本				非试点村样本				试点村样本			
	重要程度		满意程度		重要程度		满意程度		重要程度		满意程度	
	得分	排序	得分	排序	得分	排序	得分	排序	得分	排序	得分	排序
大气、水体、土壤等环境质量的改善	4.46	1	3.62	5	4.97	1	3.36	5	4.24	5	3.78	4
农业污染的防治	4.21	5	3.67	4	4.15	5	3.55	3	4.27	3	3.75	5
生活污染的处理和整治	4.41	2	3.82	2	4.34	2	3.64	2	4.48	1	3.93	2
生态保护与治理	4.24	4	3.76	3	4.21	4	3.39	4	4.26	4	3.84	3
干净、有序的村庄容貌的整顿和治理	4.35	3	3.86	1	4.31	3	3.77	1	4.37	2	3.95	1

注：表中的评分结果为均值。

二　美丽乡村建设及有关方面的重点

（一）美丽乡村建设的重点

基于农民对村庄建设主要方面重要程度与满意程度的评分结果，这部分在对村庄建设的主要方面有关结果进行排序和对比的基础上展开综合分析，以探索美丽乡村建设的重点。基于表 7 - 1 的结果，可以发现以下几点：

第一，在一定时期内，"村庄产业发展"应成为后续村庄建设的重点。无论是试点村还是非试点村，农民对"村庄产业发展"方面的现状都最不满意且其得分明显更低，但对其重要程度的评价却较高，特别是在已开展了美丽乡村建设的试点村，"村庄产业发展"的重要程度在村庄建设 7 个方面内容中排第三，却是农民觉得最不满意的方面。同时，农民对其重要程度与满意程度间的评分差距是 7 个方面中最大的，评分均值相差 1 分，在重要程度上偏向于"非常重要"，但在满意程度上却偏向于"一般"。

第二，在已开展美丽乡村建设的试点村，在一定时期内，美丽乡村建设还应以"村庄公共服务完善"和"村庄设施建设"为重点。"村庄设施建设"是试点村农民最看重的方面，但其重要程度和满意程度评分均值都低于非试点村，且农民这方面的满意程度在村庄建设 7 个方面内容有关排序中的排位居中，与非试点村农民对这方面最满意的情况差距较大。美丽乡村建设的开展虽然使农民对"村庄公共服务完善"重要性的认识有所提高（相比于非试点村农民，试点村农民对其重要程度的评分更高，其在村庄 7 个方面建设内容重要性排序中的排位提前），但农民的满意程度评分却比非试点村农民更低，在村庄 7 个方面建设现状满意程度排序中的排位也落后，可见，美丽乡村建设的开展虽然使农民更看重"村庄公共服务完善"，但并没能有效改善村庄公共服务，并没能很好地满足试点村农民在这方面的需求。后续的美丽乡村建设要重视基于农民的需求来加强村庄设施建设和村庄公共服务完善。

第三，在还没有开展美丽乡村建设的非试点村，在一定时期内，美丽乡村建设还应以"村庄规划"为重点。在村庄建设的 7 个方面主要内容中，非试点村农民对"村庄规划"重要程度的评分排第二，比试点村农民更看重这一方面（无论是从评分均值还是从其位次而言），但是，非试点村农民对其现状的满意程度排位靠后，强化村庄整体规划是非试点村农民的重要期盼和需求。

（二）美丽乡村建设中农村生态保护与环境治理的重点

对农民在农村生态保护与环境治理主要方面重要程度与满意程度的评分及排序进行对比，可以为评价农村生态保护与环境治理的成效以及探索其重点提供基础。基于表7-2，可以发现：

第一，尽管美丽乡村建设在农村生态保护与环境治理方面取得了较好成效，但仍需进一步加强，特别是在还没有开展美丽乡村建设的地区。从表7-2可以看出，无论哪一类样本，农民对"农村生态保护与环境治理"5个具体方面重要程度的评分都明显高于对其满意程度的评分，两者间5个方面的评分均值平均相差0.59分。特别是在还没有开展美丽乡村建设的非试点村，这一差距更大，农民对农村生态保护与环境治理的重要性已有相当程度的认识，但其在这方面的需求还没能得到较好满足。

第二，"大气、水体、土壤等环境质量的改善"在一定时期内应成为非试点村村庄建设过程中农村生态保护与环境治理的重点。在农村生态保护与环境治理的5个具体方面中，农民对"大气、水体、土壤等环境质量的改善"重要程度和满意程度的评分均值间的差距是最大的，得到了农民的首要看重（重要程度在5个方面中排第一），却是让农民最不满意的方面。特别是在非试点村，两者间评分均值差距达1.61分。

第三，在试点村，在农村生态保护与环境治理方面，进一步的美丽乡村建设应以加强"农业污染的防治"为重点。表7-2显示，试点村农民对"农业污染的防治"比较看重（在5个方面重要程度排序中排名第三），但对其现状最不满意，且试点村农民对其重要程度和满意程度的评分差距在5个具体方面中最大。

（三）美丽乡村建设中村庄公共服务完善的重点

综合分析农民对村庄公共服务完善主要方面重要程度与满意程度的评分及排序结果（见表7-3）可以发现，在农民比较看重的社会保障、公共教育、医疗卫生等村庄公共服务的完善方面，农民相关满意程度的排序同样靠前——无论是试点村还是非试点村。这说明，目前，农村完善村庄各项公共服务的优先序能较好地匹配农民对其的期待优先序，完善村庄公共服务的有关政策实施考虑了农民有关方面的需求。不过，对于村庄6个方面公共服务的完善，农民的满意程度评分明显低于其重要程度评分，农民对村庄各项公共服务的需求在程度上还没有得到有效满足。

表 7 – 3　　　　农民对村庄公共服务完善主要方面重要
程度与满意程度的评分及排序结果

村庄公共服务完善的主要方面	总体样本				非试点村样本				试点村样本			
	重要程度		满意程度		重要程度		满意程度		重要程度		满意程度	
	得分	排序	得分	排序	得分	排序	得分	排序	得分	排序	得分	排序
①医疗卫生	4.46	3	3.80	2	4.49	2	3.74	3	4.44	3	3.84	1
②公共教育	4.47	2	3.77	3	4.47	3	3.85	1	4.47	2	3.75	3
③文化体育	4.03	6	3.72	4	3.99	5	3.69	4	4.05	6	3.74	5
④社会保障	4.59	1	3.82	1	4.54	1	3.85	1	4.62	1	3.82	2
⑤劳动、就业	4.22	4	3.43	6	4.12	4	3.31	6	4.26	4	3.50	6
⑥便民服务	4.08	5	3.69	5	3.98	6	3.59	5	4.13	5	3.75	3

注：表中的评分结果为均值。

在一定时期内，村庄公共服务的后续完善应注重以下两个方面：第一，加大对村庄公共服务各方面的完善力度，以提高农民的满意程度；第二，在此基础上，要更重视对劳动、就业方面公共服务的完善。在村庄公共服务 6 个具体方面的重要程度和满意程度的有关排序中，农民对完善劳动、就业方面公共服务重要程度的评分居中，但对其满意程度的评分却最低，是农民最不满意的方面。随着城镇化进程的加快，越来越多的农民将从事非农产业，对劳动、就业方面公共服务的需求程度和水平都将提高，这对完善农村劳动、就业方面公共服务提出了更高要求。因此，后续村庄公共服务完善中，要强化对劳动、就业方面公共服务的重视。

三　美丽乡村建设的推进策略

（一）美丽乡村建设重点的推进策略

根据上文对村民视角的美丽乡村建设重点的探讨，这部分将综合分析影响农民对村庄建设主要方面重要程度与满意程度的因素（见表 7 – 4

和表 7 - 5），以探索有关推进策略。

表 7 - 4　　　　影响全部样本农民对村庄建设主要方面
重要程度与满意程度的因素对比

自变量	村庄规划	村庄设施建设	农村生态保护和环境治理	村庄产业发展	村庄公共服务完善	乡村文化发展	基层组织建设
性别	—	—	—	—	—	—	—
	正	—	—	—	—	—	—
年龄	—	—	—	—	—	—	—
	—	正	—	—	—	—	—
受教育程度	—	—	—	—	—	—	—
	—	—	—	—	负	—	—
婚姻状况	—	—	—	—	—	—	—
	负	—	—	—	—	—	—
主要从业领域（以务工为参照组）							
纯农业生产	—	—	—	负	—	—	—
	负	—	—	—	—	—	—
兼业（县域内）	—	—	—	—	—	—	—
	—	—	—	—	负	—	—
是否是党员	—	—	—	—	—	—	—
	—	—	—	—	负	—	—
是否参加了专业性合作组织	—	—	—	—	—	—	—
	—	—	—	—	—	—	负
是否是村里的种植（或养殖）大户	—	—	—	—	—	—	—
	—	—	正	正	—	—	正
家庭成员最高受教育程度	—	—	—	—	—	—	—
	—	—	正	—	—	—	—
家庭劳动力所占比例	正	—	—	—	正	—	—
	—	—	—	—	—	—	—
家庭收入水平	—	—	—	—	—	—	—
	—	—	正	—	—	—	—

自变量	村庄规划	村庄设施建设	农村生态保护和环境治理	村庄产业发展	村庄公共服务完善	乡村文化发展	基层组织建设
家庭是否有成员外出务工	—	—	—	正	—	—	—
	负	—	—	—	—	—	—
所经营的耕地面积	—	—	—	—	负	—	—
	—	—	负	负	—	—	负
村庄所在地区（以四川省为参照组）							
浙江省	—	—	—	—	—	—	—
	负	负	—	负	—	负	负
安徽省	—	—	—	负	—	—	—
	负	负	负	负	—	负	—
所在自然村是否开展美丽乡村建设	—	—	负	负	负	—	—
	—	—	正	—	—	—	—
是否听说过美丽乡村建设	—	—	正	—	正	—	—
	—	—	—	—	—	—	—
是否参加过相关政策的宣传教育或培训活动	—	—	—	—	—	—	—
	正	—	—	—	—	正	—

注：每个自变量对应的两行结果中，第一行、第二行结果分别为显著影响农民对村庄建设主要方面重要程度、对村庄主要方面建设现状满意程度的变量的影响方向。模型整体不显著的结果和变量不显著的结果均以"—"形式说明，且在两个模型中都不显著的变量没在表中列出。

表 7-5   **影响试点村样本农民对村庄建设主要方面重要程度与满意程度的因素对比**

自变量	村庄规划	村庄设施建设	农村生态保护和环境治理	村庄产业发展	村庄公共服务完善	乡村文化发展
年龄	—	—	—	—	—	—
	—	—	—	负	负	—

续表

自变量	村庄规划	村庄设施建设	农村生态保护和环境治理	村庄产业发展	村庄公共服务完善	乡村文化发展
受教育程度	—	—	—	—	—	—
	负	—	—	负	负	负
婚姻状况	—	—	—	—	—	负
	负	负	—	—	—	负
主要从业领域（以务工为参照组）						
纯农业生产	负	负	—	—	—	—
	—	—	负	—	负	—
兼业（县域内）	—	—	—	正	—	—
	—	—	—	负	—	—
是否是党员	负	负	—	—	—	—
	—	—	—	负	—	—
是否参加了专业性合作组织	负	—	—	—	—	—
	—	—	—	—	正	—
家庭成员最高受教育程度	正	—	正	—	—	—
家庭劳动力所占比例	—	—	—	—	正	—
	正	—	—	—	—	—
家庭收入水平	—	正	—	—	—	正
	正	正	正	正	—	正
家庭是否有成员外出务工	—	—	—	—	—	—
	—	—	—	正	—	—
所经营的耕地面积	—	—	—	—	—	—
	—	—	负	负	—	—
村庄所在地区（以四川省为参照组）						
浙江省	—	—	—	—	正	—
	负	负	—	负	正	—

续表

自变量	村庄规划	村庄设施建设	农村生态保护和环境治理	村庄产业发展	村庄公共服务完善	乡村文化发展
安徽省	—	—	—	—	—	—
					正	
所在自然村开展美丽乡村建设的时间长短	—	—	—	—	—	—
		正				
是否听说过美丽乡村建设	—	—	—	—	正	负
				正		
是否参加过相关政策的宣传教育或培训活动	—	—	—	—	—	
	正	正	正	正	正	

注：模型整体不显著的结果和变量不显著的结果均未在表中列出。每个自变量对应的两行结果中，第一行、第二行结果分别为显著影响农民对村庄建设主要方面重要程度、对村庄主要方面建设现状满意程度的变量的影响方向。模型整体不显著的结果和变量不显著的结果均以"—"形式说明，且在两个模型中都不显著的变量没在表中列出；试点村农民对基层组织建设重要程度和满意程度的影响因素模型均不显著，有关结果也没列出。

在村庄产业发展方面，要充分调动主要从业领域为纯农业生产或兼业以及党员、所经营的耕地面积较大农民的积极性。在试点村，还要重视激励对村庄情况有更多了解的年长者、受教育程度较高的农民以及家庭收入水平较高群体，使他们更多地参与到村庄产业发展中，在献计献策、融资等方面发挥积极作用。同时，加强对相关政策的宣传，为农民本地创业创造条件。在村庄产业发展的最初阶段，仅靠内源式发展的效率不高，因此，还应充分集聚外出务工群体的力量，积极鼓励他们返乡创业或将资金、技术等带回乡村，以促进村庄产业发展。

在试点村还需重点推进的"村庄公共服务完善"和"村庄设施建设"方面，在完善村庄公共服务的过程中，要重视调动受教育程度较高、主要从事纯农业生产的农民的参与积极性，并特别重视满足年龄较长农民的公共服务需求（突出体现在养老、医疗、社会保障等方面），通过提高农民的组织化程度和加大力度开展相关政策的宣传教育或培训活动改善农民对村庄公共服务状况的了解；在村庄设施建设方面，应重视考虑年轻农民、单身农民在这方面的更高需求，加强对农民进行相关政策的宣传教育或培训。

在非试点村还需重点推进的"村庄规划"方面，要体现农民在其中的主体性，特别重视采取措施激励女性、已婚、从事纯农业生产、家庭劳动力所占比例较低、有成员外出务工或受教育程度较高的农民参与进来并积极发挥作用。

（二）美丽乡村建设的整体推进策略

在前文分析的基础上，笔者认为，在大力实施乡村振兴战略的背景下，在整体上推进美丽乡村建设和乡村振兴，要重视以下几个方面工作：

1. 加强顶层设计，加快推进相关培训和宣传

美丽乡村建设相关认识和实践存在一定偏差的主要原因是：其一，美丽乡村建设到底是要做什么？目前在概念、目标、路径方面，包括技术和资金等方面，有关设计及要求不够明晰；其二，国家和各省美丽乡村建设现有相关政策或指导意见等没能在各地得到结合现实的充分宣传和针对性培训，基层和农民的有关认知还较粗浅，从而使中央或省级层面的有关目标和意图在基层得不到领会。因此，一方面，要加强顶层设计。如何创新美丽乡村建设的动力机制和激励机制？如何建立美丽乡村建设的良好运行机制？如何完善美丽乡村建设的协调机制？如何建立起有效的监督考核机制？应建立起什么样的保障机制？对于美丽乡村建设试点村，应建立什么样的示范带动机制以更好地发挥其示范作用？对于已建成的美丽乡村社区，应建立什么样的长效治理机制以实现其内在的可持续发展？这些都有待在顶层做出更具导向性的设计。另一方面，要利用门户网站、局域网、微博、微信等载体，及时发布工作动态，交流推广各地经验和做法，以群众喜闻乐见、通俗易懂的方式宣传美丽乡村建设的政策制度、主要举措及工作成效等。

2. 加强相关部门的协调，强化资源整合

要解决部门协调与资源整合缺乏这一突出问题，应首先建立健全有关制度，形成科学规范的组织协调工作机制。通过建立健全联席会议制度、检查督办制度、工作协调制度、协同管理制度、信息综合反馈制度、情况通报制度等，规范组织协调方式；在各级成立专门的组织协调

部门，细化工作任务，落实分工，加强联系和沟通，使各部门在美丽乡村建设中各司其职、各负其责，形成各级及相关部门密切配合、高度融合的良好格局。在加强部门间协调的基础上，各级和相关职能部门要进一步全面整合资源，建立外部会商、内部协调、系统联动的工作推进机制，在统一规划下有效整合相关项目、资金等，提高资源的有效使用效率。

3. 加大中央财政投入，启动中央财政资金专项支持

自原农业部将美丽乡村建设推向全国后，经过各界各地多方共同努力，全国已初步形成各级政府高度重视、社会各界积极支持、农民群众热烈响应的良好创建局面。但就财政投入而言，存在两个问题：一是总体投入不足。美丽乡村建设必须有资金来保障，财政资金能发挥重要的杠杆资金作用，能撬动和引导社会资金的投入。由于缺乏资金，很多地方尤其是一些中西部贫困地区，对"美丽乡村"只能"望洋兴叹"，没有能力去创建。二是缺乏财政专项支持。目前各地用于美丽乡村建设和推动乡村振兴的财政项目繁多，但很多钱并不好花，因为每个项目都有严格的使用范围和审批程序，不能做到"少什么补什么，缺什么建什么"，与基层实际需求有一定差距。建议中央财政设立美丽乡村建设和乡村振兴专项，由村庄根据实际需要来安排项目、开展建设。

4. 放权于民，构建以农民为主体的多元合作共建机制

美丽乡村建设是一次历时长、投入大、覆盖广、影响深的全面攻坚战，需要政府、企业、社会、农民广泛参与并形成合力，构建以农民为主体的多元合作共建机制。首先，各级政府要摒弃将美丽乡村建设作为塑造亮点、谋取利益、创造政绩和实现权力意志的工具等观念，重点做好组织发动、部门协调、规划引领、财政引导、技术指导、规划标准等方面的工作，做到不越位、不错位、不缺位，把本该由农民来承担的责任下放于民，充分尊重农民的意愿，切实把参与权、决策权、监督权交给农民；其次，改"输血"模式为"造血"模式，激发农民建设美丽乡村的主体意识和建设的自觉性，修复和重建乡村社区内生性组织，通过提升社区组织能力实现农民群体的整体性发展，并在相关政策制定中实现农民的民主参与，体现农民的诉求和意愿，使美丽乡村建设成果真正惠及农民；最后，将社会力量嵌入美丽乡村建设和乡村振兴的运行逻

辑中，激发社会力量的参与热情，并从制度和政策方面给予一定保障，形成整体联动、社会共同参与的建设格局。

第二节　总结

本书研究按照"引题—析题—结题"的思路，在对美丽乡村建设展开理论分析的基础上，分析了近年来中国美丽乡村建设的实践发展状况、主要特征和存在的问题，分析了农民整体、试点村和非试点村农民、不同地区的农民对村庄建设责任主体的认知，对村庄建设主要方面重要程度与满意程度的评价，并分别通过构建 Goprobit 模型和 Ologit 模型分析了其影响因素，进而在进行综合分析的基础上评价美丽乡村建设成效，探索村庄建设的重点及其推进策略。综合而言，本书研究得出了以下主要结论：

第一，中国的美丽乡村建设实践推进较快，逐步显现出自身的特色，但仍然面临着许多问题和困难。美丽乡村建设发端于浙江，2013年成为全国层面的共同行动，当前的美丽乡村建设呈现出政府主导、生态引领、模式多样的主要特征，取得了较大成效：各项基础设施建设投入加快，生产生活条件逐渐改善；农村生态环境有一定好转，农村面貌得到较大改善；农业转型升级明显加快，生态产业发展成绩斐然；农民收入增长较快，农村扶贫减贫得到推进；优秀乡村文化逐步恢复，传统民风民俗渐次回归。但是，仍存在着相关认识和实践乱象、部门协调与资源整合不足、社会动员与农民参与不足等问题。

第二，农民的村庄建设主体意识不强，而且对政府主导和农民主体之间的关系认识模糊，地方政府被认为是村庄建设的第一责任主体，中央政府被认为是一个重要责任主体。这一状况是村庄建设实践存在以下主要问题的观照：政府主导有余，对农民的动员不足；部分地方政府在村庄建设中的行动存在越位、错位，工作方式缺乏民主性；农民在部分建设项目中的实际受益有限。在当前形势下，要进一步激发农民的村庄建设主体意识并发挥其主体作用，一方面，要针对受教育程度较高、户主和西部地区的农民加强宣传；另一方面，各级政府要处理好政府主导与农民主体之间的关系，对相关权力进行松绑，实现农民的充分参与，予农民所需，行农民所盼。

第三，农民对村庄建设主要方面重要程度的排序是：村庄设施建设＞村庄公共服务完善＞村庄产业发展＞村庄规划＞基层组织建设＞农村生态保护和环境治理＞乡村文化发展。在"农村生态保护和环境治理"方面，农民较看重"生活污染的处理和整治"；而在"村庄公共服务完善"方面，农民最看重与其利益密切相关的"社会保障"。不同特征的农民群体对于村庄建设中不同内容的重要程度有不同认知，要提高农民在"村庄公共服务完善""农村生态保护和环境治理"和"村庄产业发展"方面的参与水平，要首先重视调动务工或家庭有成员外出务工、家庭劳动力较多或所经营的耕地面积较小、家庭成员最高受教育程度较高的农民家庭的参与积极性，并加强相关政策的宣传和推广。

第四，农民对村庄建设 7 个方面现状的满意程度整体上处于中等或中等偏上水平，其满意程度的评分排序依次是：乡村文化发展＞基层组织建设＞村庄设施建设＞农村生态保护和环境治理、村庄公共服务完善＞村庄规划＞村庄产业发展。就"农村生态保护和环境治理"而言，农民觉得最满意的方面是"村庄容貌的整顿和治理"，最不满意的方面是"农业污染的防治"（非试点村农民对"生态保护与治理"最不满意）；而就"村庄公共服务完善"而言，农民觉得最满意的是"社会保障"，最不满意的是"劳动、就业"方面。不同特征的农民在对村庄建设主要方面现状满意程度的评价上具有群体性规律（见第六章的总结），这些规律能为各地提高农民对村庄建设主要方面的满意程度提供启示。

第五，美丽乡村建设的开展显著改变了农民对"农村生态保护和环境治理""村庄产业发展"和"村庄公共服务完善"重要程度的认知，也提高了农民对村庄建设主要方面现状的满意程度和整体的有关评价。特别的，美丽乡村建设不仅提高了农民的环保意识，而且促进了"村庄生态保护与环境治理"；不仅提高了农民对"生活污染的处理和整治""生态保护与治理""干净、有序的村庄容貌的整顿和治理"重要程度的认知，而且还明显提高了农民在这三方面的满意程度。同时，美丽乡村建设强化了家庭收入水平对农民在村庄建设主要方面满意程度的正向影响，扩大了参与相关政策的宣传教育或培训活动的影响范围，消弭了主要从业领域对农民对村庄规范、村庄产业发展方面现状的满意程度的影响。

第六，在一定时期内，后续乡村振兴的重点是村庄产业振兴；在已开展美丽乡村建设的地区，还应以"村庄公共服务完善"和"村庄设施建设"为重点；在还没有开展美丽乡村建设的地区，还应以"村庄规划"为重点。就"村庄公共服务的完善"而言，不仅其建设力度要加大，而且要更重视对劳动就业方面公共服务的完善；就"农村生态保护与环境治理"而言，在今后一段时期内，"大气、水体、土壤等环境质量的改善"应成为非试点村村庄建设中的重点，"农业污染的防治"则应成为试点村村庄建设中的重点。

在传统农业逐渐衰弱、农村逐渐边缘化和空心化、农村生境逐渐没落以及农村环境污染和生态破坏仍然严重的背景下，乡村成为城乡一体化发展和全面实现现代化的"瓶颈"。在以工促农、以城带乡的发展阶段，处于改革转型期的中国在村庄建设实践中已做出了较多尝试，相关财政投入增长较快，也取得了一定成效。但是，农民参与不足、主体性体现不够问题在近些年一直是村庄建设中的一个突出问题。"输血型"的村庄建设实践使农民对政府"等、靠、要"的意识较强，而基层政府的越位和农民实际受益有限使农民自身也缺乏参与村庄建设的积极性，这导致了美丽乡村建设中农民主体的缺场。要更有效地推进美丽乡村建设，应真正使农民在其中具有主体性地位，发挥主体性作用，走以农民为中心的内生性村庄发展道路。一方面，切实以农民为中心和主体，充分尊重农民的意愿，建立起有效的群众参与机制，使农民树立"我要建"观念并激发和释放其村庄建设潜力，保证农民充分行使知情权、参与权、决策权和监督权并真正共享村庄建设成果，依靠农民和基层的智慧，推动村庄在经济、社会、文化、生态等方面的建设进入良性的自主发展轨道；另一方面，改村庄建设的"输血"模式为"造血"模式，在加大外援过程中加强引导，强化智力支持，在帮助村庄探索内生发展道路的同时重视撬动社会资源和吸引社会力量的参与，推动乡村在生产、生活与生态三方面实现共赢发展。

附　　录

问卷编码_____

农民对美丽乡村建设的认知和评价研究
农户调查问卷

省（区、市）		
县（市、区）		
乡（镇）		
行政村		
自然村		
受访人姓名		
联系电话		
调查日期	2015 年____月____日，星期____	
开始时间	____点____分	
调查员姓名		
检查员姓名		

一 受访者个人、家庭与生产经营特征

1. 受访者个人信息（横线内的年份填该村开展美丽乡村建设前一年，下同）。

	①性别	②年龄	③受教育程度	④婚姻状况	⑤主要从业领域	⑥是否（或曾经）为乡村干部	⑦是否为党员	⑧是否为户主
	男 = 1 女 = 0	实岁	小学及以下 = 1 初中及中专 = 2 高中及大专 = 3 大学本科 = 4 硕士及以上 = 5	已婚 = 1 未婚、离异或丧偶 = 0	纯农业生产 = 1 本地（本县范围内）兼业 = 2 务工 = 3	是 = 1 否 = 0	是 = 1 否 = 0	是 = 1 否 = 0
2015 年								
____年								

2. 您家的劳动力结构：_____

年份	①总人口	②劳动力人数（16—65 岁）	③外出（本县以外）务工人数
2015 年			
_____年			

3. 您家家庭成员的最高受教育程度，目前：（   ）；____年：（   ）
（1）小学及以下；（2）初中及中专；（3）高中及大专；（4）大学本科；（5）硕士及以上

4. 您家庭的年收入水平（元）：

年份	①农业纯收入（种植＋养殖）	②工资性收入（务工收入）	③政策性补贴收入	④其他收入 1	⑤其他收入 2	⑥其他收入 3	总计
2014 年							
____年							

5. 您家去年（2014 年）获得的政策性补贴收入的构成：

年份	①农业综合补贴（直补、良种补等）	②农作物受灾保险补贴	③退耕还林补贴	④	⑤
2014 年					
＿＿＿＿年					

6. 您家的耕地结构：

年份	①所经营的耕地（种农作物的地，包括水田和旱地）面积	②转入的田、地面积	③山林地面积	④
2015 年				
＿＿＿年				

7. 您家是否参加了专业性合作组织？目前：（　　　）；＿＿＿年：（　　　）

（1）是（2）否

8. 您家是否为村里的种植大户？目前：（　　　）；＿＿＿年：（　　　）

（1）是（主要种植：＿＿＿有多少亩？＿＿＿）（2）否

9. 您家是否为村里的养殖大户？目前：（　　　）；＿＿＿年：（　　　）

（1）是（主要养殖：＿＿＿有多少头？＿＿＿）（2）否

10. 您家近 5 年来家庭成员参与培训的情况。

	①农业种植技术	②化肥、农药使用技术	③农业养殖技术	④美丽乡村建设方面的宣传教育	⑤普法、科普方面的宣传教育	⑥素质教育或技能培训	⑦其他
是否接受过培训？是 =1，否 =0							
哪年接受的培训？							

二　农民对有关建设项目的了解、认知、态度和参与行为

11. 您是否听说过"美丽乡村"？＿＿＿＿＿＿＿（1）听说过（2）没听说过

2013 年中央一号文件第一次提出要建设"美丽乡村"的奋斗目标。为了实现美丽中国的目标，美丽乡村建设是不可或缺的重要部分。

根据《美丽乡村建设指南》，美丽乡村指的是经济、政治、文化、社会和生态文明协调发展，规划科学、生产发展、生活宽裕、乡风文明、村容整洁、管理民主，宜居、宜业的可持续发展乡村。

12. 在"美丽乡村建设"中，您认为以下哪些方面最重要？请依次选择您认为最重要的两项_____

（1）村庄规划（2）村庄基础设施建设（3）农村生态保护和环境治理（4）村庄产业发展（5）完善教育医疗卫生等公共服务（6）乡村文化发展（7）加强基层组织建设（例如村党组建设、村民委员会建设、村集体经济组织建设等）（8）其他

13. 您认为谁应该为村庄建设负责任？（可多选，答案按顺序排列）_____

（1）中央政府（2）地方政府，哪一级（省政府？市政府？县政府？乡政府？）_____（3）村委会或村民自己（4）其他_____

14. 您所在的乡村近年来开展了以下哪些相关的建设项目？

您村里是否 开展了该项目？		项目 开始的 年份	您家是否参 与了该项目？	您认为自己或 自家是否从该 项目中受益？	若答是，追问 受了哪些益？ 体现在哪？
是 =1，否 =0			是 =1，否 =0	是 =1，否 =0	
（1）环境整治项目					
（2）道路建设项目					
（3）厕所改造项目					
（4）房屋改造项目					
（5）电线、线路改造项目					
（6）新型职业农民培育项目					
（7）小型农田水利建设项目					
（8）土地整治项目					

续表

您村里是否 开展了该项目？		项目 开始的 年份	您家是否参 与了该项目？	您认为自己或 自家是否从该 项目中受益？	若答是，追问 受了哪些益？ 体现在哪？
是 = 1，否 = 0			是 = 1，否 = 0	是 = 1，否 = 0	
（9）高标准农田建设（简称"高产田"）项目					
（10）扶持合作社的项目					
（11）"一事一议"建设项目（问具体做了什么？分事情——列出）					
（12）村庄书屋建设项目					
（13）村庄文体设施建设项目					

15. 请您对以下方面做出评价。

	①您认为该项事情（任务）对于"建设美丽乡村"的重要程度如何？	②结合目前您村里的有关现实情况，您对您所在村庄左边所列有关方面现状的满意程度如何？
	非常不重要 = 1 比较不重要 = 2 一般 = 3 比较重要 = 4 非常重要 = 5	非常不满意 = 1 比较不满意 = 2 一般 = 3 比较满意 = 4 非常满意 = 5
（1）村庄规划		
（2）水利等生产设施和道路、饮水、供电及通信等生活设施的建设		
（3）农村生态保护和环境治理		
①大气、水体、土壤等环境质量的改善		
②农业污染的防治（包括合理用农药、化肥，控制农业固体废弃物污染和畜禽养殖场污染的处理等）		

续表

	①您认为该项事情（任务）对于"建设美丽乡村"的重要程度如何？	②结合目前您村里的有关现实情况，您对您所在村庄左边所列有关方面现状的满意程度如何？
	非常不重要 = 1 比较不重要 = 2 一般 = 3 比较重要 = 4 非常重要 = 5	非常不满意 = 1 比较不满意 = 2 一般 = 3 比较满意 = 4 非常满意 = 5
③生活污染（垃圾、污水）的处理和整治		
④生态保护与治理（包括对自然资源进行生态保育、水土流失综合治理、整治坑塘河道等）		
⑤干净、有序的村庄容貌的整顿和治理		
（4）村庄产业发展（依托当地资源优势，发展特色明显的主导产业，例如特色农产品产业、乡村旅游业、休闲农业等）		
（5）村庄公共服务完善（为村民提供好的医疗、教育、文体、社会保障等公共服务）		
①医疗卫生（改善村里的医疗卫生条件和服务）		
②公共教育（改善村里幼儿园和中小学条件和教育质量，提高入学率等）		
③文化体育（建设文体娱乐设施及组织开展文体娱乐活动）		
④社会保障（扩大养老保险、医疗保险覆盖率，照顾鳏寡孤独者）		
⑤劳动、就业（加强对农民的技能培训，提供就业信息、职业指导、职业介绍、就业援助等）		
⑥便民服务（提供并优化信访接待、计划生育等服务，村里有客运站点，有较多商贸服务网点等）		

续表

	①您认为该项事情（任务）对于"建设美丽乡村"的重要程度如何？	②结合目前您村里的有关现实情况，您对您所在村庄左边所列有关方面现状的满意程度如何？
	非常不重要 = 1 比较不重要 = 2 一般 = 3 比较重要 = 4 非常重要 = 5	非常不满意 = 1 比较不满意 = 2 一般 = 3 比较满意 = 4 非常满意 = 5
（6）乡村文化发展（开展道德法治等教育，制定实施村规民约）		
（7）基层组织建设（民主决策、管理、选举和监督，村务公开等）		

三　农民对村庄现状的评价与环保行为变化

（请您结合您所在村庄及您家的实际情况回答以下问题，如果所在自然村开展了美丽乡村建设，横线处填开展美丽乡村建设年份的前一年）

调查问题	现在	___年前
1. 村里的居住环境如何？ （1）很差；（2）较差；（3）一般；（4）较好；（5）很好		
2. 村里的治安状况如何？ （1）很差；（2）较差；（3）一般；（4）较好；（5）很好		
3. 村里的信息化（网络、通信等的发展）程度如何？ （1）很低；（2）较低；（3）一般；（4）较高；（5）很高		
4. 新型农村合作医疗的效果如何？ （1）很差；（2）较差；（3）一般；（4）较好；（5）很好		
5. 村里购买新型农村社会养老保险的人多吗？ （1）很少；（2）较少；（3）一般；（4）较多；（5）很多		

调查问题	现在	___年前
6. 村里提供的计划免疫、传染病防治及儿童、孕产妇、老人保健等基本公共卫生服务能满足村民的要求吗？ （1）很不能满足；（2）较不能满足；（3）一般；（4）较能满足；（5）能很好地满足		
7. 您和家人关系如何？ （1）很差；（2）较差；（3）一般；（4）较好；（5）很好		
8. 村里邻里关系如何？ （1）很差；（2）较差；（3）一般；（4）较好；（5）很好		
9. 村民在闲暇时间的活动丰富吗？ （1）非常单一；（2）比较单一；（3）一般；（4）比较丰富；（5）非常丰富		
10. 您对村委会民主管理水平的总体评价如何？ （1）很差；（2）较差；（3）一般；（4）较好；（5）很好		
11. 您家主要施用什么肥料？（第一行的两空填选项，第二行的两空填用量） （1）化肥；（2）配方肥；（3）农家肥，平均用量是多少？（千克/亩）		
12. 您家打农药如何安排的？ （1）根据经验和苗情自行打药；（2）根据有关通知自行打药；（3）联防联控		
13. 您家如何处理秸秆？ （1）做饭；（2）就地翻埋；（3）粉碎后回田；（4）就地焚烧；（5）用作饲料、垫料；（6）丢弃田外道路沟渠边；（7）生产沼气；（8）回收（价格___元/亩）；（9）其他		
14. 您家如何处置废弃塑料薄膜、农膜、育秧盘？ （1）留在土壤中；（2）随意丢弃在其他地方；（3）回收；（4）焚烧；（5）其他		
15. 您家如何处置除草剂袋、农药包装袋、农药瓶？ （1）随地扔弃；（2）丢垃圾桶/站；（3）收集起来送废品回收站；（4）其他___		
16. 您家如何处理养殖畜禽的粪便？ （1）堆肥发酵后还田；（2）种菜或用于果树种植；（3）沼气；（4）露天堆在屋外；（5）丢于池塘养鱼；（6）其他___		

续表

调查问题	现在	___年前
17. 您家如何处理生活垃圾？ （1）随意丢弃，不做处置；（2）放在专门的垃圾收集点；（3）填埋； （4）焚烧；（5）卖给回收站；（6）下沼气池；（7）其他____		
18. 您家如何处理生活废水？ （1）随意排放；（2）排到家里渗井；（3）排到院外沟渠；（4）经过专门 的下水道排放；（5）其他____		
19. 鸡鸭等禽类是否有单独的饲养场地？（1）有；（2）没有		
20. 您家的厕所是哪种类型的？ （1）水冲式厕所；（2）旱厕（条件算好）；（3）简易旱厕；（4）无厕所		
21. 您家对厕所粪污如何处置？ （1）下沼气池；（2）还田，用作肥料；（3）化粪池；（4）其他		
22. 您家主要使用什么取暖设备？ （1）空调；（2）暖气；（3）火炕（或火/电炉子）；（4）无取暖设备		
23. 您家主要使用什么燃料？（最多选两个，最好选一个） （1）液化气；（2）煤炭；（3）柴草秸秆竹木；（4）沼气；（5）电能； （6）其他		
24. 您家的主要饮用水源是什么？ （1）入户自来水；（2）公用自来水；（3）深井水；（4）浅井水； （5）江河湖泊水；（6）塘水；（7）其他水源		

[以下为调查员自行记录]

调查结束时间：____点____分

调查效果评估：

1. 被访人的态度	（1）友好且感兴趣；（2）不太感兴趣；（3）不耐烦；（4）不愿合作	
2. 被访人对问题的理解情况	（1）很好；（2）不太好；（3）不好；（4）还好	

续表

3. 被访人在调查过程中的表现	（1）一直紧张；（2）有时紧张；（3）放松	
4. 被访人对问题的反应速度	（1）比大部分被访人都快；（2）和大部分被访人差不多；（3）很慢	
5. 被访人的真诚坦率程度	（1）比大部分被访人都真诚坦率；（2）和大部分被访人一样真诚坦率；（3）不很真诚坦率	

　　其他：

参考文献

一 英文文献

1. Bayes, A. , "Infrastructure and Rural Development: Insights from a Grameen Bank Village Phone Initiative in Bangladesh", *Agricultural Economics*, Vol. 25, No. 2 – 3, 2001.

2. Briedenhann, Jenny and Wickens, E. , "Tourism Routes as a Tool for the Economic Development of Rural Areas—Vibrant Hope or Impossible Dream?", *Tourism Management*, Vol. 25, No. 1, 2004.

3. Chatterjee, S. , Hadi, A. S. and Price, B. , *Regression Analysis by Example*, 3rd edition, New York: John Wiley & Sons, Inc. , 2000.

4. Chaudhri, D. E. , *Rural China: Imperial Control in the Nineteenth Century*, Seattle: University of Washington Press, 1962.

5. Curry, N. and Owen, S. , *Changing Rural Policy in Britain: Planning, Administration, Agriculture and the Environment*, Cheltenham: Countryside and Community Press, 1996.

6. Howard, Ebenezer, *Garden Cities of To – Morrow*, London: Faber and Faber, 1946.

7. Lee, David A. M. , *Chinese Village: Taitou, Shantong Province*, New York: Columbia University Press, 1955.

8. Lier, Hubert N. van. , "The Role of Land Use Planning in Sustainable Rural Systems", *Landscape & Urban Planning*, Vol. 41, No. 2, 1998.

9. McGee, T. G. , "The Emergence of 'Desakota' Regions in Asia: Expan-

ding a Hypothesis", in Ginsburg, N., Koppel, B. and McGee, T. G., *The Extended Metropolis: Settlement Transition in Asia*, Honolulu: University of Hawaii Press, 1991.

10. Midgley, J. L., Shucksmith, D. M., Birnie, R. V., Geddes, A., Bayfield, N. and Elston, D., "Rural Development Policy and Community Data Needs in Scotland", *Land Use Policy*, Vol. 22, No. 2, 2005.

11. Paquette, S. and Domon, G., "Changing Ruralities, Changing Landscapes: Exploring Social Recomposition Using a Multi – scale Approach", *Journal of Rural Studies*, Vol. 19, No. 4, 2003.

12. Park, Chung Hee, *Saemaul: Korea's New Community Movement*, Seoul Korea: Korea Textbook Co. Ltd., 1979.

13. Pasakarnis, Giedrius, Money, David and Maliene, Vida, "Rural Developmentand Challenges Establishing Sustainable Land Use in Eastern European Countries", *Land Use Policy*, Vol. 30, No. 1, 2013.

14. Raju, K. A., "A Case for Harnessing Information Technology for Rural Development", *The International Information & Library Review*, Vol. 36, No. 3, 2004.

15. Rizov, M., "Rural Development and Welfare Implications of CAP Reforms", *Journal of Policy Modeling*, Vol. 26, No. 2, 2004.

二 中文文献

1. 白骓:《四川省第七届乡村文化旅游节（夏季）开幕》,《中国旅游报》2016年8月1日第A04版。

2. 白振中:《美丽乡村是建成小康社会的重大战略抉择》,《西部大开发》2014年第11期。

3. 蔡先恒:《以更大的力度加快推进"美丽广西·清洁乡村"建设——浙江美丽乡村活动的启示》,《广西经济》2013年第7期。

4. 陈磊、曲文俏:《解读日本的造村运动》,《当代亚太》2006年第6期。

5. 陈秋红、于法稳:《美丽乡村建设研究与实践进展综述》,《学习与实践》2014年第6期。

6. 陈润儿：《美丽乡村建设是实现全面小康社会的必然要求》，《奋斗》2015 年第 12 期。

7. 陈善鹤：《美丽乡村建设实践模式探索》，硕士学位论文，华东理工大学，2014 年。

8. 陈锡文：《推进社会主义新农村建设》，《人民日报》2005 年 11 月 4 日第 009 版。

9. 陈云开：《天长市美丽乡村建设现状及对策》，《现代农业科技》2016 年第 18 期。

10. 崔理想：《美丽乡村建设的内涵、问题及对策研究》，《黄河科技大学学报》2016 年第 3 期。

11. 邓宗兵、王钊：《新农村建设进程中农民主体意识与参与行为的实证研究》，《农业技术经济》2009 年第 3 期。

12. 勾泽川：《科学发展要坚持生态优先原则》，《协商新报》2013 年 11 月 1 日第 00A 版。

13. 郭宁、吴振磊：《非均衡发展—均衡发展—城乡一体化——西方经济学城乡关系理论评述》，《生产力研究》2012 年第 10 期。

14. 和沁：《西部地区美丽乡村建设的实践模式与创新研究》，《经济问题探索》2013 年第 9 期。

15. 高鸣、马玲：《贫困视角下粮食生产技术效率及其影响因素》，《中国农村观察》2015 年第 4 期。

16. 高尚全、傅治平：《坚持人民的社会主体地位》，《北京联合大学学报》（人文社会科学版）2013 年第 1 期。

17. 龚金保：《需求层次理论与公共服务均等化的实现顺序》，《财政研究》2007 年第 10 期。

18. 郭海军：《坚持马克思主义主体论思想树立"以人为本"科学发展观》，《当代思潮》2004 年第 5 期。

19. 贺雪峰：《村社本位、积极分子：建设社会主义新农村视角研究二题》，《河南社会科学》2006 年第 5 期。

20. 胡静林：《加快一事一议财政奖补政策转型升级，推动美丽乡村建设》，《中国财政》2013 年第 13 期。

21. 华彦玲、余文学：《社会主义新农村建设"主体燃烧"论》，《中国农学通报》2007 年第 3 期。

22. 黄克亮、罗丽云：《以生态文明理念推进美丽乡村建设》，《探求》2013 年第 3 期。

23. 黄明哲：《"农民主体"是这样形成的——江西赣州在新农村建设中发挥农民主体作用的实践与探索》，《中国党政干部论坛》2008 年第 5 期。

24. 黄杉、武前波、潘聪林：《国外乡村发展经验与浙江省"美丽乡村"建设探析》，《华中建筑》2013 年第 5 期。

25. 姜长云：《对建设社会主义新农村的几点认识》，《农业经济问题》2006 年第 6 期。

26. 蒋孔阳、朱立元：《西方美学通史》，上海文艺出版社 1999 年版。

27. 焦林喜、芮旸：《基于"富丽性价值"理念的乡村发展导向及策略研究》，《安徽农业科学》2011 年第 13 期。

28. 柯福艳：《美丽乡村安吉》，浙江大学出版社 2012 年版。

29. 柯福艳、张社梅、徐红玳：《生态立县背景下山区跨越式新农村建设路径研究——以安吉"中国美丽乡村"建设为例》，《生态经济》2011 年第 5 期。

30. 兰东、匡显桢：《以生态文明理念引领美丽乡村建设——吉安市美丽乡村建设的实践与思考》，《理论导报》2013 年第 8 期。

31. 李春艳、叶敬忠：《不同职业农民对新农村建设的需求差异》，《农村经济》2007 年第 8 期。

32. 李东生：《南沙新区美丽乡村建设管理研究》，硕士学位论文，华东理工大学，2014 年。

33. 李果仁：《新农村建设：可借鉴的国际经验及我国政策选择》，《唯实》2007 年第 2 期。

34. 李克明：《关于毕节市美丽乡村建设的思考》，《乌蒙论坛》2014 年第 5 期。

35. 李瑞霞、陈烈、沈静：《国外乡村建设的路径分析及启示》，《城市问题》2008 年第 5 期。

36. 李少华：《对"美丽乡村"创建的思考》，载唐柯主编《美丽乡村》，中国环境科学出版社 2013 年版。

37. 李松玉：《乡村治理中的制度权威建设》，《中国行政管理》2015 年第 3 期。

38. 李唯玮：《马克思主义主体论视野下的群众路线》，《南通航运职业技术学院学报》2014 年第 2 期。

39. 李一：《从打造美丽乡村到实现和谐发展——浙江农村生态文明建设的路径与经验》，浙江教育出版社 2012 年版。

40. 林坚：《自然生态、社会生产与人类生活的关系探讨》，《第三届全国科技哲学专家专题论坛"在为国服务中发展自然辩证法"学术研讨会论文集》，2010 年 1 月 15 日。

41. 林毅夫：《关于社会主义新农村建设的几点思考》，《中国国情国力》2006 年第 4 期。

42. 柳兰芳：《从"美丽乡村"到"美丽中国"——解析"美丽乡村"的生态意蕴》，《理论月刊》2013 年第 9 期。

43. 刘利利、杨英姿：《美丽乡村建设中的主体角色定位探究》，《福建师范大学学报》（哲学社会科学版）2019 年第 6 期。

44. 刘烨：《马斯洛的人本哲学》，内蒙古文化出版社 2008 年版。

45. 骆敏、李伟娟、沈琴：《论城乡一体化背景下的美丽乡村建设》，《太原城市职业技术学院学报》2012 年第 3 期。

46. 卢肖文：《"三生有幸"：全面建设小康社会的价值目标》，《政治与法律》2011 年第 2 期。

47. 芦千文：《"十四五"时期农业农村优先发展的重要意义、主要任务和措施选择》，《中国农村经济》2020 年第 1 期。

48. 吕祥峰：《加大力度加大强度加快进度扎实推进美丽和谐乡村建设》，《宣城日报》2012 年 7 月 4 日第 A1 版。

49. 马克思：《政治经济学批判序言》，载《马克思恩格斯选集》（第二卷），人民出版社 1972 年版。

50. 马克思等：《马克思恩格斯全集》（第 3 卷），人民出版社 1960 年版。

51. 马晓河：《新农村建设的重点内容与政策建议》，《经济研究参考》2006 年第 31 期。

52. 马以：《美丽乡村建设的实践》，《农村工作通讯》2011 年第 1 期。

53. 《农民日报》编辑部：《共筑中华民族的美丽乡村——七论三农中国梦》，《农民日报》2013 年 5 月 27 日第 01 版。

54. 农业部办公厅：《关于开展"美丽乡村"创建活动的意见》，2013 年。

55. 农业部科技教育司美丽乡村创建工作办公室：《全国美丽乡村创建主要模式》，《农民日报》2013 年 12 月 11 日第 8 版。

56. 农业部农村社会事业发展中心：《亲近自然山水共享生态文明——美丽和谐乡村建设"宁国模式"研究报告》，《中国乡镇企业》2012 年第 3 期。

57. 农业部农村社会事业发展中心新农村建设课题组：《打造中国美丽乡村统筹城乡和谐发展——社会主义新农村建设"安吉模式"研究报告》，《中国乡镇企业》2009 年第 10 期。

58. 庞革平：《村子清洁身心愉悦》，《人民日报》2016 年 9 月 20 日第 004 版。

59. 齐镭：《国外现代乡村的建设理念与模式》，《中国旅游报》2013 年 5 月 1 日第 12 版。

60. 齐镭：《探析台湾"富丽乡村"建设下乡村旅游的发展》，《中国旅游报》2013 年 5 月 1 日第 12 版。

61. 祁志祥：《论形式美的构成规律》，《广东社会科学》2015 年第 4 期。

62. 乔静：《宁夏：全面改善农村人居环境》，《城乡建设》2016 年第 8 期。

63. 秦志华：《中国乡村社区组织建设》，人民出版社 1995 年版。

64. 邱云生、王晓红：《新农村建设：政府主导与农民主体》，《农村经济》2007 年第 2 期。

65. 曲文俏、陈磊：《日本的造村运动及其对中国新农村建设的启示》，《世界农业》2006 年第 7 期。

66. 邵长春、谢曦：《海南，一个适宜人居的地方》，《海南日报》2016 年 1 月 27 日第 T03 版。

67. 申铖、韩洁、史林静：《"十三五"乡村将如何变美?》，《中国民族报》2015 年 11 月 17 日第 001 版。

68. 沈国忠：《六大机制助力湖州美丽乡村建设》，《农村工作通讯》2012 年第 6 期。

69. 沈晶晶、黄珍珍：《古村落，见物见人见生活》，《浙江日报》2016 年 6 月 5 日第 002 版。

70. 单玉丽：《借鉴台湾经验，扎实推进新农村建设的若干思考》，《福建论坛》（人文社会科学版）2006 年第 6 期。

71. 单玉丽：《台湾工业化过程中富丽农村建设之探析》，《现代台湾研究》2008 年第 10 期。

72. 宋华：《对生态文明建设国家战略落实的初步研究》，《经济体制改革》2008 年第 6 期。

73. 舒川根：《文化创意与新农村建设的有机结合——以安吉县创建"中国美丽乡村"为例》，《浙江社会科学》2010 年第 7 期。

74. 孙慧：《美丽乡村建设的海南探索》，《海南日报》2016 年 3 月 23 日第 A06 版。

75. 孙丽：《论人的生态性特征》，《消费导刊》2008 年第 2 期。

76. 孙丽琴：《宁国市美丽和谐乡村建设的实践特色与启示》，《芜湖职业技术学院学报》2011 年第 4 期。

77. 孙绪民、权英：《论新农村建设主导与主体的良性互动》，《山东科技大学学报》（社会科学版）2008 年第 6 期。

78. 唐柯：《美丽乡村》，中国环境科学出版社 2013 年版。

79. 唐柯：《美丽乡村建设进入标准化轨道》，《农民日报》2015 年 6 月 26 日第 3 版。

80. 唐柯、闵庆文、窦鹏辉：《美丽乡村建设理论与实践》，中国环境科学出版社 2015 年版。

81. 唐柯：《推进升级版的新农村建设》，载唐柯主编《美丽乡村》，中国环境科学出版社 2013 年版。

82. 唐柯、刘祖云、何艺兵：《美丽乡村国际经验及其启示》，中国环境科学出版社 2014 年版。

83. 陶良虎、陈为、刘煌传：《美丽乡村：生态乡村建设的理论实践与案例》，人民出版社 2014 年版。

84. 田大庆、王奇、叶文虎：《三生共赢：可持续发展的根本目标与行为准则》，《中国人口·资源与环境》2004 年第 2 期。

85. 汪彩琼：《新时期浙江美丽乡村建设的探讨》，《浙江农业科学》2012 年第 8 期。

86. 王国敏、赵波：《农民认知差异视角下的社会主义新农村文化建设》，《理论视野》2008 年第 8 期。

87. 王佳：《马克思"生产实践论"研究》，博士学位论文，吉林大学，2009 年。

88. 王伟强、丁国胜：《中国乡村建设实践的历史演进》，《时代建筑》2015 年第 3 期。

89. 王卫星：《美丽乡村建设：现状与对策》，《华中师范大学学报》（人文社会科学版）2014 年第 1 期。

90. 王卫星：《美丽乡村建设要处理好六个关系》，《中国财政》2013 年第 22 期。

91. 王欣瑞：《现代化视野下的民国乡村建设思想研究》，博士学位论文，西北大学，2007 年。

92. 王先明、熊亚平：《近代中国乡村建设思想的释义问题》，《南京社会科学》2016 年第 4 期。

93. 王晓丹：《印度的农村建设》，《南亚研究》2006 年第 2 期。

94. 王晓广：《生态文明视域下的美丽中国建设》，《北京师范大学学报》（社会科学版）2013 年第 2 期。

95. 王雅林：《生活方式研究评述》，《社会学研究》1995 年第 4 期。

96. 王衍亮：《聚焦生态文明　建设美丽乡村　不断提升农业资源环境保护工作效能——在全国农业资源环境保护工作会议上的讲话（节选）》，《农业环境与发展》2013 年第 1 期。

97. 王彦明：《教学审美价值的本体研究》，《教育科学论坛》2011 年第 1 期。

98. 王乙涵：《论"以人为本"对马克思人学思想的体现与发展》，硕士学位论文，渤海大学，2012 年。

99. 王永林：《提升农村生态环境加快美丽乡村建设》，《江苏农村经济》2013 年第 8 期。

100. 王玉周：《坚持发展为了人民、发展依靠人民、发展成果由人民共享》，《人民日报》2007 年 12 月 21 日第 009 版。

101. 王再文、李刚：《我国社会主义新农村建设理论研究综述》，《经济问题》2007 年第 2 期。

102. 王钊、邓宗兵：《建设新农村条件下的农民主体意识与参与行为》，《改革》2008 年第 5 期。

103. 王振华：《"四位一体"生产方式对生活方式的影响》，上海交通大学出版社 2011 年版。

104. 王志、董雅慧：《美国农业发展对我国新农村建设的启示与借鉴》，《现代经济：现代物业》（中旬刊）2010 年第 6 期。

105. 温锐、陈胜祥：《政府主导与农民主体的互动——以江西新农村建设调查分析为例》，《中国农村经济》2007 年第 1 期。

106. 温锐、陈胜祥、邱贵明：《新农村建设中农民主体作用的实证研究——以江南某省为例》，《农业经济问题》2007 年第 5 期。

107. 温铁军：《农村全面工作的"龙头"和"主线"》，《人民论坛》2015 年第 12 期。

108. 温铁军：《怎样建设社会主义新农村》，《理论参考》2006 年第 1 期。

109. 翁鸣：《社会主义新农村建设实践和创新的典范——"湖州·中国美丽乡村建设（湖州模式）研讨会"综述》，《中国农村经济》2011 年第 2 期。

110. 魏玉栋：《与天相调　让地生美——农业部"美丽乡村"创建活动述评》，《农村工作通讯》2013 年第 17 期。

111. 魏玉栋：《怎样创建"美丽乡村"》，《人民论坛》2015 年第 30 期。

112. 吴理财、吴孔凡：《美丽乡村建设四种模式及比较——基于安吉、永嘉、高淳、江宁四地的调查》，《华中农业大学学报》（社会科学版）2014 年第 1 期。

113. 肖唐镖：《乡村建设：概念分析与新近研究》，《求实》2004 年第 1 期。

114. 解安：《韩国新农村运动经验及其借鉴》，《中国社会科学院研究生院学报》2007 年第 4 期。

115. 徐呈程、许建伟、高沂琛：《"三生"系统视角下的乡村风貌特色规划营造研究——基于浙江省的实践》，《建筑与文化》2013 年第 1 期。

116. 徐国祯：《正确认识"生态"含义追求最佳生态关系》，《林业经济》2003 年第 7 期。

117. 徐勤友、何建华：《论"以人为本"思想构建的依据》，《广角视野》2009 年第 5 期。

118. 薛国琴：《新农村建设中农民主体作用的二元层面视角分析——以绍兴市为例》，《浙江社会科学》2009 年第 3 期。

119. 许征帆：《马克思主义辞典》，吉林大学出版社 1987 年版。

120. 严端祥：《美丽乡村 幸福农民——安吉县推进美丽乡村建设的研究与思考》，《中国农垦》2012 年第 2 期。

121. 杨守宝：《"刘易斯转折点"上农村养老资源需求层次理论分析》，《农村经济》2010 年第 1 期。

122. 杨汶璇：《美丽乡村建设中的环境治理研究》，硕士学位论文，广西师范大学，2015 年。

123. 杨晓蔚：《浙江安吉美丽乡村呈现哪些亮点》，载唐柯主编《美丽乡村》，中国环境科学出版社 2013 年版。

124. 杨泽娟：《新农村建设中政府主导与农民主体的博弈——以江西网形村为例》，《求实》2008 年第 12 期。

125. 叶敬忠：《农民视角的新农村建设》，社会科学文献出版社 2006 年版。

126. 叶敬忠、杨照：《农民如何看待新农村建设中政府、村委会和农民的分工》，《农业经济问题》2007 年第 11 期。

127. 邓宗兵、王钊：《新农村建设进程中农民主体意识与参与行为的实证研究》，《农业技术经济》2009 年第 3 期。

128. 叶齐茂：《发达国家乡村建设考察与政策研究》，中国建筑工业出版社 2007 年版。

129. 叶文虎：《坚持"三生"共赢建设健康社会是生态文明建设的关键》，《武汉科技大学学报》（社会科学版）2010 年第 2 期。

130. 于法稳、李萍：《美丽乡村建设中存在的问题及建议》，《江西社会科学》2014 年第 9 期。

131. 俞吾金：《马克思的社会主体论探要》，《复旦学报》（社会科学版）2005 年第 5 期。

132. 俞吾金：《作为全面生产理论的马克思哲学》，《哲学研究》2003 年第 8 期。

133. 云振宇、刘文、张瑶等：《浅析我国美丽乡村标准体系构建》，《中国标准化》2015 年第 9 期。

134. 曾诗淇：《探寻乡村之美——写在美丽乡村博览会开幕之际》，《农产品市场周刊》2015 年第 3 期。

135. 张晨：《台湾"农村再生计划"对我国乡村建设的启示》，《多元与包容——2012 中国城市规划年会论文集》，2012 年。

136. 张广胜、周密：《试论社会主义新农村建设的路径选择》，《沈阳农业大学学报》（社会科学版）2007 年第 2 期。

137. 张雷：《"美丽中国"的美学价值与思想内涵》，《西安航空学院学报》2013 年第 4 期。

138. 张利庠、缪向华：《韩国、日本经验对我国社会主义新农村建设的启示》，《生产力研究》2006 年第 2 期。

139. 张孝德：《中国乡村文明研究报告——生态文明时代中国乡村文明的复兴与使命》，《经济研究参考》2013 年第 22 期。

140. 张小林：《乡村概念辨析》，《地理学报》1998 年第 4 期。

141. 张蕴：《启动援青建设"美丽乡村"活动》，《青海日报》2013 年 8 月 24 日第 1 版。

142. 赵洪祝：《全面推进美丽乡村建设》，《今日浙江》2012 年第 21 期。

143. 赵伟、王丽强：《新时期中国城乡差距的综合测度及演变趋势研究——基于 2003—2013 年的省级面板数据》，《井冈山大学学报》（社会科学版）2016 年第 2 期。

144. 浙江省农业和农村工作办公室：《浙江美丽乡村建设的锦绣画卷——浙江新农村建设"十一五"回顾》，《中国乡镇企业》2011 年第 7 期。

145. 浙江省质量技术监督局：《美丽乡村建设规范（浙江省地方标准)》，《吉林农业》2014 年第 8 期。

146. 郑宝华：《财政资源配置制度与新农村建设主体研究》，《云南社会科学》2012 年第 6 期。

147. 郑杭生、张本效：《"绿色家园、富丽山村"的深刻内涵》，《学习与实践》2013 年第 6 期。

148. 郑俊、甄峰：《国外乡村发展研究新进展》，《规划创新：2010 中国城市规划年会论文集》，2010 年。

149. 郑向群、陈明：《我国美丽乡村建设的理论框架与模式设计》，《农业资源与环境学报》2015 年第 2 期。

150. 郑新立：《关于建设社会主义新农村的几个问题》，《农业经济问题》2006 年第 1 期。

151. 钟智利：《借鉴欧盟经验　推进辽宁省社会主义新农村建设》，《农业经济》2007 年第 1 期。

152. 中共中央文献编辑委员会：《准确把握科学发展观的深刻内涵和基本要求》，载《胡锦涛文选》（第二卷），人民出版社 2016 年版。

153. 周琼、曾玉荣：《福建省美丽乡村建设的现状与对策建议》，《福建论坛》（人文社会科学版）2014 年第 5 期。

154. 朱明、齐飞：《农业循环经济与"生产、生活、生态"集成模式》，《节能环保和谐发展——2007 中国科协年会论文集》，2007 年。

155. 朱启臻、赵晨鸣、龚春明：《留住美丽乡村——乡村存在的价值》，北京大学出版社 2014 年版。

156. 翟振元、李小云、王秀清：《中国社会主义新农村建设研究》，社会科学文献出版社 2006 年版。

157. 宗晓华、陈静漪：《集权改革、城镇化与义务教育投入的城乡差距——基于刘易斯二元经济结构模型的分析》，《清华大学教育研究》2016 年第 4 期。

后　记

本书是在我的博士后出站报告基础上进一步修改完成的。

在对研究有所迷茫之时，以在职身份进入博士后流动站，在承担繁忙本职工作的同时展开对新主题的研究。在这一过程中，幸而得到了诸多老师和亲友们给予的无私帮助和热心支持，让我在诸多方面都有所成长，在本书付梓之际，向他们表示衷心感谢！

感谢博士后导师辛贤教授和合作指导老师李周研究员给予的指导和帮助。两位老师饱学不骄的学者风范、居之不倦的敬业精神、行之以忠的品行修养、严谨认真的治学态度令人敬仰，在潜移默化中深深影响着我，使我能坚持做到做事认真、踏实，为人忠诚、老实。他们思路开阔，悉心的点拨总能拨开云雾，让我豁然开朗。这些将让我受益终生并值得永远铭记在心。

感谢原农业部原美丽乡村创建办魏玉栋主任（现为中国美丽乡村研究中心主任）和陈明博士（现为中国社科院政治学所助理研究员）在相关资料和信息方面的较多分享以及在调查中的牵线与协调；感谢时任浙江省安吉县农办助理主任的楼成、美丽乡村建设科科长的李健在调查中的协调与资料分享；感谢安徽省凤台县杨村镇店集村陈书记、苏主任、陈会计（时任）在问卷调查和案例访谈中给予的大力帮助和支持；感谢四川农业大学王雨林教授在调查中的积极协调和帮助；感谢中国社会科学院农发所全世文副研究员在问卷设计和研究中提出的有益建议和调查中的积极参与；感谢北京大学社会学系博士生粟后发、中国人民大学社会学系硕士生汪永生参与调查组织与实施。特别感谢浙江大学管理学院周洁红教授，当时远在美国还安排学生帮忙征集调查员。正是由于得到了他们的支持和帮助，问卷调查才得以顺利完成。

感谢农业农村部农村经济研究中心副研究员高鸣博士，他在程序源代码的编写中给予了较多帮助，在研究过程中给予了不少鼓励和启示；感谢中国农业大学经济管理学院肖亦天老师、方芳老师、马玲老师、杨欣老师、马晓燕老师、朱葛军老师、陈芳老师、朱晨老师以及当时的博士生黄阎丽、夏兴在博士后事务性工作中给予的便利、帮助和支持；感谢清华大学公共管理学院博士生张立在收集美丽乡村建设实践进展相关资料方面给予的支持；感谢刘一凡分享河北省平山县碾沟村的照片作为书的封面图片。

感谢中国社会科学院农村发展研究所党国英研究员、谭秋成研究员、于法稳研究员和中国农业大学王秀清教授和冯开文教授在博士后报告答辩中给予的指导和有益建议；感谢中国社会科学院农村发展研究所所长魏后凯研究员、孙若梅研究员，中国社会科学院财经战略研究院党委书记闫坤研究员以及中国美丽乡村研究中心主任魏玉栋在后续小论文进一步完善中提出了富有启示的修改建议。感谢张顺喜、张海鹏、李颖明、操建华、王建宇、宋建新、赵海兰等博士阶段的同门兄弟姐妹对研究的完善提出了建设性意见。

感谢先生对我从事博士后研究的鼓励和支持，他虽然工作忙碌，但仍分担了较多家务和孩子照料事务，使我有更多精力和时间开展研究；感谢贴心的孩子，小大人一般地时常催促我去加班；感谢双方父母和其他亲人给予的帮助、支持和鼓励。

感谢所有关心和帮助过我的老师、同学和亲戚朋友，你们的关心和支持是我成长的动力。

感谢为本书出版发行付出辛勤劳动的中国社会科学出版社的刘晓红老师和校对老师。

美丽乡村建设相关主题的研究空间广阔，本书研究仅从很小的方面试图做出探索，尽管本着严肃认真的态度希望能有所创新，但囿于研究时间、精力和能力的限制，本书研究还有一些不足。报告虽完成，但研究才刚刚开始，后续我将持续深化对这一主题的研究。

陈秋红

2020 年 7 月于北京